Zhongxia Chengshi Gongqiao Jianmo Yu Sunshang Shibie

陈 淮 杜思义 何 伟 殷学纲◎编著

中下承式拱桥
建模与损伤识别

内 容 提 要

本书结合中、下承式拱桥的结构特点，采用理论分析、模型试验、数值仿真、实桥测试等方法系统地研究了中、下承式拱桥健康监测与损伤识别中的基本理论、关键技术及监测实现等。全书分为10章，主要内容包括：结构损伤识别技术；吊杆系张力计算；矩阵摄动相关理论；模型修正与损伤识别相关理论与方法；结构损伤识别的单元矩阵摄动方法研究；中、下承式拱桥的损伤特点；梁式构件损伤方法；吊杆张力计算模型；中、下承式拱桥吊杆损伤识别方法；结合郑州黄河二桥主桥结构特点，探讨了中、下承式拱桥健康监测技术。

本书可供桥梁、建筑结构、交通、力学、水利等工程领域的技术人员参考，也可供相关专业的老师、学生学习参考。

图书在版编目(CIP)数据

中下承式拱桥建模与损伤识别/陈淮等编著.—北京:人民交通出版社,2012.9

ISBN 978-7-114-09973-1

Ⅰ.①中… Ⅱ.①陈… Ⅲ.①中承式桥－拱桥－建立模型②下承式桥－拱桥－建立模型③中承式桥－拱桥－损伤(力学)④下承式桥－拱桥－损伤(力学) Ⅳ.①U448.22

中国版本图书馆 CIP 数据核字(2012)第173835号

书　　名：中下承式拱桥建模与损伤识别
著 作 者：陈　淮　杜思义　何　伟　殷学纲
责任编辑：刘彩云
出版发行：人民交通出版社
地　　址：(100011)北京市朝阳区安定门外外馆斜街3号
网　　址：http://www.ccpress.com.cn
销售电话：(010)59757969,59757973
总 经 销：人民交通出版社发行部
经　　销：各地新华书店
印　　刷：北京市密东印刷有限公司
开　　本：720×960　1/16
印　　张：13
字　　数：210千
版　　次：2012年9月　第1版
印　　次：2012年9月　第1次印刷
书　　号：ISBN 978-7-114-09973-1
定　　价：39.00元

前　言

中、下承式拱桥因其桥型美观、跨越能力强、整体稳定性好等优点而成为目前大跨径桥梁建设中的常用桥型。由于中、下承式拱桥结构受力复杂，运营期监测技术不成熟，也出现了多起中、下承式拱桥垮塌事故，造成较大的人员伤亡和经济损失。桥梁垮塌等突发性事故一般与其健康状态有关，若能及时对桥梁进行健康监测与损伤识别，多数桥梁重大事故是可以避免的。本书作者在高等学校博士学科点专项科研基金(200804590006)、河南省杰出人才计划项目(084200510003)、河南省高等学校青年骨干教师资助计划(2010GGJS-127)等多个科研项目的资助下，结合中、下承式拱桥的结构特点，采用理论分析、模型实验、数值仿真、实桥测试等方法系统地研究了中、下承式拱桥健康监测与损伤识别中的基本理论、关键技术及监测实现等，现将主要成果分 10 章结集出版。

第 1 章从桥梁健康监测系统、桥梁检测、模态分析、模型修正、损伤识别、状态评估等方面介绍了桥梁结构健康监测技术，阐述了结构损伤识别技术与中、下承式拱桥吊杆张力测定技术的相关研究成果，提出了中、下承式拱桥健康监测与损伤识别亟待研究的几个问题。

第 2 章介绍了中、下承式拱桥结构特点与吊杆系张力计算。根据中、下承式拱桥结构特点，分别介绍了拱肋、桥面系、吊杆系等刚度矩阵的形成，探讨了吊杆系张力计算方法。

第 3 章介绍了矩阵摄动相关理论基础、单元矩阵摄动的显式表达式以及单元矩阵摄动的基本动力学公式。

第 4 章论述了模型修正与损伤识别有限元基准模型建立的相关理论与方法，分析了模型误差与测量噪声对结构损伤识别的影响，介绍了模型修正与损伤识别的算法，提出了结构损伤识别的筛选法及联合筛选法。

第 5 章进行了结构损伤识别的单元矩阵摄动方法实验验证研究，提出了采用附加质量模拟结构损伤的动测识别实验方法。从理论上给出了改变结构质量、刚度后的特征对表达式，证明了结构在只有一处损伤的情况下，单元质量增加与刚度减少的等价关系；采用附加质量模拟简支钢梁结构损伤，进行了结构损伤识别的单元矩阵摄动方法的动力检测实验验证。

第 6 章介绍了中、下承式拱桥的损伤特点。以郑州黄河二桥主桥为研究对象，建立了其有限元初始模型，并采用摄动理论修改了郑州黄河二桥主桥的主要设计参数，建立了其基准模型，为进行该桥梁的损伤识别和健康监测打下了基础。

第 7 章针对中、下承式拱桥中横梁、系杆梁等梁式构件，提出了基于频率和振型摄动识别梁式构件损伤的方法，给出了基于频率和振型摄动的结构损伤识别方程组的构成方式。损伤识别时，根据振型变化建立损伤识别初定方程和确定方程，通过振型摄动求解损伤单元位置和损伤程度，再将识别结果代入基于频率摄动建立的损伤校核方程进行校核，以保证损伤识别结果的准确性和唯一性，提高损伤识别的精度和效率。

第 8 章研究了基于振动法测试吊杆张力的计算模型。考虑中、下承式拱桥吊杆结构特点，给出了复杂边界条件下吊杆张力与其横向振动频率关系的隐式表达式。为便于工程应用，分别给出了考虑简单边界条件时吊杆张力计算的显式表达式和实用计算式，以及复杂边界条件下吊杆张力与其横向振动频率关系的显式表达式；基于 Rayleigh 法给出了吊杆张力与其第一阶频率关系的显式表达式。根据郑州黄河二桥主桥吊杆现场测试数据，分析了各公式的特点与应用条件。

第 9 章研究了中、下承式拱桥吊杆损伤识别方法。基于摄动有限元理论研究了吊杆钢丝断裂、钢丝锈蚀、锚固失效、钢丝屈服等损伤对吊杆系内力和桥梁位移的影响；以郑州黄河二桥主桥为背景，给出了吊杆损伤对桥梁结构静力性能与动力特性的影响规律，提出了通过吊杆张力变化、桥面位移变化，或基于节点间位移差变化来识别吊杆损伤的方法。

第 10 章结合郑州黄河二桥主桥结构特点，探讨了中、下承式拱桥健康监测技术，给出了郑州黄河二桥主桥健康监测流程以及健康档案的建立方法，并对郑州黄河二桥主桥进行了健康状态评估。

本书由陈淮教授、杜思义副教授、何伟副教授和殷学纲教授编著，在项目研究过程中，孙增寿、李静斌、胡锋等同志参加了相关模型实验和现场测试工作，在此表示感谢。

由于著作者水平有限，本书的错误和不妥之处在所难免，敬请广大读者批评指正。

作 者

2012 年 6 月于郑州

目 录

第1章　概述 …… 1
1.1　桥梁结构健康监测技术 …… 2
1.2　结构损伤识别技术研究概况 …… 11
1.3　中、下承式拱桥吊杆张力测定技术研究概况 …… 16
1.4　中、下承式拱桥健康监测与损伤识别技术亟待研究的几个问题 …… 18
第2章　中、下承式拱桥结构特点与吊杆系张力计算 …… 29
2.1　中、下承式拱桥结构特点 …… 29
2.2　中、下承式拱桥吊杆系张力计算 …… 30
2.3　实例分析 …… 50
第3章　结构振动分析的矩阵摄动基本理论 …… 66
3.1　矩阵摄动理论基础 …… 66
3.2　单元矩阵摄动的显式表达式 …… 67
3.3　单元矩阵摄动的基本动力学公式 …… 73
3.4　计算实例 …… 77
第4章　基于频率变化与单元矩阵摄动理论的结构损伤识别方法 …… 81
4.1　模型修正的相关理论 …… 81
4.2　结构损伤识别的数学模型 …… 82
4.3　模型误差与测量噪声对结构损伤识别的影响 …… 87
4.4　模型修正与结构损伤识别的算法 …… 88
4.5　结构损伤识别的联合筛选算法 …… 96
第5章　结构损伤识别的单元矩阵摄动方法实验证明 …… 98

5.1 结构损伤识别的实验方法 …… 98
5.2 结构单损伤时单元质量增加与刚度减少的等价关系 …… 101
5.3 采用附加质量模拟结构损伤的动测识别实验 …… 103
5.4 简支钢梁附加质量模拟结构损伤动测识别实验 …… 104
第6章 中、下承式拱桥损伤特点与有限元模型 …… 114
6.1 中、下承式拱桥的损伤特点 …… 114
6.2 郑州黄河二桥主桥有限元初始模型 …… 116
6.3 郑州黄河二桥主桥有限元基准模型 …… 119
第7章 基于频率和振型摄动识别梁式构件损伤 …… 123
7.1 基于频率和振型摄动的结构损伤识别方法 …… 123
7.2 基于频率和振型摄动的结构损伤识别方程组的构成 …… 124
7.3 计算实例 …… 125
第8章 复杂边界条件下吊杆张力计算 …… 130
8.1 振动频率法测试吊杆张力的基本理论 …… 130
8.2 复杂边界条件下吊杆张力与横向振动频率关系的隐式表达式 …… 142
8.3 吊杆参数的确定 …… 145
8.4 吊杆边界参数灵敏度分析 …… 147
8.5 简单边界条件时吊杆张力计算 …… 148
8.6 复杂边界条件下吊杆张力与横向振动频率关系的显式表达式 …… 158
8.7 计算实例 …… 165
第9章 中、下承式拱桥吊杆损伤识别 …… 170
9.1 吊杆损伤对吊杆系内力和桥梁位移的影响 …… 170
9.2 吊杆损伤识别方程的构建与求解 …… 174
9.3 郑州黄河二桥主桥吊杆损伤识别实例 …… 176
第10章 中、下承式拱桥健康监测 …… 190
10.1 郑州黄河二桥主桥健康监测流程 …… 190
10.2 郑州黄河二桥主桥健康档案的建立 …… 192
10.3 郑州黄河二桥主桥健康状态评估实例 …… 193

第1章 概 述

近年来,我国的交通运输事业得到了长足发展。据中华人民共和国交通运输部《2011 年公路水路交通运输行业发展统计公报》[1],截至 2011 年年底,全国公路桥梁达 68.94 万座、3349.44 万 m。其中,特大桥梁 2341 座、404.28 万 m,大桥 55229 座、1330.05 万 m。这说明我国的桥梁建设事业已经达到了一个崭新的发展阶段,并在向更高目标快速发展。

桥梁在运营过程中,由于受到环境侵蚀、材料老化和荷载的长期效应以及突发性灾害等多种因素的影响,其结构损伤不断累积、抗力不断减弱,从而导致其抵御自然灾害的能力下降,正常使用功能降低,在极端情况下将可能引发严重的桥梁垮塌事故。为了保障桥梁结构的安全性、适用性和耐久性,对已建成的大跨度桥梁常需要进行健康监测和安全评价,以便能及时修复和控制结构的损伤[2-4]。

中、下承式拱桥因其外形美观、跨越能力强等特点而成为目前国内外大跨度桥梁建设中的一种主要桥型,且正向更大跨径、更大规模的方向发展[5]。中、下承式拱桥的上部结构主要由拱肋、吊杆、桥面系三大部分组成,其中吊杆既是该类型桥梁的主要传力构件,又是整体结构的薄弱环节。吊杆的损伤乃至破断,直接影响到中、下承式拱桥的运营安全。1999 年重庆綦江彩虹桥的垮塌事故,2001 年四川宜宾小南门金沙江拱桥的桥面断裂事故,都与吊杆锚固失效、吊杆锈蚀断裂有关[6-7]。分析这些事故可知,中、下承式拱桥垮塌事故大多与吊杆的健康状态有关,若能对吊杆的健康状态进行健康监测与损伤诊断,多数拱桥的重大事故是可以避免的。此外,有一些中、下承式拱桥虽然并未发生严重的垮塌事故,但自通车运营以来即病害缠身、多次维修,已严重影响了该桥梁的正常通行,造成了不良的社会影响,其中广州丫髻沙大桥就是一个典型的例子[8]。从目前国内外对桥梁健康监测的研究与应用情况来看,其研究对象主要是悬索桥与斜拉桥等,对中、下承式拱桥的研究较少,还没有关于其健康监测的成熟理论与方法,更没有完整可用的技术。因此,开展中、下承式拱桥健康监测与损伤识别方法研究,不仅具有重要的理论意义和学术价值,还具有广阔的工程应用前景。

1.1 桥梁结构健康监测技术

目前大型桥梁健康监测方式一般有两种。

一种是安装实时健康监测与智能诊断系统，对桥梁的结构振动响应、主要承载构件的受力以及桥梁工作环境进行全天候、全方位的实时监测。在国外，一些大跨度桥梁已经安装了这种健康监测系统。如丹麦主跨1624m的Great Belt East悬索桥、挪威主跨530m的Skarnsundet斜拉桥和总长1726m的Faroe跨海斜拉桥、墨西哥总长1543m的Tampico斜拉桥等。在我国，一些重要的大型桥梁也装有健康监测系统，如香港青马大桥、汲水门大桥和汀九大桥，广东虎门大桥，上海徐浦大桥，江阴长江大桥，苏通大桥等。这种方法的优点是能够实时监测结构的健康状态，评价结构的可靠性，但投资巨大，仅适合重要的新建桥梁，因而应用范围有限。

另一种是定期对桥梁主要部位进行监测和检测，用所得数据对桥梁的工作状态进行评定。这种方法投资少，适用于各类大、中、小型桥梁的健康检测，以及已建成桥梁的健康检测。

1.1.1 桥梁健康监测系统概述

桥梁健康监测系统(Bridge Health Monitoring System)是集桥梁结构监测、系统辨识和结构评估于一体的综合监测系统。根据Housner的定义，它是一种从运营状态的桥梁结构中获取并处理数据，进而评估桥梁结构主要性能指标的有效方法[9]。桥梁健康监测系统结合了无损检测技术和结构特性分析，目的是诊断桥梁结构中是否有损伤发生，判断损伤的位置，估计损伤的程度，并根据状态评估结果提出相应的维护策略。根据以上定义，桥梁健康监测系统的功能框架如图1-1所示[10]。

从图1-1中可以看出，桥梁健康监测系统可以分为在线测试、实时分析、损伤诊断、状态评估和维护决策5个部分。

(1)通过在线测试模块，依靠传感器测试以及网络通信技术对桥梁在运营状态下的响应进行在线测试。

(2)将上述信息转入实时分析模块，依靠修正后的精确有限元模型进行桥梁结构仿真模拟计算，得到桥梁在当前时刻的结构状态。

(3)在此基础上，通过损伤诊断模块为桥梁在特殊气候、交通条件及运营状况异常时进行损伤预警及损伤定位。

(4)在状态评估模块中，依据更新后的指标参数，对构件以及整个结构的承载力和耐久性进行评估。

(5)在维护决策模块中,为桥梁的运营管理、养护维修以及科学决策提供建议[10]。

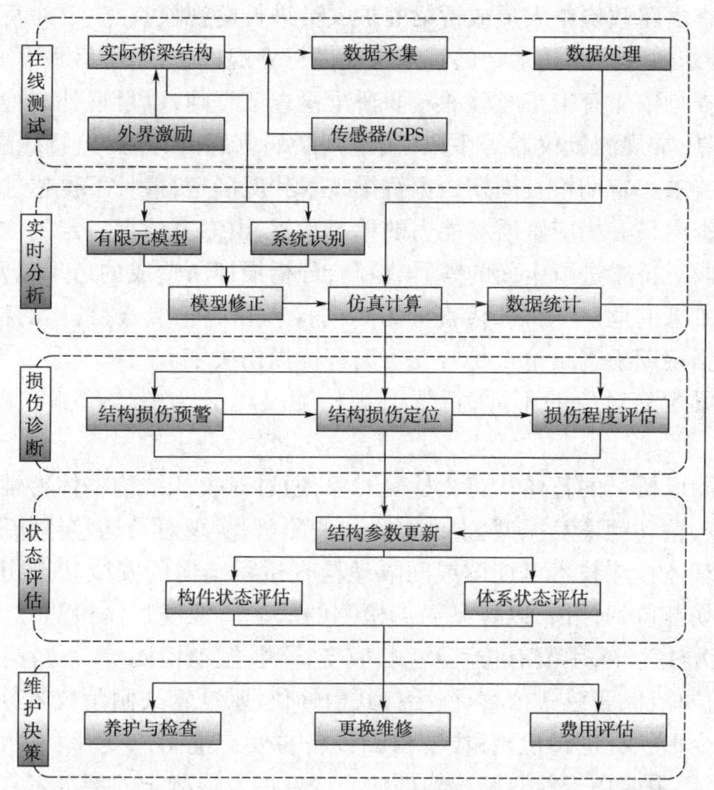

图1-1 桥梁健康监测系统的功能框架

整个桥梁健康监测系统涉及众多的研究领域,主要包括桥梁检测、模态分析、模型修正、损伤识别与状态评估等。下面围绕桥梁健康监测系统的功能框架,简要介绍这几个相关领域的国内外研究现状。

1.1.2 桥梁检测

桥梁检测是进行桥梁健康监测和状态评估的基础。通过使用各种桥梁检测技术和手段,对处于运营状态的桥梁结构进行检测,以判断结构是否存在损伤,并进一步判定损伤的位置和程度,以及对结构目前的损伤发展趋势、使用功能、安全状况和剩余寿命提出正确的评估结论。桥梁检测可分为常规检测和在线监测两种类型。

1)桥梁常规检测

桥梁常规检测又可称为桥梁检查。根据检测的周期,桥梁检查可分为经常检查、定期检查和特殊检查三种[11]。

经常检查由路政检查人员或桥梁养护人员进行巡视检查,主要对桥面设施、上部结构、下部结构及附属构造物的技术状况进行外观检查,通常每月不少于一次。

定期检查是依靠有丰富经验的专职桥梁检查工程师,以目视外观检查为主,辅以必要的工具、常规测量仪器等手段,实地判断病害原因,并提出特殊检查或下次定期检查的要求。定期检查周期根据桥梁技术状况确定,最长不得超过3年。

特殊检查由具有相应资质和能力的单位承担,由专家依据一定的物理、化学等无损检测手段对桥梁进行全面的察看、检测,分析损坏所造成的后果以及潜在缺陷可能给结构带来的危险。特殊检查分为专门检查和应急检查,具体的检查周期由有关部门根据定期检查结论及是否发生灾害性损伤决定。

根据桥梁检测对象的不同,桥梁常规检测又可分为整体检测和局部检测两大类[12]。

整体检测以桥梁的整体状态为检测对象,通过对表征结构整体特性的量,如结构变形、应变、振动频率及振型、索力等参数的测量,实现对结构整体状况的检测和评估。采用整体检测技术可连续或间隔地检查桥梁结构的安全状态,并可用来指导对可能损伤部位的评估,以提高局部检测的效率。常规整体检测方法基本上是以人工检测方法为主,主要有位移检测、应变检测、振动检测等。位移检测仪器主要有接触式位移计、张弦式位移计、手持式引伸仪、水准管式倾角仪等,用来对各种桥梁构件的变形状况进行检测;应变检测设备主要有电阻应变片、电阻应变仪、钢弦式传感器等,主要用于检测结构构件的应变发展及混凝土的裂缝发展状况;振动检测使用各种压电式、电容式、伺服式振动传感器,通过观测并记录桥梁振动信号,对收集的信号进行时域或频域分析,从而得到桥梁振动模态及行车响应等桥梁动力指标,以揭示桥梁结构的整体动力特性[13]。

局部检测以桥梁结构各个组成部分的局部状态为检测对象,以各种局部检测技术为手段,通过对结构局部部位的集中检测,可较准确地对结构缺陷部位进行定位、探查,有时还可进行定量分析。结构局部检测方法主要有目检法、压痕法、回弹法、染色法、超声脉冲法、声发射法、射线法、磁粉法、光学法、涡流法、泄漏法、红外法等[14]。采用上述各种局部检测方法进行桥梁检测,均需要预先大致了解损伤的位置,并且结构中的这些位置应当易于接近。这种检测方法所需周期长,费用高,并会影响或中断桥梁的正常使用,因此其在工程应用中有一定的局限性。在大型桥梁结构检测中,往往将整体检测与局部检测两种方法综合使用,互为补充。

2)桥梁在线监测

桥梁常规检测的检测周期是间断的、非连续的、非实时的,检测结果不能及时地反映桥梁在运营过程中的状态变化,当灾害性因素发生时,或者当桥梁的损伤累积达到影响桥梁正常运营乃至垮塌的临界点时,常规检测手段不能及时预警,从而有可能造成重大人员伤亡和财产损失。因此,随着科学技术的发展,综合现代测试与传感技术、网络通信技术、信号处理与分析技术的桥梁在线监测技术得到了迅速发展,大大地拓展了桥梁检测的内涵,并可连续地、实时地、在线地对桥梁结构的健康状态进行监测和评估,以确保桥梁运营安全和提高桥梁管养水平。据统计,目前国内外已经安装在线健康监测系统的桥梁达50多座,桥型主要为特大跨度的悬索桥、斜拉桥,以及少量的大跨度梁桥等。

桥梁在线监测系统的硬件包括在桥梁上布设的各类传感器,用来完成各种监测信号的拾取和转换。传感器种类繁多,按其是否产生信号可分为主动(Active)传感器和被动(Passive)传感器。其次,桥梁在线监测系统还需要配置一套功能完备的数据采集系统,包括各类放大器、传输光缆及计算机等。目前,光纤光栅传感器技术、传感器最优布设方案、基于全球定位系统(GPS)技术的在线监测技术等已成为桥梁健康监测的研究热点之一[15-18]。

除了硬件设备外,桥梁在线监测系统还需要有一套高效、完备的数据处理与分析系统,并可根据实时在线监测数据进行桥梁健康状态实时评估。主要涉及的内容与技术包括模态分析、系统辨识、模型修正、损伤识别、状态评估等。

1.1.3 模态分析

随着计算机技术和数字信号处理算法的迅速发展,通过实验及数据处理来识别实际结构的动力学模型,已成为解决现代复杂结构动态特性设计的重要手段。应用模态分析方法,人们有可能把复杂的试验结构简化为模态模型,来计算系统响应,从而简化系统的数学运算。

模态分析理论是在机械阻抗与导纳的概念上发展起来的。模态分析的经典定义为:将线性定常系统振动微分方程组中的物理坐标变换为模态坐标,使方程组解耦,成为一组以模态坐标及模态参数描述的独立方程,以便求出系统的模态参数[19]。模态分析理论的核心内容是模态参数辨识,模态分析的最终目的是识别系统的模态参数,为结构系统的振动特性分析、动力优化设计、动力载荷识别、动力模型修正与基于振动测试与分析的结构损伤诊断提供依据。由于目前桥梁健康监测系统通常采用基于振动理论的在线监测与实时分析技术,因此,模态分析理论也是桥梁健康监测与损伤诊断的重要理论基础。

目前,模态参数的辨识方法可以分为两类:频域识别法和时域识别法。

1)频域识别法

频域识别法发展较早,在20世纪70年代,发展成熟的频域识别方法有多点稳态正弦激振法和单点激励频响函数法。20世纪60年代出现的快速傅立叶变换方法(FFT法)对单点激励频响函数法的发展产生很大影响,它是通过FFT将测得的时域数据转换到频域内,由功率谱密度函数(PSD)进行辨识。因为频域法的物理概念清楚,不容易遗漏模态或产生虚假模态,模态的可靠性较高,因此该方法在模态分析中应用广泛。

目前常用的一种频域识别方法是峰值拾取法(PP法)[20]。该方法基于频响函数(FRF)在结构固有频率处达到峰值的原理进行模态参数识别,算法简单,易于实现。但在环境振动测试中,如果只有输出响应数据,而输入未知时,则无法获得频响函数。这时如要进行模态参数辨识,可用输出响应的自功率谱密度PSD函数代替频响函数。在阻尼较低、频率不太密集的前提下,固有频率由PSD曲线上的峰值确定,而PSD是通过FFT将加速度传感器测得的数据转化到频域后得到的。阻尼比常采用半功率带宽法得到,而振型则通过计算各响应点同参考点之间的互谱密度与参考点自谱密度的比值得到。峰值拾取法操作简单,运行速度快,多数情况下能够很好地识别出固有频率,但存在响应数据易为测量噪声污染的弊端,并且当频响函数或谱密度函数的峰值不明显时,固有频率的拾取由使用者主观决定,且不能违背低阻尼、频率易分离的基本假设,否则识别结果误差较大,对阻尼比的识别也不尽如人意。

2)时域识别法

时域识别法直接利用时域内的数据进行辨识,可以避免频域识别法因FFT变换所带来的误差,一般都能得到较精确的辨识结果,已成为近年来在实验模态分析领域的主要研究热点。目前比较成熟的时域识别方法主要有Ibrahim时域法(ITD法)、时间序列识别方法、特征系统实现算法(ERA法)、随机子空间识别方法等[21-24]。ITD方法基于结构的自由振动模型,以黏性阻尼多自由度系统的自由响应为基础,依据结构被测试的振动信号识别结构模态参数。时间序列识别方法是最早用于结构参数识别的方法之一,该方法基于离散滑动平均自回归模型,通过被测试的结构输出信号识别模型参数,然后将模型参数转换为结构的模态参数。ERA算法基于离散状态空间模型,以多输入、多输出的脉冲响应为基础,依据结构被测试的振动信号识别结构模态参数。随机子空间识别方法基于受随机激励作用的离散状态空间模型,以多输入、多输出的随机响应为基础,依据结构被测试的振动信号识别结构模态参数。

以上各种时域识别方法的主要优点是只使用实测的响应信号，无需进行 FFT 变换，因而可进行在线分析，使用设备简单，特别适合于大型桥梁结构的在线监测系统。但由于不采用脉冲响应信号，不使用平均技术，因而分析信号中包含噪声干扰，所识别的模态中除系统模态外，还包含有一定的噪声模态[25]。

在模态参数识别中，对于小型简单结构，无论是时域还是频域方法都能得到满意的结果，而对于中、下承式拱桥这样的大型复杂结构，要想保证精度就必须通过多次试验来得到。因此，没有一种明确的辨识方法适用于所有的结构类型，应根据实际情况选择合理模态参数的辨识方法。

1.1.4 模型修正

模型修正问题实际上是一个系统建模问题。系统建模有 3 种类型：理论建模、试验建模和系统辨识建模[26]。大型复杂桥梁结构的理论建模当前一般采用有限元方法进行，但模型的精度与建模人员的工程实践经验密切相关，并且模型的物理参数(材料密度、弹性模量、截面几何尺寸)等会因环境的变化和施工过程而存在误差，因此结构系统的初始理论模型必须通过结构试验和模型修正技术对其进行修正，以达到正确预测结构行为的目的[27]。使动力测试试验结果与结构的有限元模型求解的动力学特征量相吻合的方法称为结构动力模型修正。目前，大多数模型修正技术都是以模态参数和有限元模型作为参考，这是由于模态参数最易获取。

模型修正的方法可大致分为两类，即矩阵型法和参数型法。

1)矩阵型法

矩阵型法是模型修正方法中发展最早也最成熟的一类方法。该方法以结构有限元模型的物理参数矩阵为修正对象，直接修正上述各物理参数矩阵的元素，以使实测模态和有限元模型的解析模态一致。最具有代表性的矩阵型模型修正方法是 Berman-Baruch 法[28]，其修正原理是基于拉格朗日乘子技术，建立修正后矩阵的拉格朗日函数，利用实测的结构前几阶固有频率及与之对应的模态构建出可用以求解的矩阵方程。Berman-Baruch 法需要对质量矩阵和刚度矩阵直接求逆，其他部分仅涉及简单的矩阵加法和乘法运算，不需要迭代和重复分析特征值，因而具有精度高、易执行的优点。但由于修正模型的物理意义不明显，会丧失原模型物理参数矩阵带状、稀疏的特点。

为改进矩阵型法的上述缺点，Kabe[29]、张德文等[30]提出了元素型矩阵修正法，可根据用户的判断或由建模错误定位技术所得结果，指定有误差的非零元素作为待修正元素，而让原零元素始终保持为零，从而保持了原有限元模型物理矩阵带状、稀疏的特性。

混合矩阵法[31]和误差矩阵法[32]是有限元模型修正的另外两种矩阵型方法。其主要思想前者是通过测试和分析的数据来共同产生结构的质量矩阵和刚度矩阵,避免了 Berman-Baruch 法中对质量矩阵和刚度矩阵的直接求逆,缺点是该方法得到的质量和刚度矩阵为满阵,失去了原模型的意义;后者是在假设模型误差较小的前提下修正质量矩阵和刚度矩阵,虽然修正后的模型有与实验模型接近的特征结构,但在理论上难以证明该方法一定可以重现测试的特征结构。

2)参数型法

对大型结构建立有限元模型,最原始的数据是各种设计参数,包括物理参数、几何参数和边界条件等,如弹性模量 E、材料密度 ρ、截面面积 A、边界支承条件等。若直接以结构的设计参数作为修正对象,不仅物理意义明确,而且便于在模型优化过程中引入设计准则。参数型修正法的基本思路与结构优化理论类似,通过构造理论模型与实际模型之间在同一激励下动力特性的误差,然后选择一定的修正量使该误差最小来达到修正的目的。虽然这一类型方法需要最小化非线性的罚函数,多数归结为一个逐步迭代的优化问题,计算量大,但修正后模型的设计参数易于与工程实际对照,是目前研究和应用的主流。

在参数型修正法中,应用最为广泛的方法是通过灵敏度分析来修正模型参数[33]。灵敏度分析是参数型模型修正的重要环节,其目的是获取结构特征量对于设计参数的偏导数,其数学基础主要依赖于泰勒展开式或摄动原理。目前已经发展比较成熟的参数型修正法主要有特征对展开法[34]、物理参数矩阵展开法[35]、摄动法等。特征对展开法是将修正模型的特征对(根据实测得到的固有频率及振型)在分析模型邻域内相对于设计参数 p 作泰勒展开,然后利用修改结构动力特性的各种快速分析方法完成特征导数的解析式计算。物理参数矩阵展开法是直接将修正模型的物理矩阵作一阶泰勒展开,其显著的优点是不需要实测模态,仅需实测的固有频率和模态质量。摄动法是将修正模型的有关参量关于小参数 ε 展开,然后令等式两边关于 ε 的同次幂系数相等即可得到摄动法的修正公式,但其计算精度与小参数 ε 的大小有关,仅适用于小误差分析模型的修正,当模型的误差较大时,摄动法所得修正模型可能具有较大的误差。

基于灵敏度分析的参数型修正方法在桥梁结构模型修正中得到了应用,如文献[36]利用环境振动测量值对江阴长江大桥进行了有限元模型修正。

1.1.5 损伤识别

损伤识别又可称为损伤诊断,包括损伤预警、损伤定位和损伤状态评估三个方面。换句话来讲,根据损伤诊断的各个阶段性目标,先后解决在工程结构中是否发生了损伤、损伤出现的位置以及损伤程度大小这三个问题。根据进行损伤诊断所选择结构参数的不同,又可分为基于静力特性参数的损伤诊断方法和基于动力特性参数的损伤诊断方法。鉴于结构的损伤识别技术在识别桥梁结构损伤方面的重要作用,在下节将重点说明结构损伤识别技术的研究与发展方向。本节仅简要说明桥梁结构损伤识别技术。

1)基于静力特性参数的损伤诊断

桥梁结构的静力特性参数主要有结构静态位移、静态应变、斜拉索或吊杆的张力等。桥梁结构发生损伤后会引起结构刚度的变化,从而使结构位移、应变、张力等参数发生相应的改变。通过对上述静力特性参数的测量,并同结构完好时的相应参数对比,可以实现桥梁结构的损伤识别[37]。

结构静力特性参数的信息量相对较少,在大型桥梁上进行静力加载时费用较大,周期较长,因此该方法的使用还处于初步发展阶段。研究成果主要为:把结构的静态响应区分为已测基本参数和未测参数两部分,使用缩减技术来缩减未测的静态响应,从而利用已测量的静态响应数据识别出结构的单元参数[38-39],研究对象也仅局限于梁、板等简单构件,该方法研究重点是根据损伤检测的结果建立以残余力或位移等参数误差最小为目标函数的优化方程,以及对该类型方程的迭代求解算法开展研究[40-41]。

如前所述,相比基于动力特性的桥梁结构损伤检测技术,基于静力特性的桥梁结构损伤检测技术可以利用的测试信息量较少,往往难以得到理想的识别结果。此外,对于桥梁结构,特别是对于大型桥梁结构,由于静力加载工况的数量有限,对所加载工况作用下受结构变形影响较小的那些损伤构件更加难以识别。虽然基于静力特性参数的损伤检测和诊断方法有以上缺点,但由于该方法只需要使用结构的刚度特性,且只要有足够的静力测试结果就可以推算出结构的刚度,同时静力测试数据具有较高的精度和稳定性。因此基于静力特性的桥梁损伤检测方法仍然是一种具有广阔应用前景的方法,并往往同动力特性参数相结合使用[42]。

2)基于动力特性参数的损伤诊断

结构动力特性是结构的固有属性,结构的损伤必然会引起结构动态响应的变化,进而引起由结构损伤检测试验所获取的结构动力特性参数的变化。通过安装在结构上的传感设备,对结构的动态响应进行实时监测,可获得结构的振动特性。对获取的结构振动特性的变化进行分析和处理,就有可能获得结构物理参数的变化情况,从而达到损伤检测的目的。

桥梁结构的动力特性参数信息量丰富,检测费用低,并且在检测过程中不需要中断桥梁的正常运营,因此相对于静力检测以及传统的局部检测方法具有很大的优越性。目前,随着计算机软硬件技术的飞速发展,以及传感器技术、信号处理技术的进步,动态测试信号的精确度越来越高,对测试信号的处理速度也越来越快。因此,基于动力特性的结构损伤检测技术已成为国内外的研究热点[43-49]。在基于动力特性的各种结构损伤检测方法中,恰当地选择结构模态参数或衍生量,对于损伤检测实施的难易程度、损伤检测结果的分析与识别均具有重要的影响。目前,已有的研究成果中用作结构损伤检测的动力特性参数主要有固有频率、模态振型、阻尼;用作结构损伤检测的动力特性参数衍生量主要有曲率模态振型、柔度矩阵、模态应变能、残余力向量等[50]。

虽然目前提出的利用结构基本模态参数的变化进行结构损伤检测与诊断的方法很多,但都存在着结构损伤对这些指标不敏感的缺点,很多方法应用于小型结构是可行的,但难以移植到大型桥梁结构损伤检测中。因此,研究人员选择了曲率模态振型、柔度矩阵、模态应变能、残余力向量等模态参数衍生量作为结构损伤检测指标[51-56],其优点是这些模态衍生量对损伤较为敏感,有利于损伤的精确定位,但测试数据的信息量要求高,需要比测试模态振型布置更多的测点,因此在大型桥梁中的应用也有一定的局限性。

1.1.6 状态评估

评估是指评价并估计某一事物的价值或优劣。对于桥梁结构,评估就是利用特定信息分析既有桥梁的可靠性并作出工程决策的过程[57]。在桥梁结构健康监测系统的框架内,利用桥梁检测所得数据,以及进一步得出的桥梁损伤诊断的结果,对桥梁结构的各个组成构件乃至整体结构的剩余承载力进行估算,就是桥梁状态评估的内容。

我国交通运输部行业规范《公路桥涵养护规范》(JTG H11—2004),将桥梁状态评估这一术语称为桥梁评定,并将桥梁评定分为一般评定和适应性评定。一般评定是依据桥梁定期检查资料,通过对桥梁各部件技术状况的综合评定,确定桥梁的技术状况等级,提出各类桥梁的养护措施。适应性评定是依据桥梁定期检查及特殊检查资料,结合试验与结构受力分析,评定桥梁的实际承载能力、通行能力、抗洪能力,提出桥梁养护、改造方案。

《公路桥涵养护规范》(JTG H11—2004)规定,在一般评定中,全桥总体技术状况的等级评定,宜采用考虑桥梁各部件权重的综合评定方法,亦可按重要部件最差的缺损状况评定,或对照桥梁技术状况评定标准进行评定。考虑桥梁各部件权重的综合评定法的具体执行过程为:

(1)根据桥梁各部件缺损程度、缺损对结构使用功能的影响程度和缺损发展变化状况 3 个方面,以累加评分方法对各部件缺损状况作出等级评定。

(2)重要部件以其中缺损最严重的构件评分,其他部件根据多数构件缺损状况评分。

(3)按照推荐的桥梁各部件权重,根据规范公式计算出桥梁的全桥结构技术状况评分值。

(4)根据所得评分,确定桥梁技术状况评定等级。评定等级分为五类,其中一类为完好、良好状态,五类为危险状态。

在适应性评定中,承载能力评定是通过将桥梁的实际承载能力与现行设计荷载标准的荷载效应进行比较,反映结构能否达到承载要求;通行能力评定是将设计通行能力与现行交通量进行比较,也可以同使用期预测交通量进行比较,反映桥梁能否满足现行(或使用期)交通量的要求。

由此可见,《公路桥涵养护规范》(JTG H11—2004)对于桥梁结构的状态评定,主要是针对中小型桥梁,这是因为中小型桥梁量大面广,不可能每座桥梁都安装有健康监测系统,只能通过定期检查辅以特殊检查,对桥梁最重要的状态指标如承载能力、通行能力等作出评估。而对于大型桥梁,除了进行定期检查外,还采用荷载试验进行评定。目前,越来越多的大型桥梁开始安装长期的在线健康监测系统,直接通过实时监测数据,利用各种状态评估方法对桥梁的健康状态作出科学评估。常用的评估方法主要有加权综合法、层次分析法、模糊理论方法、专家系统法及基于神经网络的智能化评估方法等[58-63]。这些方法都有一定的局限性,单纯应用某一方法进行评估,很难保证评估结果的可靠性。特别是随着桥梁健康监测系统的出现,面对数量众多的监测指标和庞大的监测数据,如何高效地对桥梁进行实时(及时)状态评估,对评估理论和评估方法的进一步发展提出了更高的要求。总的来说,应当在基于静、动力特性参数损伤诊断结果的基础上,开发出针对各种桥型的算法可靠、准确高效的桥梁状态评估系统。

1.2 结构损伤识别技术研究概况

如前所述,桥梁健康监测技术与结构的损伤识别技术密切相关。目前,随着结构分析理论、分析手段、试验方法及测试技术的发展,结构损伤识别领域的研究日益受到国内外土木工程界的高度重视,提出了多种结构损伤识别方法。根据结构响应可以分为基于结构动力响应的损伤识别方法和基于结构静力响应的损伤识别方法;根据理论基础可以分为以传统力学为基础的损伤识别方法和以人工智能等新兴理论为基础的损伤识别方法;根据观察问题的角度可分为空间域法、模态域法、时域法、频域法等。上述方法各有其优缺点,如频域法和模态域法需要用到存在转换误差和噪声的数据;而空间域法需要用到难以精确的质量矩阵和刚度矩阵[45]。因此研究一种快速实用、简单准确的方法成为工程界迫切需要解决的问题。其中基于结构动力学特性的结构损伤识别方法是当前研究的重点。

基于动力学特性的结构损伤识别方法,即利用结构的动力响应进行结构性态识别的方法,它融合了系统识别、振动理论、振动测试技术、信号采集等学科的知识,已广泛应用在航空航天、精密机床等领域。它利用结构的模态参数和物理参数的关系,构成相应的损伤识别指标,通过在结构的不同位置布置动力响应传感器,捕捉结构动力响应参数的变化,来判别结构的损伤。基于动态的结构损伤识别技术的关键是找到损伤指标,从目前的研究进展来看,主要有以下一些损伤识别指标。

1)固有频率

固有频率是最容易测试的模态参数,测试精度较高,且一般与测量位置无关。因此,基于固有频率的结构损伤检测方法得到了广泛重视。Lifshitz 和 Rotem 在 1969 年就提出了通过结构固有频率的变化进行损伤检测[64]。随后的研究主要集中在利用频率变化建立包含损伤单元结构参数的灵敏度矩阵和损伤定位方程两个方面[65-67],从而达到损伤检测和损伤诊断的目的。1997 年 Salawu 对利用固有频率的变化进行损伤检测作了全面综述[68],认为这种方法在结构检测、损伤诊断乃至结构安全状态评估中均有巨大的应用潜力。近年来,Fabrizio 采用神经网络方法研究了频率变化在梁结构损伤诊断中的应用[69],杜思义等将摄动理论与振动理论相结合建立了结构损伤的一、二阶摄动方程,通过频率变化进行结构损伤识别和诊断[70-71]。使用固有频率进行结构损伤诊断主要会遇到以下问题:

①固有频率是结构动力特性的宏观量,其变化对结构中的小损伤不敏感。

②高阶频率的测试易受到周围环境的影响,精度较低,而仅使用前几阶低阶频率难以对大型复杂结构多损伤部位进行诊断。

③仅使用频率变化对对称结构进行损伤识别易于造成误判。

2)模态振型

与固有频率相比,在测试精度上虽然模态振型稍低,但后者对结构损伤比较敏感,因此基于振型变化的损伤识别方法自提出后,就得到大家的关注,有了较大的发展。

Biswas 等[72]和于德介等[73]先后根据结构的固有频率和振型的变化来识别损伤的位置或程度。万小朋等[74]则在确定一阶振型改变率后,引入了神经网络识别损伤,进行了梁式结构数值模拟。

任伟新研究了使用模态振型进行桥梁结构损伤诊断方法[75-76]。2002 年 Abdo 和 Hori 的研究表明,结构的扭转振型对于损伤更为敏感[77]。对于大型复杂结构,模态置信度因子(MAC)以及坐标模态置信度因子(COMAC)的研究也取得了一定的进展[78-79]。但实际上,大型桥梁结构的扭转振型在当前测试水平下还是难以准确获取的,模态振型往往需要同固有频率结合起来使用。

采用模态振型进行损伤识别存在的问题主要在于其受测量信息不完备和测量噪声的影响明显,此外当选用的某阶模态对损伤不敏感时,就可能难以识别损伤。一般来说高阶振型对局部损伤敏感,而高阶振型在实际测量中常常难以得到,这些都限制了该方法的应用。

3)曲率模态

曲率模态是由位移模态差分得到的,是位移模态的二阶导数,它反映了位移模态的变化随位置坐标改变的规律。

1991 年 Pandey[80]证实了曲率模态可用于梁式结构损伤识别,禹丹江等[54]通过数值仿真说明了曲率模态对损伤的敏感性,并认为曲率模态差对损伤的敏感性更好[81]。郑明刚等[82]证实高阶曲率模态用于桥梁状态检测时对损伤的敏感性高于低阶模态,但通常情况下由于高阶振型难测而无法获得高阶曲率模态。

纵观基于曲率模态的损伤识别方法,在实际工程应用时,识别结果受模态测量误差的影响较大,且为了保证差分计算的精度,往往需要测点布置尽可能密,尽可能多,所测模态阶数尽可能高,这些都限制了该方法在大型复杂结构损伤识别中的应用。

4)应变模态

应变模态是位移模态的一阶导数。文献[83]介绍了采用应变模态进行结构损伤识别的方法。李军等研究了应变模态对损伤的敏感性。顾培英等[85]采用损伤应变模态差分建立损伤位置直接指标来识别损伤。杜思义等[86]认为应变模态法可以定性地识别损伤程度,但不能准确定量。

采用应变模态识别损伤在实际应用中存在的主要问题是模态测量误差对识别结果影响很大,当测量误差与结构损伤引起的模态变化相近时则容易造成误判。此外,该方法也无法识别程度较小的损伤。

5)模态应变能变化

1988 年 Chen[87]提出模态应变能的概念,并利用模态应变能的变化确定梁式结构的损伤位置。苏扩军等[88]通过实验进行验证,该方法在噪声水平超过 5% 时就会出现误判。王学广等[89]基于摄动理论,推导了高精度模态应变能的结构损伤评估方法,通过数值仿真进行了证明。史冶宇等[90]对该方法进行了改进,采用部分低阶模态即可识别结构损伤。王根会等[91]根据单元模态应变能的变化率来进行损伤定位。

由于模态应变能变化方法对测试精度要求较高,因此限制了其在实际工程中的应用。

6)柔度变化

1994 年 Pandey 等[51]使用柔度差识别梁的损伤,结果显示该方法可以较好地识别单损伤,但是多损伤识别效果较差。在此基础上,国内有学者致力于该方法的改进,如孙国等[92]。此外,唐小兵[93]提出了柔度曲率法,曹水东等提出了柔度曲率比法等。

虽然柔度矩阵对损伤敏感,但是需要用到结构损伤前的柔度矩阵,不利于该方法的工程应用。此外,由于形成柔度矩阵仅需要测试前几阶模态参数,模态振型无法进行质量归一化处理,这也限制了该方法的应用。

7)智能技术与动力特性相结合

随着计算机硬件的不断发展和损伤识别理论研究的深入,在结构损伤识别领域引入了其他学科的许多新的理论,如人工神经网络、小波分析、遗传算法等智能技术,这些新技术新理论与结构动力学特性相结合有效地促进了结构损伤识别技术的发展。

(1)人工神经网络

人工神经网络作为人工智能的一个重要分支,是最早被引入到结构损伤识别领域的智能算法。

罗跃刚等[95]以固有频率、陈建林等[96]以固有频率的变化作为输入参数,通过神经网络来判断结构损伤。陆秋海等[97]分析比较了多种用于神经网络方法的损伤识别指针,得出应变类型的损伤识别指针对结构损伤的敏感度最高。

与传统的识别方法相比,人工神经网络损伤识别方法在知识获取、并行推理、适应性学习、容错能力等方面都具有一定的优越性。但是人工神经网络在建立了输入与输出之间的映射关系后,输入参数的选择对损伤识别结果的影响极大,因此如何提高损伤识别的准确性和效率,还需要进一步研究。

(2)小波分析理论

小波分析是一种新的时变信号分析方法,它克服了傅立叶变换中时—频分辨率恒定的缺点[98-101]。目前小波分析在结构损伤识别领域有一定的应用。

Hou 等[102]是较早运用小波进行损伤识别研究的学者之一。郭健等[103]提出了分 4 个阶段运用小波分析进行结构损伤识别。孙增寿等[104]通过对曲率模态进行小波变换建立损伤指标来识别结构损伤。滕海文等[105]以应变模态为基础,通过小波变换的模极大值确定损伤位置,根据李氏指数表征奇异性大小识别损伤程度。此外,一些学者研究了小波分析和其他理论联合进行损伤识别,如 Sun 等[106]将小波分析和神经网络联合起来进行损伤识别研究,何浩祥等[107]将小波包和支持向量机相结合进行结构损伤识别。

可以看出,由于小波分析在信号去噪、信号奇异性检测、特征提取、数据压缩等方面有着独特的优势,因此它在桥梁健康监测中有很大的应用潜力。

(3)遗传算法

结构损伤问题在数学上可以看作是混合变量优化问题,遗传算法是求解这类优化问题的有力工具。

程远胜等[108]提出先扩展振型利用单元能量差比确定损伤的大致位置,再利用遗传算法识别损伤程度。袁颖等[109]以节点的残余力向量构造目标函数,利用改进遗传算法识别损伤。此外一些学者研究遗传算法与其他方法联合起来进行损伤识别,如邵金林等[110]研究了遗传算法与有限元技术结合,饶文碧等[111]研究了遗传算法与神经网络结合进行结构损伤识别。

虽然结构损伤识别技术研究目前国内外已有较大进展,但是部分研究成果与实际工程应用尚有一定距离。纵观结构损伤识别技术的发展历程可以看出,在未来的研究工作中,将可能体现出如下几点:

①结合结构工作环境,考虑环境因素[112]的变化对损伤识别结果的影响与误差,并且研究减小和控制误差的方法和手段。目前国内已有学者开始这方面的研究。

②测试技术和测试仪器的研究。通过提高数据测量精度来提高损伤识别结果的准确性。

③在线实时损伤识别方法的研究。对于桥梁等结构而言,在运营阶段其工作环境和工作状态总是变化的,要完全掌握其健康状况,最好进行全方位、全天候的在线实时监测。在线损伤识别方法具有实时性、连续性和预报性,有很大的实用价值,应用前景广阔。但是如何降低成本,如何处理工作环境激励中非白噪声信号,如何及时高效处理长时间测试后产生的大量测试数据也是值得研究的问题。

④精细有限元模型的建立。目前很多损伤识别技术建立在有限元模型基础上,其损伤识别结果对初始分析模型有很强的依赖性。初始模型的误差直接影响损伤识别结果,因此如何提高建模精度,降低模型误差的影响还有待研究;如何合理地进行模型修改,建立高精度的精细有限元模型技术也值得研究。

⑤融合多学科交叉知识的损伤识别技术研究。由于损伤的复杂性,采用单一的理论实现所有损伤情况的识别存在极大的困难。所以将结构损伤识别和现代数学、信息技术、人工智能、数据挖掘等,多学科交叉知识融合的结构损伤识别技术将

是未来的一个前沿课题。

1.3 中、下承式拱桥吊杆张力测定技术研究概况

中、下承式拱桥是利用吊杆或拉索作为桥面系的弹性支承,使主梁变为多跨支承的连续梁,减少了主梁的截面尺寸,提高了桥梁的跨越能力。所以吊杆张力控制着整个桥面系的内力分布和线形,任何一根吊杆张力的改变都会对全桥的内力产生影响,在桥梁运营期间吊杆张力的改变也反映了桥梁受力状态的变化。因此在中、下承式拱桥的损伤识别和健康监测中,如何准确地测定吊杆张力对了解桥梁的受力情况和健康状态具有重要意义。

在实际工程中,常用的拉索张力测定方法有压力表测定法、压力传感器测定法、静态应变测定法、振动测定法等。压力表测定法由于张拉系统千斤顶漏油等因素的影响,测试精度较低,达不到监控要求,只能作为拉索安装与调整时的参考,并且安装完成后无法进行复测。压力传感器测定法所测张力可作为拉索张力监控的依据,并可以校核其他测试方法,但造价较高,不适于大规模使用,只能在部分拉索上选用。静态应变测定法,实施繁琐,且应变片一旦破坏就会失效,所以只能对个别拉索做短期观测使用,不利于实际工程应用。振动测定法测试方便、精度较高,在大规模测试和拉索安装完成后的复测上优势突出,而且测试设备轻便,易于操作,效率较高,所以是目前拉索张力测量的主要方法。但要提高振动法测试精度,需要重点研究考虑复杂边界条件下如何由拉索横向振动频率计算其张力。

振动测定法的理论基础是弦的振动理论。当拉索的抗弯刚度 EI 很小以至于可以忽略不计时,张紧的拉索在不考虑斜度和垂度等其他因素影响时,可简化为理想的弦。当弦两端固定时,不考虑弦的抗弯刚度时张力与频率之间的关系为[113]:

$$T = 4ml^2\left(\frac{f_n}{n}\right)^2 \tag{1-1}$$

式中:T——拉索的张力;

m——拉索的单位长度质量;

l——拉索长度;

n——拉索自振阶数;

f_n——拉索的第 n 阶自振频率。

式(1-1)为显式表达式,易于工程实际应用。在长度较大、抗弯刚度较小的拉

索索力测试时能满足工程精度要求。但是对于中、下承式拱桥吊杆的张力测试，特别是短吊杆的张力测试时其误差较大。

考虑拉索抗弯刚度影响时，两端简支模型张力与频率之间的关系式为[113]：

$$T = 4ml^2\left(\frac{f_n}{n}\right)^2 - EI\left(\frac{n\pi}{l}\right)^2 \tag{1-2}$$

由张力计算公式可以看出，当张力一定时，拉索的频率与拉索长度、抗弯刚度、拉索线密度及支承条件等参数有关。因此，如何准确确定这些参数对索力的测试结果有一定的影响。

为了提高索力测试精度，了解拉索频率的变化规律，国内外学者从环境因素、拉索刚度识别、考虑垂度和斜度、等效长度、改进数据处理技术、考虑边界条件等方面进行了研究。

(1)考虑环境因素

文献[114]研究认为要提高索力计算精度，必须要了解环境因素对索力的影响，可以通过减小索力测试时主要环境因素的影响来提高测试精确度。张宏跃等[115]从测量时机、数据处理等方面，通过多次测量、多次平均和提高频率分辨率的方法，来减少环境随机信号对索力测试的影响。侯俊明等[116]从日照方面研究了温度变化对索力值的影响。虽然各学者考虑的环境对象不同，但其目的都是相同的，即使环境因素对测试结果的影响最小。

(2)改进刚度识别

周云等[117]研究了通过数值拟合来识别拉索刚度；任伟新等[118]研究了拉索的垂度对索动刚度的影响，通过模态识别确定索的动刚度；苏成等[119]考虑拉索的抗弯刚度、支座条件和斜度等因素，采用多阶频率测试结果识别斜拉索抗弯刚度等。各方法都是通过使刚度选取的计算值与实际值尽量接近，从而增大索力的计算精度。

(3)考虑垂度和斜度

对于斜拉桥中的拉索，其垂度和斜度对索力的计算影响较大。冉志红等[120]考虑了垂度和斜度的影响，通过奇异摄动法建立了频率和振型函数的解析表达式。许俊[121]提出要考虑索的垂度对索力测试的影响，运用基于环境随机振动法测量斜拉索索力，并进行了简化计算研究。

(4)采用等效长度

王朝华等[122]分析了拉索边界条件、抗弯刚度、垂度、测试系统的分析精度等因素对索力测试精度的影响，提出可以以等效长度计算索力，以消除抗弯刚度及边界条件的影响，或者通过索力标定来确定拉索长度。

(5)改进数据处理技术

一些学者致力于对测试试验数据进行处理来降低噪声,提高识别精度。如陈刚等[123]基于MATLAB平台使用自功率谱和倒功率谱方法来时别基频。吴康雄等[124]通过数字滤波确定主振频率。彭庆添等[125]运用最小二乘法和非线性分析来判定基频。此外,一些学者为便于工程应用,采用建立实用计算公式的方法表达拉索振动频率与索力间的关系。陈淮等[126]采用数值计算和曲线拟合方法得到拉索张力测定实用公式。任伟新等[127]基于能量原理和曲线拟合方法,建立拉索索力计算实用公式。邵旭东等[128]基于能量法建立分段公式。上述研究通过引进数据处理技术来提高基频的识别精度,通过曲线拟合的方法建立实用计算公式,促进了该方法在工程中的应用。

(6)考虑边界条件

郭向荣等[129]根据势能驻值原理,分析了弹性支承对拉索振动特性的影响。此外,何伟[130]进行了考虑弹性支承、附加质量等复杂边界条件影响的吊杆张力计算。

可以看出,目前国内外对拉索张力测定的研究多集中在斜拉桥拉索的索力测定上。虽然对各种支承方式下中、下承式拱桥吊杆张力测定也做了一定研究,但还是处于初步研究阶段,部分研究成果与工程应用尚有一定距离。在未来的研究工作中,吊杆张力测定研究将可能重点突出如下几点:

①结合中、下承式拱桥特点,综合考虑吊杆物理参数和边界条件的影响,推导索力计算公式。由于难以给出显式关系式,因此将可能给出实用计算公式。

②研究吊杆张力测试时高精度的传感设备和多通道高保真的数据传输设备。

③考虑环境因素和人工测试误差的影响,研究测试数据处理的方法,降低环境噪声对测试数据的污染。

1.4 中、下承式拱桥健康监测与损伤识别技术亟待研究的几个问题

如前所述,中、下承式拱桥目前在我国已有比较广泛的应用,且随着新材料和新工艺的发展,其跨度和规模将进一步增大。对于中、下承式拱桥的健康监测与损伤识别技术也将越来越得到大家的关注。该领域目前亟待解决的问题主要包括以下几个方面。

(1)中、下承式拱桥高精度基准有限元模型的建立

目前损伤识别和健康监测都是针对经过修改后的高精度基准有限元模型开展的,因此基准有限元模型与诊断结果密切相关。基准有限元模型的建立包括两个

方面的工作:其一是拱桥各构件物理参数的确定。目前大多根据设计按规范取值,而规范值实际上为统计值,对于具体的桥梁,其实际值往往不等于规范值,因此如何得到或更接近于真实值是值得研究的。其二是建立计算模型。目前主要是建立有限元模型,并通过参数修改来得到基准有限元模型。而对于大型桥梁,如果单元太大将增加模型误差,单元太小将造成运算困难;如果修改的参数太多,将有可能使其远离实际值而变得毫无意义,并有可能改变质量矩阵及刚度矩阵等原来的特点,增加运算成本;如果修改的参数太少,则降低了基准有限元模型的精度。因此如何合理地选择参数,进行接近于真实值附近的修改,划分合适大小的单元,建立精度较高的基准有限元模型是值得研究的。

(2)横梁和系杆梁的损伤识别

运营期内横梁和系杆梁的损伤对桥梁的安全有较大影响,横梁和系杆梁损伤同样对桥梁的振动频率和位移状态有一定的影响,影响吊杆张力的变化,如何根据桥梁振动频率、桥面位移的变化或吊杆张力的变化等来识别横梁和系杆梁的损伤也是一个值得研究的问题。

(3)吊杆张力测试与计算技术

吊杆作为中、下承式拱桥重要的构件,其受力状态与拱桥的安全状况密切相关。目前吊杆张力的测试主要是参照斜拉桥拉索振动测试原理和方法进行的,不能综合考虑吊杆物理参数和边界条件的影响,或者给出公式太复杂,不利于工程实际应用。

(4)吊杆的损伤识别

桥梁运营期,吊杆的张力是一个动态的变量,而且吊杆也是易损构件,吊杆损伤对吊杆系荷载的分配有较大的影响,并改变吊杆系的受力状态,对桥梁的振动频率和位移状态也有一定的影响。如何根据桥梁振动频率、桥面位移的变化或吊杆张力的变化来识别吊杆的损伤是一个值得研究的问题。

(5)桥梁的健康诊断

桥梁的健康诊断目前主要是根据各构件的安全状况进行的,各构件的安全状况与其受力状态和位移状态相关。构件的受力状态由于受到周边环境和车辆荷载的影响,在运营期内它实际上是呈动态变化的。因此如何评估构件的安全状况并进行桥梁的健康诊断是值得研究的。

参考文献

[1] 中华人民共和国交通运输部. 2011 年公路水路交通运输行业发展统计公报[EB],2011.

[2] Zong Zhou-hong, Wang T L, Huang D Z, et al. State-of-the-art report of bridge health monitoring[J]. Journal of Fuzhou University: Nature Science, 2002, 30(2): 127-152.

[3] 秦权. 桥梁结构的健康监测[J]. 中国公路学报, 2000, 13(4): 40-45.

[4] 邬晓光, 徐祖恩. 大型桥梁健康监测动态及发展趋势[J]. 长安大学学报: 自然科学版, 2003, 23(1): 39-42.

[5] 陈宝春. 钢管混凝土拱桥[M]. 北京:人民交通出版社, 2001.

[6] 汪礼顺. 重庆綦江虹桥垮塌事故的力学分析[J]. 江西科学, 2000, 18(1): 58-59.

[7] 黄道全, 谢邦珠, 范文理. 宜宾小南门金沙江大桥桥面系断裂事故分析与修复[C]//2003 年全国桥梁学术会议论文集. 北京:人民交通出版社, 2003.

[8] 广州视窗. 丫髻沙大桥通车 9 年修了 4 年多——病桥满身伤痛[EB/OL]. (2009-12-28)[2012-05-22]. http://www.gznet.com/news/guangzhou/gznews/200912/t20091228_1330656.html.

[9] Housner G W, Bergman L A, Caughey T K, et al. Strucural control: past, present, and future[J]. Journal of Engineering Mechanics, ASCE, 1997, 123(9): 897-971.

[10] 李爱群, 缪长青. 桥梁结构健康监测[M]. 北京:人民交通出版社, 2009.

[11] JTG H11—2004 公路桥涵养护规范[S].

[12] 周德军. 公路桥梁检测技术[M]. 北京:人民交通出版社, 2005.

[13] 郑建岚. 土木工程结构检测鉴定与加固改造[M]. 北京:中国建材工业出版社, 2008.

[14] 陈长征, 罗跃纲, 白秉三, 等. 结构损伤检测与智能诊断[M]. 北京:科学出版社, 2001.

[15] 孙汝蛟. 光纤光栅传感技术在桥梁健康监测中的应用研究[D]. 上海:同济大学, 2007.

[16] 段鸿杰. 桥梁健康监测中的传感器优化布置研究[D]. 大连:大连理工大学, 2006.

[17] 董晓马. 智能结构的损伤诊断研究及其传感器优化配置[M]. 郑州:黄河水利出版社, 2008.

[18] 伊廷华. 环境激励下基于 GPS 的结构健康监测[D]. 大连:大连理工大学, 2006.

[19] 傅志方, 华宏星. 模态分析理论与应用[M]. 上海:上海交通大学出版

社, 2000.

[20] 李德葆, 陆秋海. 工程振动试验分析[M]. 北京:清华大学出版社, 2004.

[21] Smail M, Thomas M, Lakis A. Assessment of optimal model orders for modal analysis[J]. Mechanical Systems and Signal Processing, 1999, 13(5): 803-819.

[22] Ueng Jinmin, Lin Chichang, Lin Paolung. System identification of torsional coupled buildings[J]. Computers and structures, 2000, 74: 667-686.

[23] Liu K. Modal parameter estimation using the state space method[J]. Journal of Sound and Vibration, 1996, 197(4): 387-402.

[24] Bart Peeters, Guido De Roeck. Reference-based stochastic subspace identification for output-only modal analysis[J]. Mechanical Systems and Signal Processing, 1999, 13(6): 855-878.

[25] 顾培英, 邓昌, 吴福生. 结构模态分析及其损伤诊断[M]. 南京:东南大学出版社, 2008.

[26] 张德文, [美]魏阜旋. 模型修正与破损诊断[M]. 北京:科学出版社, 1999.

[27] 张启伟. 桥梁结构模型修正理论与损伤识别[D]. 上海: 同济大学, 1999.

[28] Berman A. Nagy EJ. Improvement of a large analytical modal using test data[J]. American Institute of Aeronautics and Astronautics Journal, 1983, 21(8): 1168-1173.

[29] Kabe A M. Stiffness matrix adjustment using mode data[J]. AIAA Journal, 1985, 23(9).

[30] 张德文,魏阜旋,李应明. 修正动力分析模型的最优元素型摄动法[J]. 振动工程学报, 1988, 1(4).

[31] Caesar B. Updating system martixs using modal test data[C]//Proceedings of the 5th International modal analysis conference,1987: 453-459.

[32] Sidhu J, Ewins D J. Correction of finite element and modal test studies of a practical structure[C]//Proceedings of the 2nd International modal analysis conference, 1984: 756-782.

[33] 袁爱民. 基于灵敏度分析的有限元模型修正技术若干关键问题研究[D]. 南京: 东南大学, 2006.

[34] Chen J C, Garb J A. Analytical model improvement using modal test results[J]. AIAA Journal, 1985, 18(6).

[35] 曾庆华. 结构动力修改技术若干问题研究[D]. 南京: 南京航空航天大学, 1989.

[36] 张启伟. 基于环境振动测量值的悬索桥结构动力模型修正[J]. 振动工程学报, 2002, 16(3): 74-78.

[37] 曹水东. 桥梁结构损伤识别研究[D]. 长沙: 长沙理工大学, 2006.

[38] Sanayei Masoud, Onipede Oladipo. Damage assessment of structure using static test data[J]. AIAA Journal. 1991, 29(7): 1174-1179.

[39] Hjelmstad K D, Shin S. Damage detection and assessment of structures from static response[J]. Journal of Engineering Mechanics, 1997, 123(6): 568-576.

[40] Banan M R, Hjelmstad K D. Parameter estimation of structures from static response I: Computational aspects[J]. Journal of Structure Engineering, 1994, 120(11): 3243-3258.

[41] Banan M R, Hjelmstad K D. Parameter estimation of structures from static response II: Numerical simulation studies[J]. Journal of Structure Engineering, 1994, 120(11): 3259-3283.

[42] Yam L H, Li Y Y, Wong W O. Sensitivity studies of parameters for damage detection of plate-like structures using static and dynamic approaches[J]. Engineering Structures, 2002, 24(11): 1465-1475.

[43] Doebling S W, Farrar C R, Prime M B. A summary review of vibration-based damage identification methods[J]. The Shock and Vibration Digest, 1998, 30(2): 91-105.

[44] Sammam M M. Vibration testing for nondestructive evaluation of bridges[J]. Journal of Structure Engineering, 1994, 120(1): 269-300.

[45] 宗周红, 任伟新, 阮毅. 土木工程结构损伤诊断研究进展[J]. 土木工程学报, 2003, 36(5): 105-110.

[46] 韩大建, 王文东. 基于振动的结构损伤识别方法的近期研究进展[J]. 华南理工大学学报, 2003, 31(1): 91-96.

[47] 谢峻. 基于振动的桥梁结构损伤识别方法研究[D]. 广州: 华南理工大学, 2003.

[48] 施州. 基于动力测试的桥梁结构损伤识别及性能评定理论与应用研究[D]. 成都: 西南交通大学, 2006.

[49] Li Zhijun, Li Aiqun, Han Xiaolin. Operational modal identification of suspension bridge based on structure health monitoring system[J]. Journal of Southeast University: English Edition, 2009, 125(1): 104-107.

[50] 李惠彬. 大型工程结构模态参数识别技术[M]. 北京: 北京理工大学出版

社, 2007.

[51] Pandey A K, Biswas M. Damage detection in structures using changes in flexiblity [J]. Journal of Sound and Vibration, 1994, 169(1): 3-17.

[52] Shi Z Y, Law S S, Zhang L M. Structure damage detection from elemental model strain energy change[J]. Journal of Engineering Mechanics, 2000, 126(12): 1216-1223.

[53] Shi Z Y, Law S S, Zhang L. M. Improved damage quantification from element modal strain energy change[J]. Journal of Engrg. Mech., ASCE, 2002, 128(5):521-529.

[54] 禹丹江,陈淮. 桥梁损伤检测的曲率模态方法探讨[J]. 郑州大学学报:工学版, 2002, 23(2): 104-106.

[55] 何伟,陈淮,王博,等. 运用改进残余力向量法的结构损伤识别研究[J]. 振动、测试与诊断, 2009, 29(4): 379-382,474.

[56] 王博,何伟,李静斌. 残余力向量法在结构损伤识别中的应用研究进展[J]. 实验力学, 2010, 25(1): 47-54.

[57] Li Yadong. Research on reliability-based assessment of existing bridge structures [R]. Imperial College, London, 1995.

[58] 袁万城, 崔飞, 张启伟. 桥梁健康监测与状态评估的研究现状与发展[J]. 同济大学学报:自然科学版, 1999, 27(2): 184-188.

[59] 郭彤, 李爱群, 李兆霞,等. 大跨桥梁结构状态评估方法研究进展[J]. 东南大学学报:自然科学版, 2004, 25(5): 699-704.

[60] 王永平, 张宝银, 张树仁. 桥梁使用性能模糊评估专家系统[J]. 中国公路学报, 1996, 9(2): 62-67.

[61] 徐家云, 何晓鸣, 张俊. 模糊理论在桥梁评估中的应用[J]. 武汉理工大学学报, 2003, 25(7): 38-41.

[62] 淡丹辉, 孙利民. Mamdani 型模糊推理系统在桥梁状态评估中的应用[J]. 同济大学学报:自然科学版, 2004, 32(9): 1131-1135.

[63] 刘沐宇, 袁卫国, 任飞. 大跨度钢管混凝土拱桥安全性模糊综合评价[J]. 武汉理工大学学报, 2005, 25(5): 33-36.

[64] Lifshitz J M, Rotem A. Determination of reinforcement unbonding of composites by a vibration technique[J]. Journal of Composite Materials, 1969, (3): 412-423.

[65] Cawlry P, Adams R D. The location of defects in structures from measurements of

natural frequency method[J]. Journal of Stress Analysis, 1979, 14(2): 49-57.

[66] Norris Stubbs, Tafe H B, Roberto O. Nondestructive construction error detection in large space structures[J]. AIAA, 1990, 28(11): 146-152.

[67] Hassiotis S, Jeong G D. Assement of structure damage from natural frequency measurement[J]. Computers and Structures, 1993, 49(4): 679-691.

[68] Salawu O S. Detection of structure damage through changes in frenquency: a review[J]. Engineering Structures, 1997, 19(9): 718-723.

[69] Fabrizio V, Danilo C. Damage detection in beam strucrures based on frequency measurements[J]. Journal of Engineering Mechanics, 2000, 126(7): 761-768.

[70] 杜思义,殷学纲,陈淮. 基于频率二阶摄动的结构损伤识别方法[J]. 应用力学学报, 2006, 23(4): 613-617.

[71] 杜思义,殷学纲,陈淮. 基于频率变化识别结构损伤的摄动有限元方法[J]. 工程力学, 2007, 24(4): 66-70,192.

[72] Biswas M, Pandey A K, Sanman M M. Diagnostic experimental spectral/modal analysis of a highway bridge [J]. The International Journal of Analytical and Experimental Modal Analysis,1990,5(1):33-42.

[73] 于德介,李佳升.一种基于实测模态参数的结构损伤诊断方法[J].湖南大学学报.1995,22(4).

[74] 万小朋,李小聪,鲍凯,等.利用振型变化进行结构损伤诊断的研究[J].航空学报,2003,24(5):422-426.

[75] Ren W X, De Roeck G. Structure damage identification using modal data I: Simulation Verification[J]. Journal of Structure Engineering, ASCE, 2002, 128(1): 87-95.

[76] Ren Wei-xin, Roeck G De. Structure Damage Identification Using Modal DataII: Test Verification[J]. Journal of Engrg. Mech., ASCE, 2002, 128(1): 96-104.

[77] Abdo M A B, Hori M A. Numerical study of structure damage detection using changes in the rotation of mode shapes[J]. Journal of Sound and Vibration, 2002, 25(2): 227-239.

[78] Allemang R J, Brown D L. A correlation coefficient for modal vector analysis [C]//Proceeding of the 1st International Modal Analysis Conference, 1982, 1: 110-116.

[79] Lieven N A J, Ewins D J. Spatial correlation of mode shapes: The coordinate modal assurance criterion (COMAC)[C]//Proceeding of the 6th International Mo-

dal Analysis Conference, 1988, 1: 690-695.

[80] Pandey A K, Biswas M, Samman M M. Damage detection from changes in curvature mode shapes[J]. Journal of Sound and Vibration,1991,145(2):312-332.

[81] 陈淮,禹丹江.基于曲率模态振型进行梁式桥损伤识别研究[J].公路交通科技,2002, 21(10):55-57.

[82] 郑明刚,刘天雄,朱继海,等.曲率模态在桥梁状态监测中的应用[J].振动与冲击,2000,19(2):81-83.

[83] Yam L H, Leung T P, Xue K Z, Wang B, et al. Experimental study on modal strain analysis of rectangular thin plates with holes. Proc. of 12th International Modal Analysis Conference (IMAC), Honolulu, HI, 1994:1415-1421.

[84] 李军,于德介,白会人.基于应变模态的结构损伤定位方法[J].世界地震工程,2007,23(1):104-109.

[85] 顾培英,陈厚群,李同春,等.基于损伤应变模态的结构损伤识别直接指标法[J].自然科学进展,2007,17(2):240-247.

[86] 杜思义,陈淮.基于应变模态法识别刚架桥梁的损伤[J].世界地震工程,2003,19(2):112-115.

[87] Chen J C, Grarba J A. On-orbit damage assessment for large space structures [J]. American Institue of Aeronautics and Astronautics, 1998,26(9):98-126.

[88] 苏扩军,易等军,邓华锋.结构损伤识别的模态应变能方法探讨[J].三峡大学学报,2005,27(3):220-223.

[89] 王学广,贺国京.高精度模态应变能法结构损伤检测研究[J].铁道学报,2005,27(5):92-95.

[90] 史冶宇,张令弥,吕令毅.基于模态应变能诊断结构破损的修正方法[J].东南大学学报, 2000,30(3):84-87.

[91] 王根会,胡良红.基于单元模态应变能法的桥梁结构损伤识别研究[J].铁道学报,2006,28(3):83-86.

[92] 孙国,顾元宪.连续梁结构损伤识别的改进柔度阵方法[J].工程力学,2003,20(4):50-54.

[93] 唐小兵,沈成武.结构损伤识别的柔度曲率法[J].武汉理工大学学报,2001,23(8):18-20.

[94] 曹水东,李传习,徐飞鸿,等.基于结构柔度矩阵损伤识别的柔度曲率比法[J].长沙电力学院学报,2006, 21(1):85-88.

[95] 罗跃纲,陈长征,王占国.钢梁损伤的神经网络诊断分析[J].工业建筑,2002,

32(1):55-57.

[96] 陈建林,郭杏林.基于神经网络的简支梁损伤检测研究[J].烟台大学学报,14(3):217-223.

[97] 陆秋海,李德葆,张维.利用模态试验参数识别结构损伤神经网络法[J].工程力学,1999, 16(2):35-42.

[98] Wang W J. Application of orthogonal wavelets to early gear damage detection [J]. Mechanical Systems and signal Processing,1995,9(5):497-507.

[99] Gary G Yen, KuoChung lin. Wavelet packet feature extraction for vibration monitoring [J]. IEEE Transaction on Industrial Electronics,2000,47(3):650-667.

[100] Smith Christopher B, Akopian David, Again Sos S. Least squares optimization of a polynomial threshold for wavelet domain de-noising[C]//The 7th International Conference on Signal Processing Proceedings, ICSP,2004:109-112.

[101] Wang Wilson, Ismail Fatlay, Golnaraghi, Farid. A neuron-fuzzy approach to gear system monitoring [J]. IEEE Transactions on Fury Systems,2004,12(5):710-723.

[102] Hou Z, Noori M, Amand R S. Wavelet-based approach for structural damage detection [J]. Journal of Engineering Mechanics, 2000, 126(7):677-683.

[103] 郭健,顾正维,孙炳楠,等.基于小波分析的桥梁健康监测方法[J].工程力学,2006, 23(12):129-135.

[104] 孙增寿,韩建刚,任伟新.基于曲率模态和小波变换的简支梁桥损伤识别方法[J].郑州大学学报:工学版,2005,26(3):24-27.

[105] 滕海文,江见鲸,霍达.基于小波变换的结构损伤诊断研究[J].武汉理工大学学报,2006,28(10):58-60.

[106] Sun Z. Chang C C. Structural damage assessment based on wavelet packed transform [J]. Journal of Structural Engineering,2002,128(10):1354-1361.

[107] 何浩祥,闫维明,彭凌云.基于支持向量机的钢筋混凝土桥梁损伤识别[J].公路交通科技, 2008,25(3):65-69.

[108] 程远胜,区达光,谭国焕.基于分级遗传算法的结构损伤方法[J].华中科技大学学报,2002,30(8): 73-75.

[109] 袁颖,林皋,柳春光,等.遗传算法在结构损伤识别中的应用研究[J].防灾减灾工程学报,2005,25(4): 369-374.

[110] 邵金林,沈成武,唐小兵,等.遗传算法用于结构物内部缺陷识别的逆分析[J].武汉交通科技大学学报,1997,21(3):275-280.

[111] 饶文碧,徐锐,尚钢.基于遗传算法的结构损伤识别[J].武汉理工大学学报,2003,25(7):75-77.

[112] 胡利平,韩大建.考虑环境因素影响的动态法桥梁损伤识别[J].华南理工大学学报,2007,35(3):117-121.

[113] 方志,张智勇.斜拉桥的索力测试[J].中国公路学报,1997,10(1):51-58.

[114] 何祖发,郭良友.脉动法在测量斜拉桥索力中的应用[J].城市道桥与防洪,1996,(2):32-36.

[115] 张宏跃,田石柱.提高斜拉索索力估算精度的方法[J].地震工程与工程振动,2004,24(4):148-151.

[116] 侯俊明,彭晓彬,叶方才.斜拉索索力的温度敏感性[J].长安大学学报,2002,22(4):34-36.

[117] 周云,易伟建.斜拉索截面信息未知时的刚度识别及索力计算[J].湖南农业大学学报,2006,32(4):445-449.

[118] 任伟新,胡卫华,刘浩亮.索的动刚度与模态参数识别[J].工程力学,25(4):93-98.

[119] 苏成,徐郁峰,韩大建.频率法测量索力中的参数分析与索抗弯刚度的识别[J].公路交通科技,2005,22(5):75-78.

[120] 冉志红,李乔.斜拉索非线性振动的奇异摄动解法[J].西南交通大学学报,2006,41(3):355-359.

[121] 许俊.斜拉索索力简化计算中的精度分析[J].同济大学学报,2001,29(5):611-615.

[122] 王朝华,李国蔚,何祖发,等.斜拉桥索力测量的影响因素分析[J].世界桥梁,2004,(3):64-67.

[123] 陈刚,任伟新.基于环境振动的斜拉桥拉索基频识别[J].地震工程与工程振动,2003,23(3):100-106.

[124] 吴康雄,刘克明,杨金喜.基于频率法的索力测量系统[J].中国公路学报,2006,19(2):62-66.

[125] 彭庆添,韩大建.用频率法进行斜拉桥索力测试的一种新方法[C]//第十三届全国工程建设计算机应用学术会议论文集.广州:华南理工大学出版社,2006.

[126] 陈淮,董建华.中、下承式拱桥吊索张力测定的振动法实用公式[J].中国公路学报,2007,20(3):66-70.

[127] 任伟新,陈刚.由基频计算拉索拉力的实用公式[J].土木工程学报,2005,

38(11):26-31.

[128] 邵旭东,李国峰,李立峰.吊杆振动分析与力的测量[J].中外公路, 2004,24(6):29-31.

[129] 郭向荣,陈淮.弹性支承对斜拉桥拉索自振特性的影响[J].郑州工业大学学报,2000,21(1):34-36.

[130] 何伟.中、下承式钢管混凝土拱桥损伤识别关键问题研究[D].郑州:郑州大学, 2010.

第2章 中、下承式拱桥结构特点与吊杆系张力计算

2.1 中、下承式拱桥结构特点

以拱为主要受力构件的桥梁称为拱桥，行车道系（桥面系）位于拱肋矢高中间部位的拱桥称为中承式拱桥，行车道系（桥面系）位于拱肋和吊杆之下的拱桥称为下承式拱桥。中、下承式拱桥上部结构主要包括拱肋、吊杆和桥面系三个组成部分[1]，中、下承式拱桥一般构造如图2-1所示，其结构特点如下。

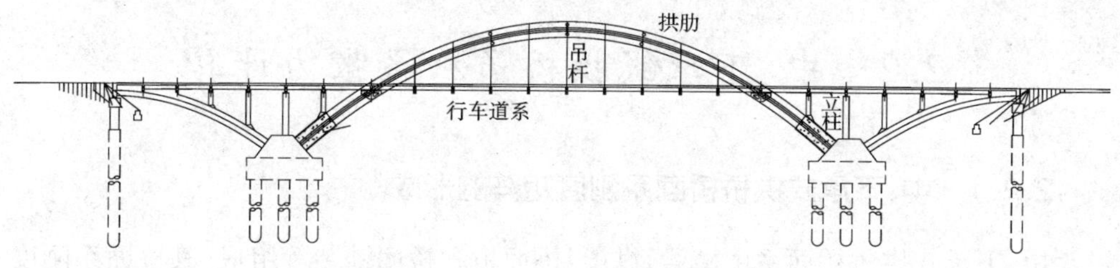

图2-1 中、下承式拱桥一般构造（中承式）

（1）拱肋

拱肋是中、下承式拱桥的主要承重构件，主要承受压力，通常采用钢筋混凝土或钢管混凝土材料。两拱肋一般位于平行的平面，中间设置有横撑、对角撑或其他形式的横向联系，为了进一步提高其横向稳定性，也可采用提篮式拱。

（2）吊杆

吊杆分刚性吊杆和柔性吊杆两类，刚性吊杆外部用钢管，钢管内用预应力混凝土制作；柔性吊杆用冷轧粗钢筋、高强钢丝或钢绞线等高强钢材制作。使用刚性吊杆可以增强拱肋的横向刚度，但用钢量较大，施工程序多，工艺复杂；使用柔性吊杆可以部分消除拱肋和桥面系之间的相互影响，且节省钢材，目前多采用柔性吊杆。对于柔性吊杆，为了提高钢索的耐久性，必须对钢索进行防护，防护层要有足够的强度而不致开裂，有良好的附着性而不会脱落，并具有良好的耐久性。

(3)桥面系

桥面系由横梁、纵梁、桥面板和桥面铺装等组成,通常采用钢筋混凝土或预应力混凝土结构。中承式拱桥的桥面横梁可分为固定横梁、普通横梁及刚架横梁三类。位于吊杆下部的横梁为普通横梁;桥面系与拱肋相交处的横梁一般与拱肋刚性联结,其截面尺寸与刚度远比其他横梁大,通常称为固定横梁;通过立柱支承在拱肋上的横梁称为刚架横梁。下承式拱桥的横梁则不包括刚架横梁。普通横梁常用的截面形式有矩形、工字形,大型横梁也可采用箱形截面。纵梁多采用与桥面板连成整体的T形或Π形小梁,形成简支梁结构或连续梁结构,也可以直接在横梁上密铺预制空心板或实心板来取代桥面板和纵梁两者的作用。桥面板一般为钢筋混凝土结构,也可采用预应力或部分预应力混凝土结构。

如果在桥面系中还设置有平衡拱肋水平推力的系杆梁,将梁和拱两种基本结构组合起来,共同承受荷载,即形成无推力的系杆拱,也称为拱式组合体系桥。根据系杆梁、拱肋抗弯刚度的相对比值,具体又可分为柔性系杆刚性拱、刚性系杆柔性拱和刚性系杆刚性拱[2]。

2.2 中、下承式拱桥吊杆系张力计算

2.2.1 中、下承式拱桥桥面系刚度矩阵的形成

中、下承式拱桥桥面系由横梁、纵梁、桥面板和桥面铺装等组成,其桥面系刚度矩阵 $\boldsymbol{K}^{\mathrm{b}}$ 为[3]:

$$\boldsymbol{K}^{\mathrm{b}} = \boldsymbol{K}^{\mathrm{m}} + \boldsymbol{K}^{l} \tag{2-1}$$

式中:$\boldsymbol{K}^{\mathrm{m}}$——桥面板、桥面铺装以及磨耗层所组成的刚度矩阵;

$\boldsymbol{K}^{l}$——横梁、纵梁的刚度矩阵。

当桥面系中附属结构如铺装层、护栏以及栏花对桥面系总刚度贡献不大时,也可只考虑其质量,忽略其刚度。

由于组成桥面系的各组件都是钢筋混凝土材料,因此,确定钢筋混凝土有限元计算模型至关重要。目前钢筋混凝土结构的有限元模型一般有三种方式:整体式、组合式、分离式,具体使用哪一种计算模型,可根据问题的要求、计算精度选择。一般由于整个中、下承式拱桥桥面系分析区域较大,采用组合式或分离式计算模型计算量较大,同时其对吊杆张力的计算结果较整体式计算模型提高不多。因此,对钢筋混凝土结构的中、下承式拱桥桥面系采用整体式计算模型比较合适。

(1)整体式钢筋混凝土结构有限元模型[4]

在整体式有限元模型中,将钢筋弥散于整个单元中,并把单元视为连续均匀的材料。钢筋对整个结构的贡献,可以通过调整单元的材料力学性能参数来体现,例如提高材料的屈服强度 σ_y、材料的弹性模量 E_c 等。钢筋对整个结构贡献作用的另一种处理方法是一次求得综合的单元刚度矩阵,把弹性矩阵改为由钢筋和混凝土两部分组成,其具体表示式为:

$$\boldsymbol{D} = \boldsymbol{D}_c + \boldsymbol{D}_s \tag{2-2}$$

式中,$\boldsymbol{D}_c$ 为混凝土材料的弹性矩阵,在开裂前可按一般均质体计算,其表达式为:

$$\boldsymbol{D}_c = \begin{bmatrix} d_{11} & d_{12} & d_{13} & 0 & 0 & 0 \\ 0 & d_{22} & d_{23} & 0 & 0 & 0 \\ 0 & 0 & d_{33} & 0 & 0 & 0 \\ 0 & 0 & 0 & d_{44} & 0 & 0 \\ 0 & 0 & 0 & 0 & d_{55} & 0 \\ 0 & 0 & 0 & 0 & 0 & d_{66} \end{bmatrix} \tag{2-3}$$

其中,$d_{11} = d_{22} = d_{33} = \dfrac{E_c(1-v)}{(1+v)(1-2v)}$,$d_{12} = d_{13} = d_{23} = \dfrac{vE_c}{(1+v)(1-2v)}$,$d_{44} = d_{55} = d_{66} = \dfrac{E_c}{2(1+v)}$;$v$ 为泊松比。

随着荷载不断增加,混凝土开裂,裂缝不断出现,上述计算式应作相应的调整。式(2-2)中的 $\boldsymbol{D}_s$ 为钢筋的弹性矩阵,其表达式为:

$$\boldsymbol{D}_s = E_s \begin{bmatrix} \rho_x & 0 & 0 & 0 & 0 & 0 \\ 0 & \rho_y & 0 & 0 & 0 & 0 \\ 0 & 0 & \rho_z & 0 & 0 & 0 \\ 0 & 0 & 0 & 0 & 0 & 0 \\ 0 & 0 & 0 & 0 & 0 & 0 \\ 0 & 0 & 0 & 0 & 0 & 0 \end{bmatrix} \tag{2-4}$$

式中: E_s ——钢筋的弹性模量;

ρ_x、ρ_y、ρ_z ——分别为结构沿 x、y、z 方向的配筋率。

整体式模型可采用各种平面单元,如矩形单元、三节点单元、四节点或八节点等参单元,也可根据需要采用三维单元。根据实际的钢筋混凝土结构,在有限元程序单元材料属性中,相应地考虑钢筋对整个结构的贡献。

(2)桥面板、桥面铺装以及磨耗层刚度矩阵 $\boldsymbol{K}^{\mathrm{m}}$ 的形成[3]

对于桥面系中的桥面板、桥面铺装以及磨耗层,可采用整体式钢筋混凝土有限元模型,采用矩形薄板单元。

①矩形薄板单元的刚度矩阵[5]

矩形薄板单元是薄板弯曲问题中最简单的一种单元,它的各条边分别平行于坐标系的 x 轴和 y 轴,矩形的4个顶点 i,j,k,m 取为单元的节点,如图2-2所示。

在每个节点上,有3个参数为节点未知量: w , θ_x 和 θ_y 。其中 w 为挠度,沿 z 轴正方向为正。和在直梁中一样,由于小变形假定,中面法线 $n-n$ 绕 x 轴正方向转角为 $\frac{\partial w}{\partial y}$,中面法线 $n-n$ 绕 y 轴负方向的转角为 $\frac{\partial w}{\partial x}$,从而: $\theta_x=\frac{\partial w}{\partial y}$, $\theta_y=-\frac{\partial w}{\partial x}$。一般地, θ_x 和 θ_y 分别以绕 x 轴正向转动和绕 y 轴正向转动为正,可按右手螺旋法则,应用双箭头矢量表示 θ_x 和 θ_y 的正方向。

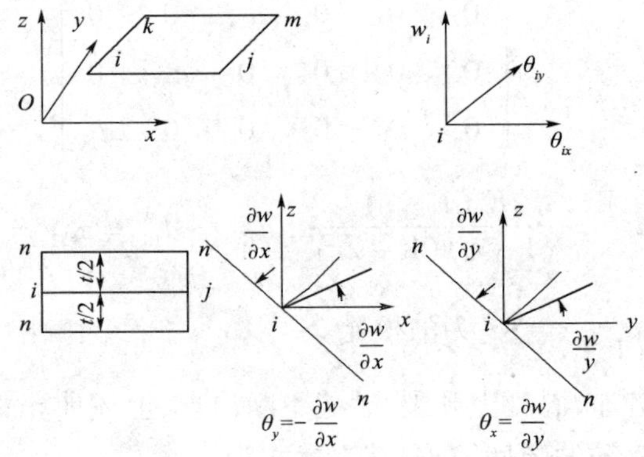

图2-2 矩形薄板单元及节点自由度

由于每个矩形薄板单元共有12个节点未知量,即其节点位移列矢量 $\boldsymbol{a}^e$ 为:

$$\boldsymbol{a}^e=[w_i \quad \theta_{xi} \quad \theta_{yi} \quad w_j \quad \theta_{xj} \quad \theta_{yj} \quad w_k \quad \theta_{xk} \quad \theta_{yk} \quad w_m \quad \theta_{xm} \quad \theta_{ym}]^{\mathrm{T}} \tag{2-5}$$

取挠度插值函数为:

$$w=\alpha_1+\alpha_2 x+\alpha_3 y+\alpha_4 x^2+\alpha_5 xy+\alpha_6 y^2+\alpha_7 x^3+\alpha_8 x^2 y+\alpha_9 xy^2+\alpha_{10} y^3+\alpha_{11} x^3 y+\alpha_{12} xy^3 \tag{2-6}$$

记 $\boldsymbol{\phi}=[1 \quad x \quad y \quad x^2 \quad xy \quad y^2 \quad \cdots]^{\mathrm{T}}$, $\boldsymbol{\alpha}=[\alpha_1 \quad \alpha_2 \quad \alpha_3 \quad \alpha_4 \quad \alpha_5 \quad \alpha_6 \quad \cdots]^{\mathrm{T}}$,则插值函数式可写为:

$$w=\boldsymbol{\phi}^{\mathrm{T}}\boldsymbol{\alpha} \tag{2-7}$$

利用给定节点坐标的数值,由式(2-5)可以得到单元节点位移 $\boldsymbol{a}^{\mathrm{e}}$ 和待定参数 $\boldsymbol{\phi}$ 之间的关系式:

$$\boldsymbol{a}^e=\boldsymbol{G\alpha} \tag{2-8}$$

其中,$\boldsymbol{G}$ 的元素都是常量,它们完全由单元节点的坐标值所决定。

由式(2-8)求解 $\boldsymbol{\alpha}$ 得:

$$\boldsymbol{\alpha} = \boldsymbol{G}^{-1}\boldsymbol{a}^e \tag{2-9}$$

再代入式(2-7)中,就得到以单元节点位移 $\boldsymbol{a}^e$ 为插值参数的挠度插值函数:

$$w = \boldsymbol{N}\boldsymbol{a}^e \tag{2-10}$$

其中,形函数矩阵 $\boldsymbol{N}$ 为:

$$\boldsymbol{N} = \boldsymbol{\phi}^{\mathrm{T}}\boldsymbol{G}^{-1} \tag{2-11}$$

由式(2-10)可得广义应变:

$$\boldsymbol{\kappa} = \begin{bmatrix} -\dfrac{\partial^2 w}{\partial x^2} \\ -\dfrac{\partial^2 w}{\partial y^2} \\ -2\dfrac{\partial^2 w}{\partial xy} \end{bmatrix} = \boldsymbol{B}\boldsymbol{a}^e\ ;\ \boldsymbol{B} = \begin{bmatrix} -\dfrac{\partial^2 \boldsymbol{N}}{\partial x^2} \\ -\dfrac{\partial^2 \boldsymbol{N}}{\partial y^2} \\ -2\dfrac{\partial^2 \boldsymbol{N}}{\partial xy} \end{bmatrix} = -\begin{bmatrix} \dfrac{\partial^2 \boldsymbol{\phi}^{\mathrm{T}}}{\partial x^2} \\ \dfrac{\partial^2 \boldsymbol{\phi}^{\mathrm{T}}}{\partial y^2} \\ 2\dfrac{\partial^2 \boldsymbol{\phi}^{\mathrm{T}}}{\partial xy} \end{bmatrix}\boldsymbol{G}^{-1} \tag{2-12}$$

其中,$\boldsymbol{B}$ 的元素只是坐标 x, y 的函数。

薄板弯曲问题中的总势能为:

$$\Pi = \frac{1}{2}\int_{\Omega}\boldsymbol{\kappa}^{\mathrm{T}}D\boldsymbol{\kappa}\mathrm{d}\Omega - \int_{\Omega}wq\mathrm{d}\Omega \tag{2-13}$$

把式(2-13)代入式(2-14)得:

$$\begin{aligned} \Pi &= \sum_e\left[\frac{1}{2}\int_{\Omega_e}\boldsymbol{\kappa}^{\mathrm{T}}D\boldsymbol{\kappa}\mathrm{d}\Omega - \int_{\Omega_e}wq\mathrm{d}\Omega\right] \\ &= \sum_e\left[\frac{1}{2}(\boldsymbol{a}^e)^{\mathrm{T}}\int_{\Omega_e}\boldsymbol{B}^{\mathrm{T}}D\boldsymbol{B}\mathrm{d}\Omega\boldsymbol{a}^e - (\boldsymbol{a}^e)^{\mathrm{T}}\int_{\Omega_e}\boldsymbol{N}^{\mathrm{T}}q\mathrm{d}\Omega\right] \\ &= \sum_e\left[\frac{1}{2}(\boldsymbol{a}^e)^{\mathrm{T}}\boldsymbol{K}^e\boldsymbol{a}^e - (\boldsymbol{a}^e)^{\mathrm{T}}P_{\mathrm{q}}^e\right] \end{aligned} \tag{2-14}$$

由 $\delta\Pi = 0$ 即得系统平衡方程:

$$\boldsymbol{K}\boldsymbol{\alpha} = \boldsymbol{P} \tag{2-15}$$

其中:

$$\boldsymbol{K} = \sum_e K^e, P = \sum_e P_{\mathrm{q}}^e \tag{2-16}$$

$$\boldsymbol{K}^e = \int_{\Omega_e}\boldsymbol{B}^{\mathrm{T}}D\boldsymbol{B}\mathrm{d}\Omega \tag{2-17}$$

$$P_q^e = \int_{\Omega_e}\boldsymbol{N}^{\mathrm{T}}q\mathrm{d}\Omega \tag{2-18}$$

式中:$\boldsymbol{K}^e$ ——薄板弯曲问题单元刚度矩阵;

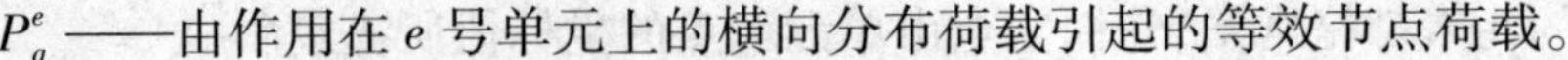

P_q^e——由作用在 e 号单元上的横向分布荷载引起的等效节点荷载。

②薄板弯曲问题中的位移边界条件

节点位移所满足的边界条件如下。

固定边:挠度 =0,切向转角 =0,法向转角 =0。

简支边:挠度 =0,切向转角 =0。

对称面:法向转角 =0。

如果 x 等于常量的边界是简支边,而节点 i 在这个简支边上,则:

$$w_i = 0,\quad \theta_{xi} = 0 \tag{2-19}$$

如果 y 等于常量的边界是简支边,而节点 i 在这个简支边上,则:

$$w_i = 0,\quad \theta_{yi} = 0 \tag{2-20}$$

如果 x 等于常量或 y 等于常量的边界是固定边,而节点 i 在这个固定边上,则:

$$w_i = 0,\quad \theta_{xi} = 0,\quad \theta_{yi} = 0 \tag{2-21}$$

在实际问题中,如果节点 i 是在 x 为常量或 y 为常量的一个支承梁上,而支承梁的弯曲刚度很小,就可以认为 $w_i = 0, \theta_{xi} = 0$ 或 $w_i = 0, \theta_{yi} = 0$ 。在这个支承梁为边梁的情况下,它就是一个所谓的简支边。如果节点 i 在 x = 常量或 y = 常量的支承梁上,而这个支承梁的弯曲刚度和扭转刚度很大,就可以认为 $w_i = 0, \theta_{xi} = 0$, $\theta_{yi} = 0$ 。在这个支承梁为边梁的情况下,它就是一个所谓的固定边。

如果支承梁的弯曲刚度既不很大又不很小,则可按板梁组合结构进行分析,这时可用主从自由度方法,把支承梁划分为若干以板单元节点为其主节点的偏心梁单元。

(3)横梁、纵梁刚度矩阵 $\boldsymbol{K}^l$ 的形成

对于桥面系中的横梁、纵梁,可根据需要采用考虑剪切变形的平面或三维梁单元建立整体式钢筋混凝土有限元模型。根据梁结构横截面实际尺寸变化,相应调节梁单元横截面的尺寸。

①局部坐标下梁单元刚度矩阵

a. 计入剪切变形影响后的平面梁单元的刚度矩阵

$$\boldsymbol{K}^e = \begin{bmatrix} \frac{EA}{l} & 0 & 0 & -\frac{EA}{l} & 0 & 0 \\ 0 & 12\alpha & 6l\alpha & 0 & -12\alpha & 6l\alpha \\ 0 & 6l\alpha & (4+2\phi)l^2\alpha & 0 & -6l\alpha & (2-2\phi)l^2\alpha \\ -\frac{EA}{l} & 0 & 0 & \frac{EA}{l} & 0 & 0 \\ 0 & -12\alpha & -6l\alpha & 0 & 12\alpha & -6l\alpha \\ 0 & 6l\alpha & (2-2\phi)l^2\alpha & 0 & -6l\alpha & (4+2\phi)l^2\alpha \end{bmatrix} \tag{2-22}$$

其中，$\alpha = \dfrac{EI}{l^3(1+2\phi)}$，$\phi = \dfrac{6EI}{l^2 GA_s}$。

式中：A_s ——剪切面积；

EI——梁的抗弯刚度；

G——梁的剪切弹性横梁；

l——单元长度。

b. 空间梁单元的单元刚度矩阵

每个节点具有 6 个位移自由度，即 3 个线位移和 3 个截面转角。局部坐标系下空间梁单元刚度矩阵 $\boldsymbol{K}^e$ 为 12×12 阶方阵。

②整体坐标系下梁单元刚度矩阵

平面梁单元的矩阵 $\boldsymbol{\lambda}$ 为：

$$\boldsymbol{\lambda} = \begin{bmatrix} \cos\alpha & \sin\alpha & 0 \\ -\sin\alpha & \cos\alpha & 0 \\ 0 & 0 & 1 \end{bmatrix} \tag{2-23}$$

则平面梁单元的坐标变换矩阵即为：

$$\boldsymbol{R} = \begin{bmatrix} \boldsymbol{\lambda} & 0 \\ 0 & \boldsymbol{\lambda} \end{bmatrix} \tag{2-24}$$

如图 2-3 所示的空间梁单元，其坐标转换的原理和平面梁单元的坐标转换相同。

空间梁单元的矩阵 $\boldsymbol{\lambda}'$ 为：

$$\boldsymbol{\lambda}' = \begin{bmatrix} \lambda_{xX} & \lambda_{xY} & \lambda_{xZ} \\ \lambda_{yX} & \lambda_{yY} & \lambda_{yZ} \\ \lambda_{zX} & \lambda_{zY} & \lambda_{zZ} \end{bmatrix} \tag{2-25}$$

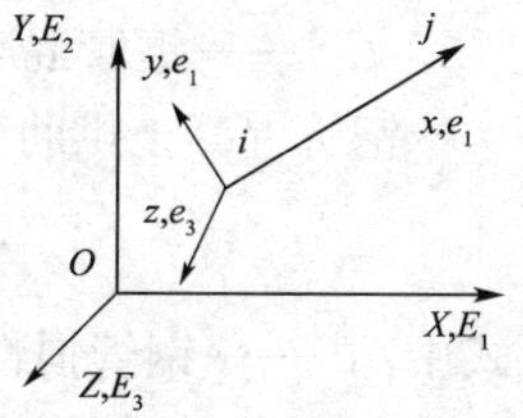

图 2-3　空间梁单元

其中，第 1 行是局部坐标 x 对总体坐标 X,Y,Z 的三个方向余弦：$\lambda_{xX} = \cos(x,X)$，$\lambda_{xY} = \cos(x,Y)$，$\lambda_{xZ} = (x,Z)$，第 2，3 行分别是局部坐标 y,z 对总体坐标 X,Y,Z 的三个方向余弦。

空间梁单元的坐标变换矩阵为：

$$\boldsymbol{R}' = \begin{bmatrix} \boldsymbol{\lambda}' & 0 \\ 0 & \boldsymbol{\lambda}' \end{bmatrix} \tag{2-26}$$

2.2.2　中、下承式拱桥拱肋刚度的计算

中、下承式拱桥的拱肋常采用钢管混凝土结构。按照钢管在结构使用阶段中

所起的作用可分为钢管混凝土拱桥和钢管混凝土劲性骨架拱桥，或内填型钢管混凝土拱桥与内填外包型钢管混凝土拱桥。而钢管混凝土劲性骨架拱桥，有时也称为钢筋混凝土拱桥。

对于钢管混凝土拱桥，由于其截面含钢率较高，不计钢管的贡献是不合理的。即：钢管混凝土拱肋截面刚度按钢筋混凝土的计算方法和按钢管混凝土的计算方法计算出的刚度两者相差较大。

为了加强中、下承式拱桥的横向稳定性，两拱肋之间常布置有横撑。

拱肋和横撑计算时可以采用考虑剪切的空间梁单元，其刚度矩阵的讨论同前；针对实际的钢管混凝土结构，梁单元相应地调整其材料属性。即钢管对整个结构的贡献，可以通过调整梁单元的材料力学性能参数来体现。

(1)钢管混凝土拱肋刚度的计算[6]

考虑钢管对内填混凝土的套箍作用，则钢管混凝土拱肋压缩和拉伸刚度可按下式计算：

$$E_{sc}A_{sc} = E_sA_s + E_cA_c \tag{2-27}$$

式中：A_s——横截面钢管面积；

A_c——横截面钢管内混凝土面积；

A_{sc}——横截面钢管混凝土面积；

E_s——钢管弹性模量；

E_c——钢管内混凝土弹性模量；

E_{sc}——钢管混凝土弹性模量。

钢管混凝土拱肋弯曲刚度可按下式计算：

$$E_{sc}I_{sc} = E_sI_s + E_cI_c \tag{2-28}$$

式中：I_s——钢管惯性矩；

I_c——钢管内混凝土惯性矩；

I_{sc}——钢管混凝土惯性矩。

(2)钢筋混凝土刚度的计算

对于钢管混凝土劲性骨架拱桥，钢管混凝土的作用主要是用于施工阶段，使用阶段所发挥的作用甚少，外包混凝土更主要的作用是加大结构的刚度。钢管混凝土劲性骨架拱桥成桥后，受力的设计验算方法与内容同普通钢筋混凝土拱桥。

计算钢筋混凝土超静定结构时，《公路钢筋混凝土及预应力混凝土桥涵设计规范》(JTG D62—2004)规定钢筋混凝土刚度的计算采用下式：

$$B_0 = 0.95E_cI_0 \tag{2-29}$$

式中：B_0——全截面抗弯刚度；

E_c——钢管内混凝土弹性模量；

I_0——构件全截面换算截面惯性矩。

这主要是要考虑钢筋混凝土构件混凝土开裂对截面刚度削弱的影响。对于钢管混凝土构件，混凝土的裂缝开展受到钢管的约束而较迟出现且不发育，弹性、塑性性能均强于钢筋混凝土结构，且含钢率较高，因此不考虑折减。

2.2.3 中、下承式拱桥吊杆系刚度矩阵的形成

计算吊杆系张力的关键在于计算出由于吊杆长度调整后其刚度矩阵的变化，也即需要考虑不同荷载阶段吊杆系长度的调整。如分为第一期、第二期恒载和活载作用下吊杆长度的调整[3]。

本节利用成桥状态的中、下承式拱桥，按照不同的控制目标来确定吊杆系张力。由于在一定恒载作用下确定吊杆系张力值有多种方案可供选择，但这些方案都需要遵守下面几点原则：

(1)降低混凝土收缩徐变对结构内力的影响。

(2)结构拼装计算方便。

(3)充分利用材料应力。

(4)方案优化。

1)吊杆系的初始单元刚度矩阵

按照1根吊杆1个单元的方式划分单元，建立未考虑吊杆长度调整的初始单元刚度矩阵的步骤为：

(1)建立吊杆系中某 e 号杆单元在局部坐标系下的单元刚度矩阵，单元初始长度为拱桥吊杆的设计长度(图纸中的长度)。

局部坐标系下平面杆单元刚度矩阵为：

$$\boldsymbol{K}^e = \frac{EA}{L}\begin{bmatrix} 1 & 0 & -1 & 0 \\ 0 & 0 & 0 & 0 \\ -1 & 0 & 1 & 0 \\ 0 & 0 & 0 & 0 \end{bmatrix} \tag{2-30}$$

空间杆每个节点有3个独立线位移，单元自由度为6。局部坐标系下空间杆单元刚度矩阵为：

$$K^e = \frac{EA}{L}\begin{bmatrix} 1 & 0 & 0 & -1 & 0 & 0 \\ 0 & 0 & 0 & 0 & 0 & 0 \\ 0 & 0 & 0 & 0 & 0 & 0 \\ -1 & 0 & 0 & 1 & 0 & 0 \\ 0 & 0 & 0 & 0 & 0 & 0 \\ 0 & 0 & 0 & 0 & 0 & 0 \end{bmatrix} \tag{2-31}$$

(2)利用坐标转化,确定整体坐标系下的单元刚度矩阵。

局部坐标系下的单元刚度矩阵中,单元节点位移和节点力都是按照单元局部坐标系方向的分量定义的,在进行结构分析时,需要把单元节点位移和节点力按统一的整体坐标系的坐标轴方向的分量表示出来,以便建立节点的静力平衡方程。因此,在进行结构分析之前,必须把局部坐标系下的单元节点位移、单元节点力以及单元刚度矩阵,都转换到整体坐标系上,即必须进行坐标变换。

局部坐标系下,杆端节点 i,j 的节点位移记为 $\boldsymbol{\delta}_i^e$ 和 $\boldsymbol{\delta}_j^e$,相应节点力记为 f_i^e,f_j^e,整体坐标系下的相应量记为 δ_i,δ_j,f_i,f_j。

$$\boldsymbol{\delta}^e = \begin{bmatrix} \delta_i^e \\ \delta_j^e \end{bmatrix}, \boldsymbol{f}^e = \begin{bmatrix} f_i^e \\ f_j^e \end{bmatrix}, \boldsymbol{\delta} = \begin{bmatrix} \delta_i \\ \delta_j \end{bmatrix}, \boldsymbol{F} = \begin{bmatrix} f_i \\ f_j \end{bmatrix} \tag{2-32}$$

由坐标变换公式有:

$$\boldsymbol{\delta}^e = \boldsymbol{R}\boldsymbol{\delta}, \boldsymbol{f}^e = \boldsymbol{R}\boldsymbol{F} \tag{2-33}$$

$$\boldsymbol{\delta} = \boldsymbol{R}^{\mathrm{T}}\boldsymbol{\delta}^e, \boldsymbol{F} = \boldsymbol{R}^{\mathrm{T}}\boldsymbol{f}^e \tag{2-34}$$

其中:

$$\boldsymbol{R} = \begin{bmatrix} \lambda & & & \\ & \lambda & & \\ & & \lambda & \\ & & & \lambda \end{bmatrix} \tag{2-35}$$

$\boldsymbol{R}$ 为 12×12 阶方阵,称为坐标变换矩阵,显然 $\boldsymbol{R}$ 也是正交矩阵,即:

$$\boldsymbol{R}\boldsymbol{R}^{\mathrm{T}} = \boldsymbol{R}^{\mathrm{T}}\boldsymbol{R} = \boldsymbol{I} \tag{2-36}$$

局部坐标系下,单元平衡方程为:

$$\boldsymbol{f}^e = \boldsymbol{K}^e\boldsymbol{\delta}^e \tag{2-37}$$

把式(2-33)代入上式后,再以 $\boldsymbol{R}^{\mathrm{T}}$ 左乘等式两端,即得整体坐标系下的单元平衡方程:

$$\boldsymbol{F} = \boldsymbol{K}\boldsymbol{\delta} \tag{2-38}$$

其中:

$$\boldsymbol{K} = \boldsymbol{R}^{\mathrm{T}}\boldsymbol{K}^{e}\boldsymbol{R} \tag{2-39}$$

即把局部坐标系下的单元刚度矩阵 $\boldsymbol{K}^e$ 变换为整体坐标下的单元刚度矩阵 $\boldsymbol{K}$ 的变换公式。

综上所述，为进行局部坐标系下各物理量和整体坐标系下的相应物理量的变换，只需确定坐标变换矩阵 $\boldsymbol{R}$ 即可，为此，只需确定 $\boldsymbol{\lambda}$ 矩阵，即确定局部坐标系各坐标轴正向单位矢量 $\boldsymbol{e}_i$ 在整体坐标系中的三个方向余弦。

（3）组集单元刚度矩阵，确定全部吊杆的单元刚度矩阵。

对于平面杆单元有：

$$\boldsymbol{\lambda} = \begin{bmatrix} \cos\alpha & \sin\alpha \\ -\sin\alpha & \cos\alpha \end{bmatrix},\ \boldsymbol{R} = \begin{bmatrix} \boldsymbol{\lambda} & 0 \\ 0 & \boldsymbol{\lambda} \end{bmatrix},\ \boldsymbol{K}^e = \frac{EA}{L}\begin{bmatrix} 1 & 0 & -1 & 0 \\ 0 & 0 & 0 & 0 \\ -1 & 0 & 1 & 0 \\ 0 & 0 & 0 & 0 \end{bmatrix} \tag{2-40}$$

同时，令：

$$\cos\alpha = c, \sin\alpha = s \tag{2-41}$$

整体坐标系下平面杆单元刚度矩阵为：

$$\boldsymbol{K} = \frac{EA}{L}\begin{bmatrix} c^2 & cs & -c^2 & -cs \\ cs & s^2 & -cs & -s^2 \\ -c^2 & -cs & c^2 & cs \\ -cs & -s^2 & cs & s^2 \end{bmatrix} \tag{2-42}$$

整体坐标系下空间杆单元局部坐标系下 ox 轴正向单位矢量 $\boldsymbol{e}_1$ 在整体坐标系三个方向余弦为：

$$C_x = \frac{X_j - X_i}{L},\ C_y = \frac{Y_j - Y_i}{L},\ C_z = \frac{Z_j - Z_i}{L} \tag{2-43}$$

整体坐标系下空间杆单元刚度矩阵为：

$$\boldsymbol{K} = \frac{EA}{L}\begin{bmatrix} C_X^2 & C_XC_Y & C_XC_Z & -C_X^2 & -C_XC_Y & -C_XC_Z \\ C_XC_Y & C_Y^2 & C_YC_Z & -C_YC_X & -C_Y^2 & -C_YC_Z \\ C_XC_Z & C_YC_Z & C_Z^2 & -C_ZC_X & -C_ZC_Y & -C_Z^2 \\ -C_X^2 & -C_YC_X & -C_ZC_X & C_X^2 & -C_XC_Y & -C_XC_Z \\ -C_XC_Y & -C_Y^2 & -C_ZC_Y & -C_XC_Y & C_Y^2 & -C_YC_Z \\ -C_XC_Z & -C_YC_Z & -C_Z^2 & -C_XC_Z & -C_YC_Z & C_Z^2 \end{bmatrix} \tag{2-44}$$

2）按在恒载作用下桥面水平的准则形成吊杆系刚度矩阵

所谓在恒载作用下桥面水平的准则就是要求一组吊杆张拉力值，使得吊杆与横梁连接处节点在恒载和吊杆张拉力作用下的成桥状态的位移为零。以横梁两端悬吊在吊杆上，桥面系支承在横梁上的下承式拱桥为例，计算时分别采用了刚性拱肋和弹性拱肋。

（1）刚性拱肋吊杆系刚度矩阵的计算

①在第一期恒载作用下，计算各吊杆的应变 $\varepsilon_{\mathrm{I}}^{e}$。

该阶段计算模型为简支梁模型。由静力平衡方程得：

$$\boldsymbol{K}_0^{\mathrm{c}}\boldsymbol{x}_{\mathrm{I}} = \boldsymbol{W}_{\mathrm{I}} \tag{2-45}$$

式中：$\boldsymbol{K}_0^{\mathrm{c}}$ ——吊杆系的初始单元刚度矩阵；

$\boldsymbol{x}_{\mathrm{I}}$ ——第一期恒载作用下，节点位移列阵；

$\boldsymbol{W}_{\mathrm{I}}$ ——第一期恒载列阵。

由式（2-45）计算出：

$$\boldsymbol{x}_{\mathrm{I}} = (\boldsymbol{K}_0^{\mathrm{c}})^{-1}\boldsymbol{W}_{\mathrm{I}} \tag{2-46}$$

由式（2-46）中提取相应的吊杆系位移列阵 $\boldsymbol{x}_{\mathrm{I}}^{\mathrm{c}}$。

由于采用1根吊杆1个单元，第一期恒载作用下 e 号单元吊杆的应变为：

$$\varepsilon_{\mathrm{I}}^{e} = |\boldsymbol{x}_{\mathrm{I}j}^{\mathrm{c}e}|/l^{e} \tag{2-47}$$

式中：$\boldsymbol{x}_{\mathrm{I}j}^{\mathrm{c}e}$ ——第一期恒载作用下，吊杆系中 e 号单元 j 节点（下节点）的位移；

l^{e} ——吊杆系中 e 号吊杆的初始长度。

②在第二期恒载作用下，计算各吊杆的应变 $\varepsilon_{\mathrm{II}}^{e}$。

该阶段计算模型为弹性支承连续梁有限元计算模型。

$$(\boldsymbol{K}_0^{\mathrm{c}} + \boldsymbol{K}_0^{\mathrm{b}})\boldsymbol{x}_{\mathrm{II}} = \boldsymbol{W}_{\mathrm{II}} \tag{2-48}$$

式中：$\boldsymbol{K}_0^{\mathrm{b}}$ ——桥面系的单元刚度矩阵；

$\boldsymbol{x}_{\mathrm{II}}$ ——第二期恒载作用下，节点位移列阵；

$\boldsymbol{W}_{\mathrm{II}}$ ——第二期恒载列阵。

由式（2-48）计算出：

$$\boldsymbol{x}_{\mathrm{II}} = (\boldsymbol{K}_0^{\mathrm{c}} + \boldsymbol{K}_0^{\mathrm{b}})^{-1}\boldsymbol{W}_{\mathrm{II}} \tag{2-49}$$

由式（2-49）中提取相应的吊杆系位移列阵 $\boldsymbol{x}_{\mathrm{II}}^{\mathrm{c}}$。

在第二期恒载作用下，计算出 e 号单元吊杆系的应变：

$$\varepsilon_{\mathrm{II}} = |\boldsymbol{x}_{\mathrm{II}j}^{\mathrm{c}e}|/l^{e} \tag{2-50}$$

式中：$\boldsymbol{x}_{\mathrm{II}j}^{\mathrm{c}e}$ ——第二期恒载作用下吊杆系中 e 号单元 j 节点（下节点）的位移；

l^{e} ——吊杆系中 e 号吊杆的初始长度。

③在全部恒载作用时,确定各吊杆的初始应变 ε_0^e 以及吊杆系刚度矩阵。

以第一期恒载、第二期恒载作用得到的吊杆的应变作为全部恒载作用时的初始应变 ε_0^e:

$$\varepsilon_0^e = \varepsilon_{\mathrm{I}}^e + \varepsilon_{\mathrm{II}}^e \tag{2-51}$$

则吊杆系的初始应变列阵为:

$$\varepsilon_0 = \varepsilon_{\mathrm{I}} + \varepsilon_{\mathrm{II}} \tag{2-52}$$

将式(2-52)代入下式:

$$\boldsymbol{K}^c = \boldsymbol{K}_0^c \mp \sum \varepsilon_0^e \boldsymbol{K}_0^{ec} \tag{2-53}$$

式中:$\boldsymbol{K}_0^c$ ——组集后的未考虑吊杆系长度调整的吊杆系刚度矩阵;

$\boldsymbol{K}_0^{ec}$ ——吊杆系中某 e 平面杆单元在整体坐标系下的初始单元刚度矩阵。

吊杆长度减小时,式(2-53)取“-”值,吊杆长度增加时,式(2-53)取“+”值,下同。

则:

$$\boldsymbol{K}^c = \boldsymbol{K}_0^c \mp \sum (\varepsilon_{\mathrm{I}}^e + \varepsilon_{\mathrm{II}}^e) \boldsymbol{K}_0^{ec} \tag{2-54}$$

则式(2-54)即在零位移原则下考虑吊杆系长度调整后的吊杆系的刚度矩阵 $\boldsymbol{K}^c$。

(2)弹性拱肋吊杆系刚度矩阵的计算

由于拱肋的弹性变形对桥面挠度有较大的影响,因此,计算初应变时必须考虑各载荷阶段拱肋的弹性变形,不能只考虑吊杆系的变形。下面根据拱肋和吊杆的变形计算出相应的吊杆等效应变,然后再将等效应变作为初应变。

①在第一期恒载作用下,计算各吊杆的等效应变 $\varepsilon'^e_{\mathrm{I}}$。

该阶段计算模型为简支梁。由静力平衡方程得:

$$(\boldsymbol{K}_0^c + \boldsymbol{K}_0^g)\boldsymbol{x}_{\mathrm{I}} = \boldsymbol{W}_{\mathrm{I}} \tag{2-55}$$

式中:$\boldsymbol{K}_0^g$ ——拱肋与横撑的单元刚度矩阵;

$\boldsymbol{K}_0^c$ ——吊杆系的初始单元刚度矩阵;

$\boldsymbol{x}_{\mathrm{I}}$ ——第一期恒载作用下节点位移列阵;

$\boldsymbol{W}_{\mathrm{I}}$ ——第一期恒载列阵。

由式(2-55)计算出:

$$\boldsymbol{x}_{\mathrm{I}} = (\boldsymbol{K}_0^c + \boldsymbol{K}_0^g)^{-1}\boldsymbol{W}_{\mathrm{I}} \tag{2-56}$$

由式(2-56)中提取相应的吊杆系位移列阵 $\boldsymbol{x}_{\mathrm{I}}^c$。由于采用1根吊杆1个单元,由式(2-56)计算出吊杆两端节点的位移,判断 e 号单元吊杆两端节点位移符号。符号同号时,第一期恒载作用下,e 号单元吊杆的等效应变:

$$\varepsilon_{\mathrm{I}}^{'e} = |\boldsymbol{x}_{\mathrm{I}j}^{ce}|/l^e \tag{2-57}$$

符号异号时，第一期恒载作用下，e 号单元吊杆的等效应变：

$$\varepsilon_{\mathrm{I}}^{\prime e} = (|\boldsymbol{x}_{\mathrm{I}j}^{ce}| + |\boldsymbol{x}_{\mathrm{I}i}^{ce}|)/l^e \tag{2-58}$$

式中：$\boldsymbol{x}_{\mathrm{I}i}^{ce}$ ——第一期恒载作用下，吊杆系中 e 号单元 i 节点（上节点）的位移；

$\boldsymbol{x}_{\mathrm{I}j}^{ce}$ ——第一期恒载作用下，吊杆系中 e 号单元 j 节点（下节点）的位移；

l^e ——吊杆系中 e 号吊杆的初始长度。

②在第二期恒载作用下，计算各吊杆的等效应变 $\varepsilon_{\mathrm{II}}^{\prime e}$。

该阶段计算模型为弹性支承连续梁有限元计算模型。

$$(\boldsymbol{K}_0^{\mathrm{c}} + \boldsymbol{K}_0^{\mathrm{g}} + \boldsymbol{K}_0^{\mathrm{b}})\boldsymbol{x}_{\mathrm{II}} = \boldsymbol{W}_{\mathrm{II}} \tag{2-59}$$

式中：$\boldsymbol{K}_0^{\mathrm{b}}$ ——桥面系的单元刚度矩阵；

$\boldsymbol{x}_{\mathrm{II}}$ ——第二期恒载作用下，吊杆系的节点位移列阵；

$\boldsymbol{W}_{\mathrm{II}}$ ——第二期恒载列阵。

由式(2-59)计算出：

$$\boldsymbol{x}_{\mathrm{II}} = (\boldsymbol{K}_0^{\mathrm{c}} + \boldsymbol{K}_0^{\mathrm{g}} + \boldsymbol{K}_0^{\mathrm{b}})^{-1}\boldsymbol{W}_{\mathrm{II}} \tag{2-60}$$

由式(2-60)中提取相应的吊杆系位移列阵 $\boldsymbol{x}_{\mathrm{II}}^{\mathrm{c}}$。

由于采用 1 根吊杆 1 个单元，由式(2-60)计算出吊杆两端节点的位移，判断 e 号单元吊杆两端节点位移的符号。符号同号时，第二期恒载作用下，e 号单元吊杆的等效应变为：

$$\varepsilon_{\mathrm{II}}^{\prime e} = |\boldsymbol{x}_{\mathrm{II}j}^{ce}|/l^e \tag{2-61}$$

符号异号时，第二期恒载作用下，e 号单元吊杆的等效应变为：

$$\varepsilon_{\mathrm{II}}^{\prime e} = (|\boldsymbol{x}_{\mathrm{II}j}^{ce}| + |\boldsymbol{x}_{\mathrm{II}i}^{ce}|)/l^e \tag{2-62}$$

式中：$\boldsymbol{x}_{\mathrm{II}i}^{ce}$ ——第二期恒载作用下，吊杆系中 e 号单元 i 节点（上节点）的位移；

$\boldsymbol{x}_{\mathrm{II}j}^{ce}$ ——第二期恒载作用下，吊杆系中 e 号单元 j 节点（下节点）的位移；

l^e ——吊杆系中 e 号吊杆的初始长度。

③在全部恒载作用时，确定各吊杆的初始等效应变 $\varepsilon_0^{\prime e}$ 以及吊杆系刚度矩阵。

以第一期恒载、第二期恒载作用得到的吊杆的应变作为全部恒载作用时的初始应变 $\varepsilon_0^{\prime e}$：

$$\varepsilon_0^{\prime e} = \varepsilon_{\mathrm{I}}^{\prime e} + \varepsilon_{\mathrm{II}}^{\prime e} \tag{2-63}$$

则吊杆系的初始等效应变列阵为：

$$\varepsilon_0^{\prime} = \varepsilon_{\mathrm{I}}^{\prime} + \varepsilon_{\mathrm{II}}^{\prime} \tag{2-64}$$

将式(2-44)代入式(2-53)得：

$$\boldsymbol{K}^{\mathrm{c}} = \boldsymbol{K}_0^{\mathrm{c}} \mp \sum(\varepsilon_{\mathrm{I}}^{\prime e} + \varepsilon_{\mathrm{II}}^{\prime e})\boldsymbol{K}_0^{ec} \tag{2-65}$$

则式(2-65)即在零位移原则下考虑吊杆系长度调整后的吊杆系的刚度矩阵 $\boldsymbol{K}^{\mathrm{c}}$。

3）全部恒载及初始应变作用下，吊杆与横梁连接处节点位移 x_j^{ce} 以及吊杆应力 σ_{ce}

该阶段计算模型为弹性支承连续梁，同时考虑由于吊杆系长度调整对吊杆系刚度矩阵的影响，可得到各吊杆的张力 T^e 。则各吊杆的应力：

$$\boldsymbol{\sigma}^e = \frac{\boldsymbol{T}^e}{A} \tag{2-66}$$

则各吊杆的应变：

$$\boldsymbol{\varepsilon}^e = \frac{\boldsymbol{T}^e}{EA} \tag{2-67}$$

式中：E——各吊杆的弹性模量；

A——各吊杆的横截面积。

4）以零位移为控制目标进行优化设计以及吊杆系刚度矩阵的形成

优化设计是一种寻求确定最优方案的技术。这里以初始应变作为设计变量，吊杆的应力作为状态变量以及以各吊杆与横梁连接处节点位移平方之和作为控制目标进行优化设计。最终确定一组最优的初始应变值，在全部静荷载作用下，使得各吊杆与横梁连接处节点位移平方之和最小（即：满足零位移原则），同时计算出一组最优的吊杆张力。

优化设计的步骤如下：

（1）生成循环所用的分析文件。

该文件包括了整个分析过程，而且满足以下条件：

①参数化建立模型。

a. 确定初应变。确定初应变的基本步骤同前节（按在恒载作用下桥面水平的准则形成吊杆系刚度矩阵）。

b. 定义设计参数。

c. 将设计变量（各吊杆的初始应变 ε_0^e ）以参数形式加入有限元计算模型。

②求解。

③提取结果并指定状态变量和目标函数。

将按恒载作用下桥面水平的准则求解得到的各吊杆与横梁连接处节点位移平方之和定义为目标函数，各吊杆的应力值定义为状态变量。

（2）在数据库里建立与分析文件中变量相对应的参数。

（3）进入优化设计器，并指定分析文件。

（4）声明优化变量（设计变量、状态变量以及目标函数）。

（5）选择优化工具或优化方法。采用零阶方法或一阶方法。前者为使用所有因变量(状态变量和目标函数)的逼近,后者使用偏导数,即使用所有因变量的一阶偏导数。

(6)指定优化循环控制方式。

(7)进入优化分析。

(8)查看设计序列结果和后处理。

5)以刚性吊杆法确定吊杆系的张力以及吊杆系刚度矩阵的形成

零位移原则以及其他如力的平衡法(即桥面弯曲变形能最小)都是以中、下承式拱桥的局部作为主要对象。前者是以吊杆与横梁连接处节点位移为控制目标;后者是以桥面弯曲变形能为控制目标。由于实际桥梁施工中选取材料的离散性,施工质量的随意性,以及施工条件的不断变化,将影响全桥的受力和变形。

另一种确定成桥状态下吊杆系张力的方法是刚性吊杆法。该方法是从中、下承式拱桥整体受力特性出发,以拱作为主要研究对象。因为改变吊杆张力的大小可以获得比较满意的全桥受力状态,拱肋为主要偏心承压构件,它充分发挥了混凝土抗压性能好的特点,具有良好的经济指标。因此,可以通过调整吊杆系的张力,使恒载尽可能由拱来承担。其控制目标为吊杆与拱肋以及横梁连接节点无位移差($x_i^e - x_j^e = 0$,i,j 分别表示吊杆两端上、下节点)。

在全桥弹性支承连续梁上作用全部恒载,此时,不考虑初应变对吊杆张力计算的影响,只需考虑吊杆系初始单元刚度矩阵的变化。

拱桥有限元静力平衡方程为:

$$\boldsymbol{K}_0\boldsymbol{x}_0 = \boldsymbol{W} \tag{2-68}$$

式中:$\boldsymbol{K}_0$ ——由拱肋、桥面系和吊杆系初始长度所组成的初始刚度矩阵;

$\boldsymbol{x}_0$ ——拱桥初始刚度矩阵在 $\boldsymbol{W}$ 恒载作用下产生的节点位移列阵;

$\boldsymbol{W}$——桥面系恒载转化的有限元节点作用力列阵。

由式(2-68)可解得:

$$\boldsymbol{x}_0 = (\boldsymbol{K}_0)^{-1}\boldsymbol{W} \tag{2-69}$$

由式(2-69)得拱桥初始刚度矩阵在 $\boldsymbol{W}$ 恒载作用下,吊杆系的节点位移列阵:

$$\boldsymbol{x}_0^{\mathrm{c}} = [(\boldsymbol{K}_0)^{-1}\boldsymbol{W}]^{\mathrm{c}} \tag{2-70}$$

即从 $\boldsymbol{x}_0$ 中提取吊杆系的节点位移列阵。

吊杆系的张力列阵 T 为:

$$\boldsymbol{T} = \boldsymbol{K}_0^{\mathrm{c}}\boldsymbol{x}_0^{\mathrm{c}} \tag{2-71}$$

最后根据拱桥初始刚度矩阵在 $\boldsymbol{W}$ 恒载作用下产生的各吊杆与横梁连接处的节点位移 $\boldsymbol{x}_{j0}^{ec}$,设置预拱度来调整结构的线形,使成桥状态时结构达到设计要求。

2.2.4 中、下承式系杆拱桥吊杆系张力计算

1)中、下承式系杆拱桥吊杆系张力计算方法

吊杆是中、下承式拱桥重要的传力构件，吊杆张力对桥梁的受力影响较大，若直接把吊杆张力的设计值作为初张力输入到计算模型中，由于吊杆张力的作用，拱肋和桥面系会发生变形，使得成桥状态下的吊杆张力计算值与设计值差别比较大，因此，在利用有限元程序计算时必须首先确定吊杆张力的输入值，使得成桥状态下吊杆张力计算值与设计值相符[7]。

确定中、下承式拱桥吊杆张力的方法主要有指定受力状态法（刚性支承连续梁法、零位移法等），无约束的吊杆张力优化法（弯曲能量最小法、弯矩最小法等），有约束的吊杆张力优化法（用索量最小法、最小偏差法等），它们分别以位移、弯矩及成桥时桥梁整体受力状态为控制目标来确定成桥状态下吊杆的张力。

(1)刚性支承连续梁法确定吊杆张拉力

刚性支承连续梁法是求一组恒载吊杆张拉力值，使系杆梁与吊杆连接处节点在恒载和吊杆张拉力作用下，成桥状态下的位移为零，并且同时认为系杆梁内的弯矩为刚性支承连续梁弯矩。该方法在确定吊杆的内力时，主要以位移为控制目标（若为一次落架时同于零位移法），以保证最终成桥时的线形。

以如图2-4所示的计算模型来阐述该计算方法，首先根据一次落架方式计算出在恒载 G 作用下而柔性吊杆初始张拉力为零时，吊杆与主梁连接处节点1，2，…，18的垂直位移为 $\Delta_{1g}, \Delta_{2g}, \cdots, \Delta_{18g}$；然后，依次算出吊杆受单位力时这些节点的位移响应值 δ_{ij}（式中下标：i 为节点编号，j 为吊杆号，表示 j 吊杆施加单位力时，i 节点的位移响应值）。这样在恒载和吊杆力的共同作用下，以使各控制节点变位等于零为目标，可以写出线性方程组：

$$[\boldsymbol{A}]\{\boldsymbol{X}\} + \{\boldsymbol{\Delta}\} = 0 \tag{2-72}$$

其中，$[\boldsymbol{A}] = \begin{bmatrix} \delta_{1,1} & \delta_{1,2} & \cdots & \cdots & \delta_{1,n} \\ \cdots & \cdots & \cdots & \cdots & \cdots \\ \delta_{i,1} & \delta_{i,2} & \cdots & \cdots & \delta_{i,n} \\ \cdots & \cdots & \cdots & \cdots & \cdots \\ \delta_{m,1} & \delta_{m,1} & \cdots & \cdots & \delta_{m,n} \end{bmatrix}_{m\times n}$，$\{\boldsymbol{X}\} = \{x_1, x_1, \cdots, x_n\}^{\mathrm{T}}$，$\{\boldsymbol{\Delta}\} = \{\boldsymbol{\Delta}_{1g}, \boldsymbol{\Delta}_{2g}, \cdots, \boldsymbol{\Delta}_{mg}\}^{\mathrm{T}}$，$x_i$ 表示第 i 根吊杆的初拉力值（未知量），$\boldsymbol{\Delta}_{ig}$ 表示恒载下 i 节点的位移量。

求解方程式(2-72)可以得到成桥状态时以系杆梁与吊杆连接处各节点位移

为控制目标的吊杆初张力。

(2)用力的平衡法确定吊杆的张拉力

桥梁的合理受力状态往往是以结构上控制截面的内力(主要是弯矩或轴力)达到某一最佳状态为目标,系杆梁上各点的高程可以通过设计预拱度来调整,以截面内力为控制目标确定成桥时吊杆张拉力。

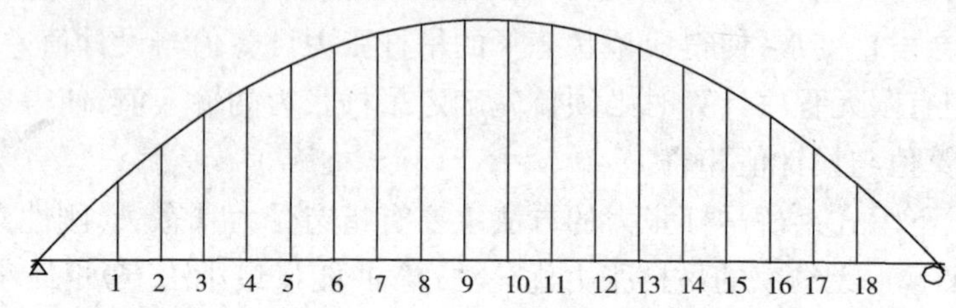

图 2-4 吊杆初张拉计算模式图

在中、下承式拱桥中,以直接承受活载的系杆梁作为主要研究对象,把吊杆与系杆梁连接处的系杆梁截面弯矩作为控制目标量,同时考虑预应力钢筋和混凝土收缩、徐变的影响,则成桥时吊杆张拉力应能使系杆梁在恒载和吊杆拉力的作用下,系杆梁内控制截面的弯矩达到设计者所指定的弯矩状态。

若取刚性支承连续梁的弯矩状态为系杆梁内控制截面的控制(指定)弯矩,则取消中、下承式拱桥中的所有吊杆,在吊杆与系杆梁的连接处用刚性支承来代替,等效原来其他的有效约束,同时加上系杆梁预应力筋,可以得到系杆梁在恒载和其他力作用下相应刚性支承连续梁的内力状态,获取相应截面的弯矩值 $\{\boldsymbol{M}^k\}$,并以此为控制目标。

据此控制目标建立力的平衡方程,用拉力 T 来代替相应的吊杆拉力,原有的约束条件不变。由结构力学可知,对于任一根吊杆与系杆梁连接点 i 处,系杆梁弯矩 M_i 应有:

$$M_i = \sum_{j=1}^{N} m_{ij} T_j + m_i^{\mathrm{g}} \tag{2-73}$$

式中:m_{ij} ——第 j 根吊杆施加单位力 i 节点处系杆梁弯矩响应值;

T_j ——第 j 根吊杆的张拉力值;

m_i^{g} ——恒载作用下,在 i 节点处产生的弯矩值;

N ——吊杆的总数量。

用矩阵表示为:

$$\{\boldsymbol{M}\} = [\boldsymbol{m}]\{\boldsymbol{T}\} + \{\boldsymbol{M}^{\mathrm{g}}\} \tag{2-74}$$

式中:$\{M\}$ ——系杆梁控制截面的目标弯矩值列阵,$\{\boldsymbol{M}\} = \{M_1, M_2, \cdots, M_n\}^{\mathrm{T}}$;

$[\boldsymbol{m}]$ ——吊杆力作用下,控制截面弯矩的影响矩阵,为 $n \times n$ 阶矩阵;

$\{\boldsymbol{T}\}$ ——系杆梁控制截面上吊杆张拉力列阵，$\{\boldsymbol{T}\} = \{T_1, T_2, \cdots, T_n\}^{\mathrm{T}}$；

$\{\boldsymbol{M}^{\mathrm{g}}\}$ ——恒载作用下系杆梁控制截面处弯矩列阵，$\{\boldsymbol{M}^{\mathrm{g}}\} = \{m_1^{\mathrm{g}}, m_2^{\mathrm{g}}, \cdots, m_n^{\mathrm{g}}\}^{\mathrm{T}}$。

将式(2-73)所求得的结果代入式(2-74)，当 $[\boldsymbol{m}]$ 为非奇异阵时，可得：

$$\{\boldsymbol{T}\} = [\boldsymbol{m}]^{-1}(\{\boldsymbol{M}\} - \{\boldsymbol{M}^{\mathrm{g}}\}) \tag{2-75}$$

通过式(2-75)可以得到期望的吊杆初始张拉力。

(3)刚性吊杆法确定吊杆张拉力

刚性吊杆法是从中、下承式拱桥的整体受力特性出发，以拱肋作为主要研究对象。吊杆作为梁、拱的组合元素，改变吊杆张拉力的大小，可以协调两者之间的关系来获得比较合理的全桥受力状态。于是通过调整吊杆张拉力，使恒载尽可能由拱肋来承担，梁拱相应吊杆两节点间无相对位移，来达到整体受力优化的目的。在具体计算中，取吊杆轴向刚度很大，例如使吊杆截面面积增加 100 倍，而吊杆的重度缩小 100 倍来计算确定吊杆张力的大小。

(4)最小弯曲能量原理

图 2-5 为一座有 n 根吊杆的中、下承式系杆拱桥计算模型，吊杆拉力分别为 $x_1, x_2, \cdots, x_n$，设 $x_i = 1$ 时基本结构任意截面弯矩为 $\overline{M}_i$，轴力为 $\overline{N}_i$，剪力为 $\overline{Q}_i$，则任意截面内力为：

$$\begin{aligned} M &= \sum_{i=1}^{n} x_i \overline{M}_i + M_{\mathrm{p}} \\ N &= \sum_{i=1}^{n} x_i \overline{N}_i + N_{\mathrm{p}} \\ Q &= \sum_{i=1}^{n} x_i \overline{Q}_i + Q_{\mathrm{p}} \end{aligned} \tag{2-76}$$

式中：$M_{\mathrm{p}}, N_{\mathrm{p}}, Q_{\mathrm{p}}$ ——分别为恒载作用在基本结构体系上所产生的内力；

n——吊杆的总根数。

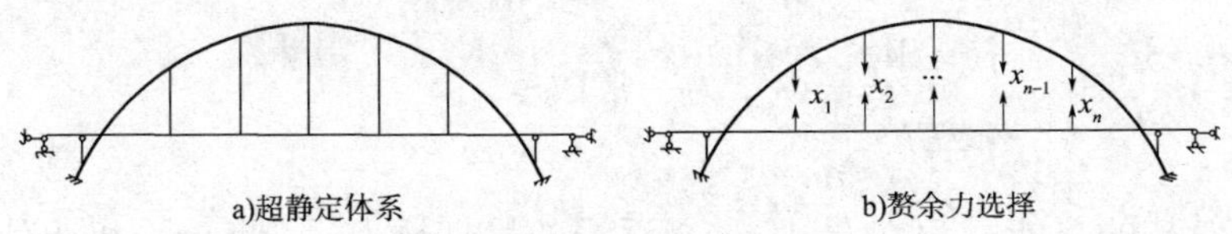

图 2-5 最小弯曲能量原理计算模式图

此时，行车道梁与拱肋所积蓄的应变能分别为：

$$U_l = \frac{1}{2}\left(\int_l \frac{M^2}{EI}\mathrm{d}s + \int_l \frac{N^2}{EA}\mathrm{d}s + \int_l k\frac{Q^2}{GA}\mathrm{d}s\right)$$

$$U_{\mathrm{g}} = \frac{1}{2}\left(\int_{\mathrm{g}} \frac{M^2}{EI}\mathrm{d}s + \int_{\mathrm{g}} \frac{N^2}{EA}\mathrm{d}s + \int_{\mathrm{g}} k\frac{Q^2}{GA}\mathrm{d}s\right) \tag{2-77}$$

式中：U_l, U_{g}——分别为行车道梁与拱肋对应的应变能；

E,I,G,A——分别为弹性模量、抗弯惯性矩、剪切模量、截面面积；

k——剪应力不均匀分布系数。

假设应变能主要由弯曲应变能组成，行车道梁与拱肋的能量单价之比为 $\omega_z = \frac{1}{\eta}$，则结构耗费的总能量费用为：

$$W = U_l + \eta U_{\mathrm{g}} \tag{2-78}$$

把式(2-76)代入式(2-77)，得：

$$\begin{aligned} W = & \int_l \frac{(\sum_{i=1}^{n} x_i \bar{M}_i)^2}{2EI}\mathrm{d}s + \int_l \frac{\sum_{i=1}^{n} x_i \bar{M}_i M_{\mathrm{p}}}{EI}\mathrm{d}s + \int_l \frac{M_{\mathrm{p}}^2}{2EI}\mathrm{d}s + \\ & \int_{\mathrm{g}} \frac{(\sum_{i=1}^{n} x_i \bar{M}_i)^2}{2EI \cdot \frac{1}{\eta}}\mathrm{d}s + \int_{\mathrm{g}} \frac{\sum_{i=1}^{n} x_i \bar{M}_i M_{\mathrm{p}}}{EI \cdot \frac{1}{\eta}}\mathrm{d}s + \int_{\mathrm{g}} \frac{M_{\mathrm{p}}^2}{2EI \cdot \frac{1}{\eta}}\mathrm{d}s \\ = & \sum_{i=1}^{n}(x_i^2\delta_{ii} + \sum_{j=1,j\neq i}^{n} 2x_i x_j \delta_{ij} + 2x_i\Delta_{ip}) + C_0 \end{aligned} \tag{2-79}$$

其中，$\delta_{ii} = \int_l \frac{\bar{M}_i^2}{2EI}\mathrm{d}s + \int_{\mathrm{g}} \frac{\bar{M}_i^2}{2EI \cdot \frac{1}{\eta}}\mathrm{d}s$；

$\delta_{ij} = \int_l \frac{\bar{M}_i \bar{M}_j}{2EI}\mathrm{d}s + \int_{\mathrm{g}} \frac{\bar{M}_i \bar{M}_j}{2EI \cdot \frac{1}{\eta}}\mathrm{d}s$；

$\Delta_{i\mathrm{p}} = \int_l \frac{\bar{M}_i M_{\mathrm{p}}}{2EI}\mathrm{d}s + \int_{\mathrm{g}} \frac{\bar{M}_i M_{\mathrm{p}}}{2EI \cdot \frac{1}{\eta}}\mathrm{d}s$；

$C_0 = \int_l \frac{M_{\mathrm{p}}^2}{2EI}\mathrm{d}s + \int_{\mathrm{g}} \frac{M_{\mathrm{p}}^2}{2EI \cdot \frac{1}{\eta}}\mathrm{d}s$，为一常数。

为使结构的总能量 W 为最小，选择适当的吊杆拉力 x_i，使 W 取极小值，满足条件：$\frac{\partial W}{\partial x_i} = 2x_i\delta_{ii} + 2\sum_{j=1,j\neq i}^{n} x_j\delta_{ij} + 2\Delta_{i\mathrm{p}} = 0$，即：

$$x_i\delta_{ii} + \sum_{j=1,j\neq i}^{n} x_j\delta_{ij} + \Delta_{i\mathrm{p}} = 0 \tag{2-80}$$

求解式(2-80)，得到的 x_i 即为成桥后满足目标函数的最合理的吊杆张力。

(5)影响矩阵法

影响矩阵法是以每根吊杆的张拉控制力为基本未知量,根据吊杆的张拉顺序,利用有限元模型求出在单位力作用下的吊杆拉力矩阵,建立典型方程,然后通过求解线性方程得到每根吊杆的张拉控制力,从而使得最终吊杆的张拉力达到规定的设计值。影响矩阵法是吊杆张力优化问题常用到的方法,它是利用广义影响矩阵的概念,将吊杆张力优化的多种目标函数统一用吊杆张力变量与广义影响矩阵表示,从而实现了用一种方法对多种目标函数进行优化的目的。这种方法既可用于成桥态的吊杆张力优化,也可用于施工阶段的吊杆张力优化。由于各种目标函数中控制变量对应吊杆张力的影响矩阵可一次性形成,所以计算吊杆张力优化的影响矩阵法十分方便,是目前最常用的确定吊杆或拉索张力的计算方法。

2)中、下承式系杆拱桥吊杆系张力计算方法比较

①在中、下承式拱桥的设计中,选择合理的方法来确定成桥状态(特别是当采用柔性吊杆时)的吊杆张拉力很重要。采用刚性支承连续梁法确定中、下承式拱桥成桥状态吊杆张拉力,一般能保证系杆梁的线形,但是对于一些中、下承式拱桥会出现某些吊杆受压的情况,整体结构受力不良。力的平衡法以指定控制截面的弯矩(或轴力)为控制目标,可以通过设置"预拱度"的方法,来满足成桥时梁和拱的线形,但会碰到如何取合适量的问题,在选取截面弯矩时要反复比较。刚性吊杆法从整体出发,避免了柔性吊杆受压的情况,确定的吊杆力也比较均匀、合理,通过设置预拱度来调整结构的线形,使成桥状态时的结构达到设计要求。从数值分析的角度,采用影响矩阵法求吊杆的张拉力更为合理。

②弯曲能量最小法是用结构的弯曲余能作为目标函数;弯矩最小法是以弯矩平方和作为目标函数。两者相比前者更为合理些,这两种方法不能计入吊杆预应力张力影响,且只适用于恒载吊杆张力优化,计算时要改变结构的计算模式,比较麻烦。

③在求吊杆初张力时,为了简化计算,通常把空间结构问题平面化,计算结果过于简单粗糙。特别对一些复杂空间结构,比如斜靠式拱桥,在求解主拱吊杆、稳定拱吊杆初张力时,已不能进行简单平面处理,应采用空间模型来求解。

④现有的计算方法大多都是采用一次落架法进行桥梁整体计算,求解吊杆的初张力,采用这种计算方法得到的吊杆张力只是一个初始值,用这个值代入计算模型,得到恒载状态下结构的内力、应力并不理想,需要用调值法进行迭代,直到内力、应力合理,才是吊杆力的最终值。同时这种方法得到的吊杆张力是按结构整体刚度进行分配的,对一些复杂空间结构,采用这种方法计算吊杆张力并不合适,因为吊杆张拉时一般都是分阶段进行张拉的,结构的刚度随施工阶段的不同而发生

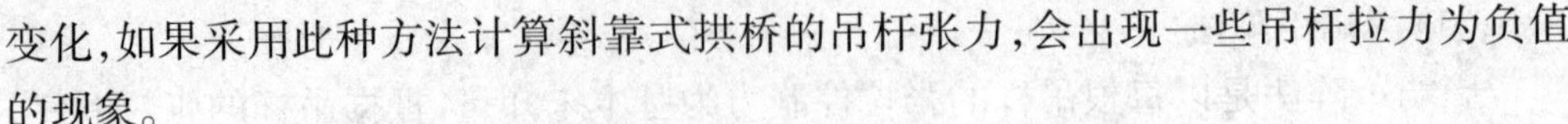

变化，如果采用此种方法计算斜靠式拱桥的吊杆张力，会出现一些吊杆拉力为负值的现象。

2.3 实例分析

2.3.1 工程实例 1

1）设计计算基本资料[3]

某大桥设计方案设计荷载：汽车—超 20 级，挂车—120，人群荷载 3.5kN/m^2；计算跨径 117.8m，计算矢高 30.45m，矢跨比 1/4，桥面宽度 22m，拱肋内倾角 12°，桥面自左向右方向设单向纵坡 1.8%。大桥总体布置如图 2-6 所示。

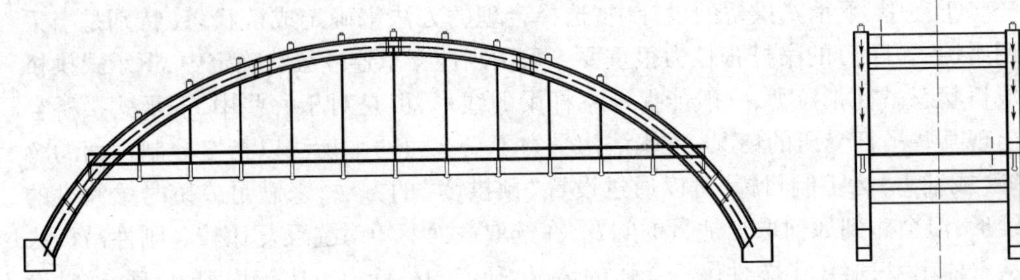

图 2-6　某大桥总体布置图

2）设计概况

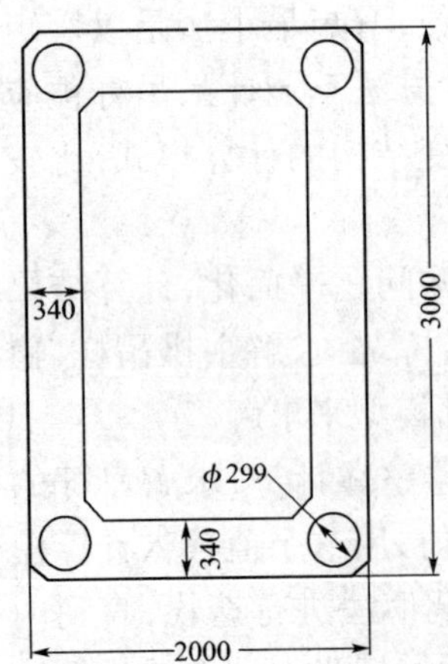

图 2-7　拱肋断面图（尺寸单位：mm）

该大桥主拱肋为钢筋混凝土箱肋（图 2-7），悬链线 $m=1.167$，肋宽 2m，肋高 3m，上下板厚 340mm。钢管混凝土劲性骨架采用 16Mnϕ299mm × 13mm 无缝钢管作为弦杆，内填 C40 混凝土，竖杆 ϕ152mm × 6mm 受压为主，亦采用钢管混凝土；斜杆 ϕ152mm × 6mm。由于随着荷载工况的不同，斜杆受力符号可能改变，故斜杆采用了空钢管。上下平联 ϕ108mm × 5mm，拱肋断面、劲性骨架桁架见图 2-8。纵梁、中横梁、桥面板和横撑截面尺寸见图 2-9 ~ 图 2-12。拱肋结构构件相关参数及吊杆和桥面系构件相关参数分别见表 2-1、表 2-2。

大桥横向由 5 道一字形横撑将两拱肋连为一体，横撑与拱肋相接处均加强连接。拱肋的抗扭刚度与抗弯刚度之比为 1∶14，横撑在拱肋切平面内的抗弯刚度与拱肋面外的抗扭刚度之比为 2∶1。

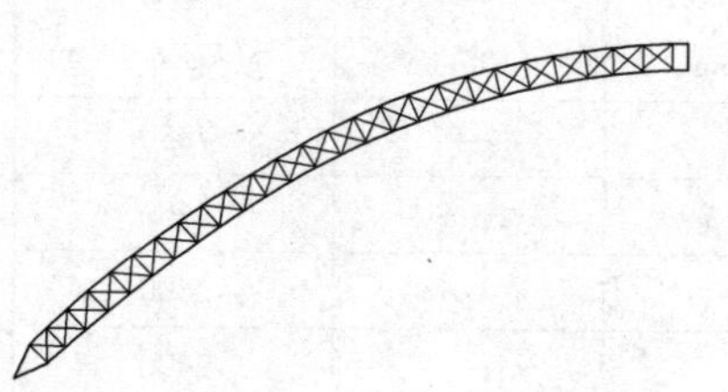

图 2-8　大桥劲性骨架

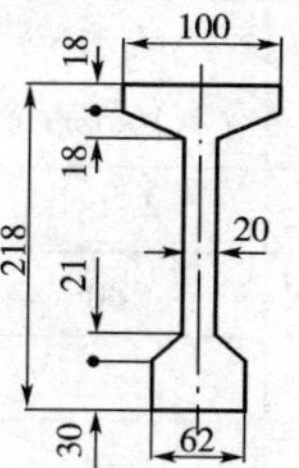

图 2-9　纵梁尺寸（尺寸单位：mm）

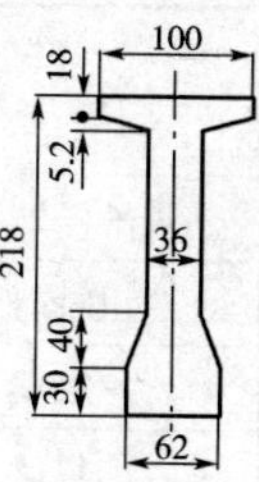

图 2-10　中横梁截面尺寸（尺寸单位：mm）

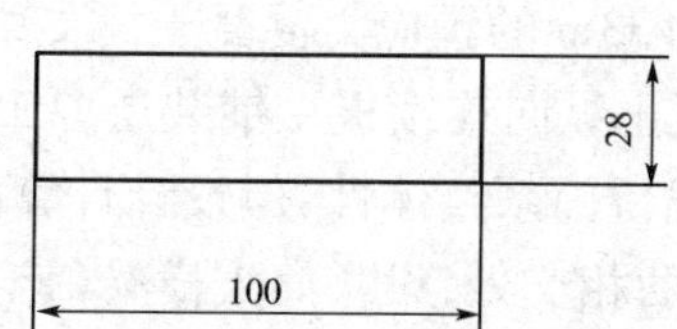

图 2-11　桥面板尺寸（尺寸单位：mm）

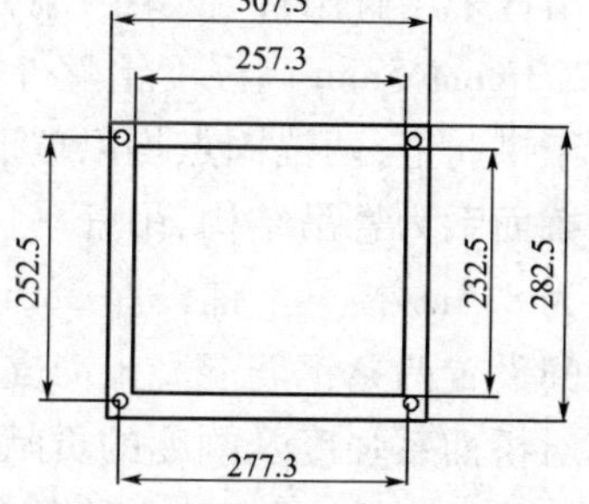

图 2-12　横撑截面尺寸（尺寸单位：mm）

拱肋结构构件相关参数表　　表 2-1

D/d（mm）	名　称	面积（mm^2）	弹性模量（GPa）	惯性矩 I（$\times10^6 mm^4$）	截面抗弯模量（GPa）	抗扭惯性矩（$\times10^6 mm^4$）	密度（kg/m^3）
299(273)	主拱肋弦杆混凝土	58500	35	273	2000	545	2400
299(273)	主拱肋弦杆钢管	11700	210	120	800	239	7850
299(273)	拱肋弦杆钢管混凝土	70200	64.1	541	3620	1080	3307
152(140)	拱肋竖杆混凝土	15400	35	18.9	269	37.7	2400
152(140)	拱肋竖杆钢管	2750	210	7.36	96.6	14.7	7850
152(140)	拱肋竖杆钢管混凝土	18100	61.5	35.8	471	71.6	3227
152(140)	拱肋斜杆钢管	2750	210	7.35	96.6	14.7	7850
108(98)	拱肋腹杆钢管	1620	210	2.15	39.8	4.3	7850
108(98)	拱肋平联钢管	1620	210	2.15	39.8	4.3	7850
203(183)	横撑弦杆混凝土	26300	35	55.1	602	110	2400
203(183)	横撑弦杆钢管	6060	210	28.3	279	56.6	7850
203(183)	横撑弦杆钢管混凝土	32400	67.8	116	1140	232	3421

吊杆及桥面系构件相关参数表　　表 2-2

名　称	面积 ($\times10^3mm^2$)	弹性模量 (GPa)	惯性矩 I_x ($\times10^6mm^4$)	惯性矩 I_y ($\times10^6mm^4$)	密度 (kg/m^3)
直吊杆 223×5	4.38	210	—	—	7850
桥面板	280	35	6.53	23.3	2400
横梁	—	—	—	—	2400
纵梁	—	—	—	—	2400
整个拱肋	3940	37.8	3260000	1580000	—
横撑	1340	38.2	27700000	30600000	—

吊杆采用直吊杆,横梁两端各设一根吊杆,每一根吊杆只限于一个交点。吊杆为 ϕ223mmϕ^j5mm 高强度钢丝外加 PE 防护。吊杆两端采用冷铸墩头锚锚固,张拉端设于拱肋上,两锚固点均以玻璃钢(GRP)罩防护,罩内填充防护剂。

桥面系为悬吊结构,吊杆吊住横梁。横梁为 33m 的预应力混凝土简支梁,横梁间距为 8.5m,横梁上铺设厚 280mm 的钢筋混凝土纵向连续板。铺装层厚 120mm,横梁间设置两条钢筋混凝土简支边纵梁,以加强桥面系整体性,但设计计算时不考虑其对桥面系强度及刚度的贡献。桥面系与拱肋相交处,设一简支横梁(该处无吊杆和立柱)直接支承于拱肋内侧的牛腿上。

3) 吊杆张力计算结果

以零位移法计算吊杆张力,计算时,采用弹性支承连续梁有限元模型进行优化设计,不断调整初应变,最终桥面挠度满足零位移的原则。

计算采用的有限元模型如图 2-13 所示。吊杆静张力计算结果见表 2-3。

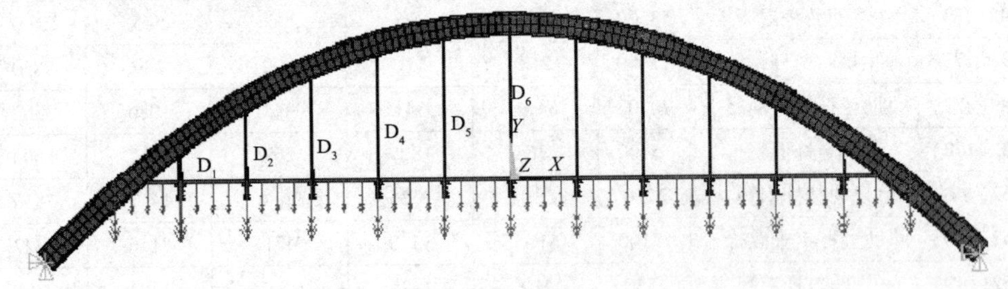

图 2-13　吊杆内力计算采用的有限元模型

全部恒载作用下吊杆系静张力计算结果表　　表 2-3

吊杆编号	D_1	D_2	D_3	D_4	D_5	D_6
吊杆长度(mm)	5129	10573	14719	17650	19400	20000
吊杆内力(kN)	1762.6	1565.9	1607.8	1607.8	1607.8	1565.9

2.3.2　工程实例2

平顶山市城东河路湛河大桥位于平顶山市城东河路，是跨越湛河的重点工程。该桥主桥采用斜靠式钢筋混凝土系杆拱结构，计算跨径120m，设计为双向4车道，设计荷载为城—A级，挂—120，纵坡为1.5%，全桥宽30m，双向横坡，坡高为1.5%。桥梁设计要点[7]如下。

1）建筑材料

预应力钢筋采用美国标准ASTMA:416－90a 270级ϕ^j15.24mm高强低松弛钢绞线，其标准强度为1860MPa，弹性模量为1.95×10^5 MPa。Ⅰ、Ⅱ级钢筋应分别符合规范GB 13013—1991和GB 1499—1998的规定；Ⅱ级钢筋为热轧螺纹钢；钢筋直径小于12mm者，采用Ⅰ级钢筋。钢板采用符合GB 700—2006规定的Q235钢板。混凝土强度等级：基桩采用现浇C18、C23混凝土；承台、墩身、立柱、耳背墙采用现浇C23混凝土；系杆梁、横梁、拱肋、横向连系杆梁采用现浇C48混凝土；桥面板：现浇C28混凝土；桥面铺装：现浇C28防水混凝土。

2）桥梁设计要点

主要承载结构为跨径120m下承式钢筋混凝土系杆拱。桥梁进行了纵向、横向结构计算，设计计算中采用“公路桥梁结构静力计算程序（GQJS8.5）”，计算考虑采用落地支架浇筑法施工。上部结构按满堂落地支架现浇施工方法进行设计。主拱肋采用普通钢筋混凝土箱形截面，箱宽1.5m、箱高2.7m，拱肋各断面均按偏心受压构件进行计算及结构配筋。系杆梁为预应力混凝土结构，采用宽1.5m、高2.7m的箱形断面；结构计算中，在施工和运营阶段，系杆梁各断面最大压应力值满足规范值要求；最大拉应力按部分预应力混凝土A类构件控制，经验算各阶段应力控制值均满足规范要求。吊杆采用镀锌高强钢丝制成的高强平行钢丝束—冷铸墩头锚体系，吊杆间距4m，全桥共92根吊杆，吊杆安全系数在施工阶段及运营阶段均大于2.5，吊杆采用成品索以确保构件质量。中横梁采用预应力混凝土T形梁，与系杆梁交叉采用固结，计算时考虑系杆梁对横梁的扭转约束作用：分别按横梁为简支双悬臂杆件，在支点处有弹性约束的构件进行结构计算；设计按部分预应力混凝土A类构件控制，经验算施工及运营各受力阶段最大拉、压应力及主应力均满足规范要求。端横梁采用预应力混凝土箱形结构，截面满足受力及对拱脚的约束要求。桥面板采用普通钢筋混凝土板式结构，与横梁及系杆梁相接处均采用刚性连接以增强全桥的整体性。在两拱肋及系杆梁中间，为加强桥面整体性，改善桥面板的受力状况，沿桥梁纵向在桥面板以下，分别设置了2道纵梁，与桥面板及各横梁刚性连接。该桥设计为下承式无风撑钢筋混凝土系杆拱结构，为保证拱肋横向稳定性满足规范要求,在两拱肋外分别设置两道稳定拱肋。主拱肋向桥外侧倾斜1°,稳定拱向桥内侧倾斜8.0075°。在横向稳定拱顶部拱段与主拱刚接,形成三角形结构,保证横向稳定。稳定拱采用宽1.2m、高2.7m的普通钢筋混凝土箱形结构,纵向采用跨径92m中承式系杆拱体系,吊杆间距同主拱肋,分别吊于各横梁端部,使外拱承受部分桥面恒载及活载。全桥稳定拱共设36根吊杆,计算安全系数不小于2.5。主桥下部采用钢筋混凝土箱形墩身。基础采用群桩及承台。主拱肋每个拱脚下采用4根ϕ150cm钻孔灌注桩,稳定拱肋每个拱脚下采用6根ϕ120cm钻孔灌注桩。墩台不均匀沉降考虑为:桥台1.0cm,桥墩1.0cm。

城东河路湛河大桥建成后的桥梁图及布置图分别如图2-14~图2-17所示。

图2-14　城东河路湛河大桥成桥图

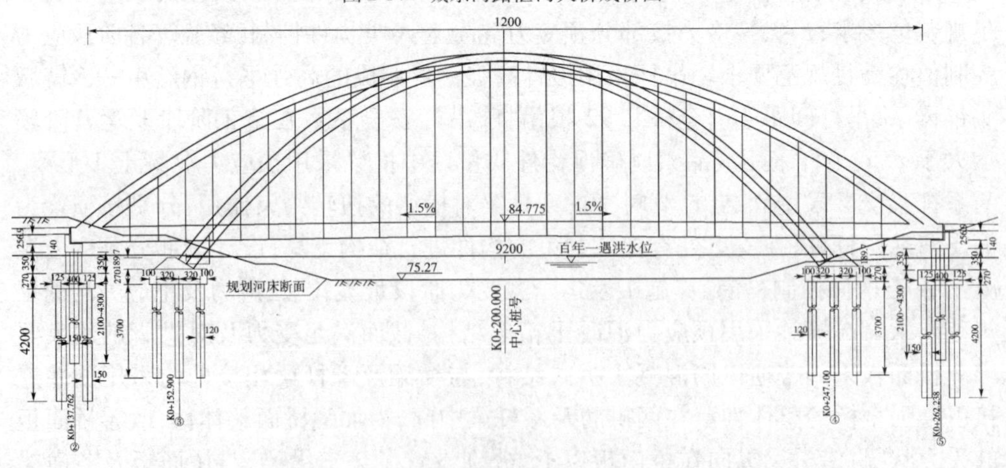

图2-15　城东河路湛河大桥正立面图(尺寸单位:mm)

3)有限元建模

(1)单元划分

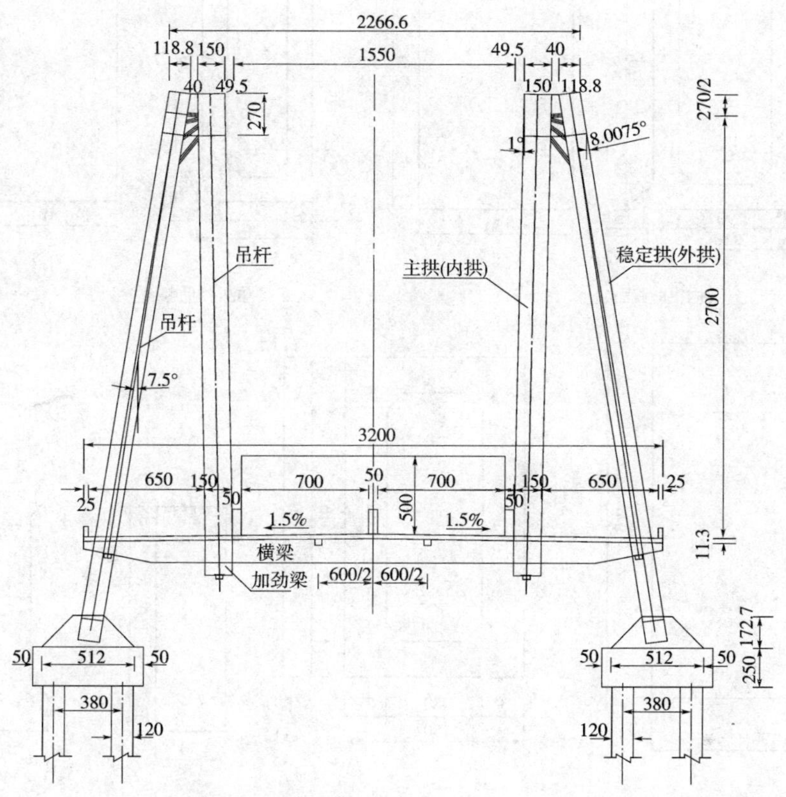

图 2-16　城东河路湛河大桥侧立面图(尺寸单位:mm)

城东河路湛河大桥主桥由双 X 形拱肋、吊杆、桥面系等几部分组成。双 X 形拱肋由主拱肋、稳定拱肋、主拱肋与稳定拱肋之间设 9 根横向连系梁连接组成,桥面系包括端横梁、中横梁、系杆梁,纵梁、桥面板。为分析该桥梁初始平衡状态下的力学性能,特建立桥梁的空间有限元计算模型,在桥梁有限元建模中,根据斜靠式拱桥的结构特点,主拱肋、稳定拱肋及主拱与稳定拱肋间的横向连系梁、端横梁、中横梁、系杆梁,小纵梁采用三维梁单元模拟,单元个数分别为 120 个、92 个、18 个、16 个、332 个、62 个、62 个,虚梁单元个数为 58 个,共划分梁单元 760 个;桥面板采用板单元模拟,共划分板单元 174 个;吊杆采用只受拉的桁架单元模拟,支架采用只受压的桁架单元模拟,共划分桁架单元 344 个,其中主拱吊杆 56 个,稳定拱吊杆 36 个,支架 252 个;全桥计算模型共划分单元 1278 个。

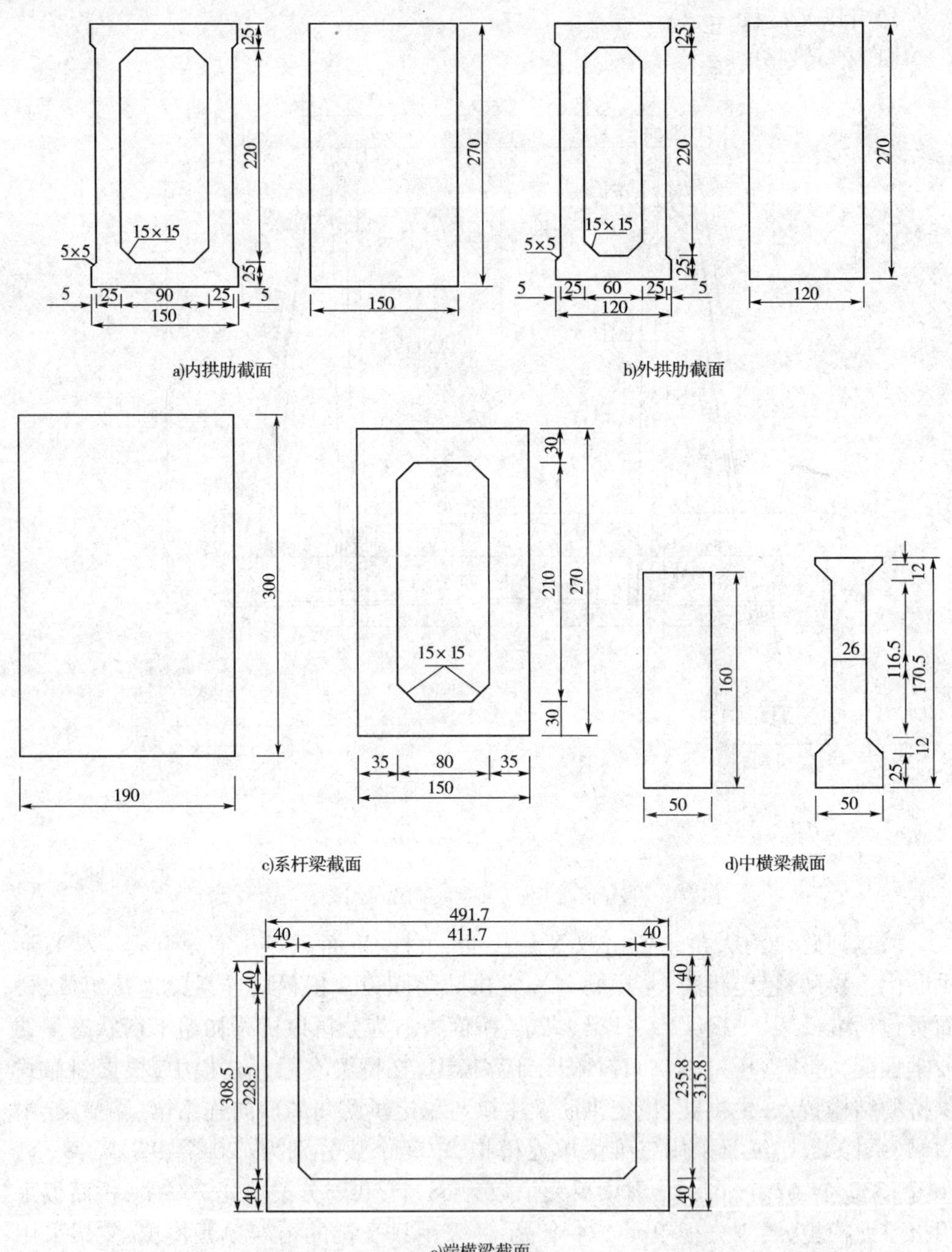

图 2-17　城东河路湛河大桥各主要构件截面图(尺寸单位:mm)

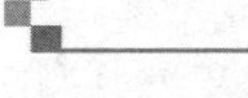

(2)参数选取

在城东河路湛河大桥主桥空间计算模型中,各单元截面形式及尺寸按该桥梁施工设计图纸确定。根据桥梁设计图纸,主拱、稳定拱的拱脚处采用实心矩形截面,其他拱肋处采用箱形截面;端横梁、中横梁、系杆梁采用箱形矩形截面;小纵梁采用矩形截面;桥面板厚度按设计图纸并考虑铺装层厚取27cm;吊杆按设计图纸取圆形截面;虚梁不需要输入截面尺寸只需输入关键特性值。

计算模型中单元材料特性值按《公路桥梁设计通用规范》(JTG D60—2004)规定选取,见表2-4,虚梁的弹性模量取1.0×10^{-8}MPa、I_{yy}取$1.0\times10^{-10}\text{m}^4$。

城东河路湛河桥主桥构件材料特性表　　表2-4

结构类型	材　　料	弹性模量(GPa)	抗压强度(MPa)	抗拉强度(MPa)	密度(kg/m^3)
拱肋	C48混凝土	34.1	21.64	1.794	2600
系杆梁	C48混凝土	34.1	21.64	1.794	2600
横梁	C48混凝土	34.1	21.64	1.794	2600
桥面板	C28混凝土	29.2	12.88	1.326	3010.6
吊杆	高强钢丝	195	410	1860	7650
横向联系	C48混凝土	34.1	21.64	1.794	2600
支架	Q235	206	410	1670	7850

(3)边界条件处理

城东河路湛河大桥边界条件见表2-5。

城东河路湛河大桥边界条件　　表2-5

结　　构	位　　置	DX	DY	DZ	RX	RY	RZ
内拱肋	上游南支座	1	0	1	1	0	1
	上游北支座	0	0	1	1	0	1
	下游南支座	1	1	1	1	0	1
	下游北支座	0	1	1	1	0	1
外拱肋	上游南支座	1	1	1	1	1	1
	上游北支座	1	1	1	1	1	1
	下游南支座	1	1	1	1	1	1
	下游北支座	1	1	1	1	1	1
支架	支架下端	1	1	1	1	1	1

注:表中DX,DY,DZ分别表示纵桥向、横桥向、竖桥向的线位移;RX,RY,RZ分别表示绕纵桥向、横桥向、竖桥向的转角位移;1表示约束,0表示放松。

(4)有限元模型

根据上述方法建立城东河路湛河大桥主桥有限元模型如图 2-18 所示。

4)吊杆初张力设计

如前所述,中、下承式拱桥吊杆初始张拉力计算可影响矩阵法在确定吊杆初张力时,平面计算模型已不能满足计算精度的要求,必须建立桥梁空间有限元计算模型(图 2-18),图 2-19 、图 2-20 给出了主拱、稳定拱吊杆编号示意图,主拱第 i 根吊杆表示为 n_i,例如主拱第 5 根吊杆表示为 n_5;同理,稳定拱第 i 根吊杆表示为 w_i,例如稳定拱第 10 根吊杆表示为 w_{10}。

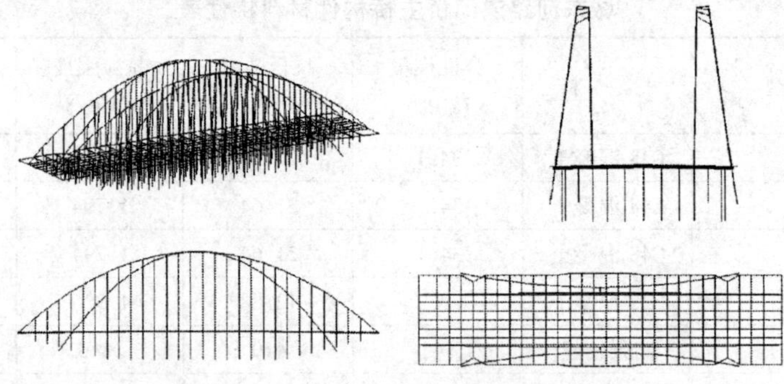

图 2-18　城东河路湛河大桥主桥空间有限元模型

斜靠式拱桥施工过程中主拱、稳定拱吊杆力是相互影响耦合的,前期张拉的吊杆张力直接影响后期吊杆张拉的张力,而后期张拉吊杆亦对先期施工的吊杆张力有直接的影响,因此,首先采用影响矩阵法计算确定满足成桥状态下系杆梁、拱肋的内力、线形以及吊杆内力设计值的主拱、稳定拱吊杆初张力,然后在成桥状态的基础上进行倒装分析,确定不同施工顺序下吊杆的初张力。

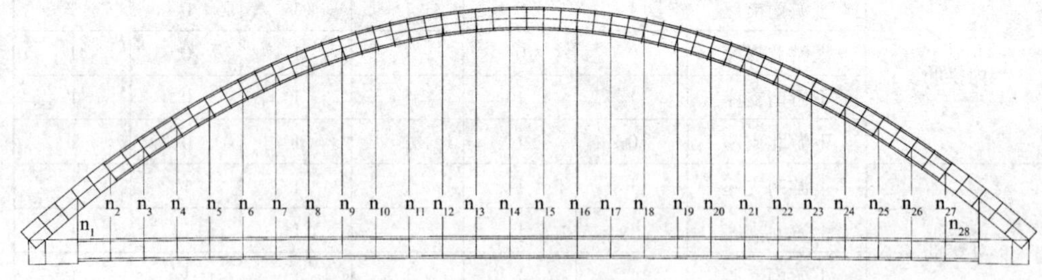

图 2-19　主拱吊杆编号图

(1)整体分析下吊杆初张力

影响矩阵法中施调向量是主拱、稳定拱吊杆的初张力,受调向量是成桥状态下内、外吊杆的内力响应值,即主拱、稳定拱吊杆的设计吊杆力。考虑该桥实际结构及其所建立的空间有限元计算模型的近似对称性(顺桥、横桥双向),取湛河下游侧的28根主拱吊杆、18根稳定拱吊杆初张力和设计值作为施调向量和受调向量,即有46个吊杆初张力为未知量,46个吊杆设计值为目标控制值。

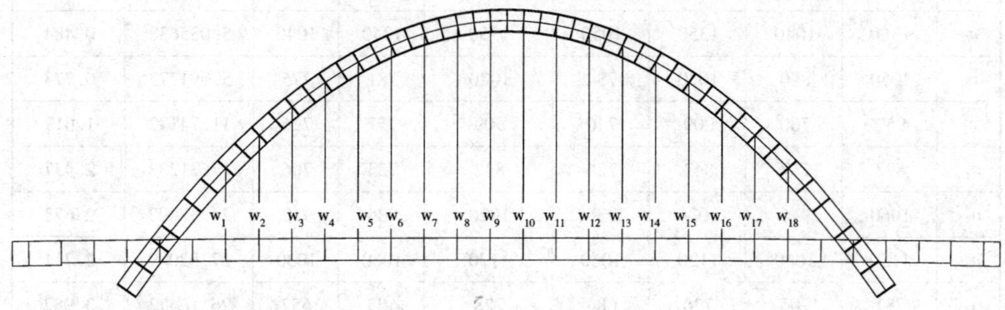

图2-20　稳定拱吊杆编号图

为了求解各吊杆初张力对吊杆设计值的影响向量,可把每根吊杆的初始张拉力分别设计成不同的荷载工况,例如,第 i 工况:把第 i 根吊杆的初张力赋予单位值1,其他吊杆的初张力都赋予0值,运行程序后,在第 i 根吊杆对应的荷载工况下,每根吊杆的内力响应值即为第 i 根吊杆对吊杆系的影响向量。按照吊杆张拉顺序依次对各吊杆赋予单位初张力,把所对应提取的各吊杆的响应值变化量分别按列排列起来,就可以得到以吊杆初张力为施调向量的影响矩阵,将对应张拉顺序下吊杆设计值 $\boldsymbol{D}^s$ 和自重及预应力下吊杆内力 $\boldsymbol{D}^g$ 带入影响矩阵法方程:

$$[\boldsymbol{A}]\{\boldsymbol{X}\}+\{\boldsymbol{D}^g\}=\{\boldsymbol{D}^s\} \tag{2-81}$$

当 $[\boldsymbol{A}]$ 为非奇异时,可求得:

$$\{\boldsymbol{X}\}=[\boldsymbol{A}]^{-1}(\{\boldsymbol{D}^s\}-\{\boldsymbol{D}^g\}) \tag{2-82}$$

采用上述公式计算得出的主拱吊杆初张力响应值与设计值最大差值为5%左右,稳定拱吊杆初张力响应值与设计值最大差值为10%,见表2-6。

成桥状态下的吊杆初张力(单位:kN)　　表2-6

吊杆	影响矩阵	响应值	整体调整	响应值	调整稳定拱吊杆	响应值	设计值	差值	百分比(%)
n_1	1230	950	1300	1000	1300	999	1000	-0.99046	-0.099
n_2	1290	944	1340	976	1340	974	981	-6.20751	-0.633
n_3	1270	873	1300	885	1300	882	892	-10.0615	-1.127
n_4	1340	927	1360	935	1360	932	941	-9.03179	-0.959
n_5	1450	1050	1470	1060	1470	1050	1060	-4.25602	-0.401
n_6	1450	1080	1460	1090	1460	1090	1090	0.355976	0.032

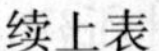

续上表

吊杆	影响矩阵	响应值	整体调整	响应值	调整稳定拱吊杆	响应值	设计值	差值	百分比(%)
n_7	1360	1040	1350	1050	1350	1040	1040	5.035638	0.484
n_8	1050	800	1020	784	1020	781	775	5.991772	0.773
n_9	952	760	909	740	909	737	726	11.74132	1.617
n_{10}	892	747	842	726	842	723	706	17.21237	2.437
n_{11}	1060	946	1020	938	1020	936	912	24.37602	2.672
n_{12}	1150	1060	1120	1060	1120	1060	1030	27.92009	2.711
n_{13}	781	705	728	684	728	683	657	26.16472	3.982
n_{14}	756	684	704	665	704	664	637	26.53835	4.163
n_{15}	762	681	713	664	713	663	637	25.58712	4.014
n_{16}	798	697	753	682	753	681	657	23.79645	3.621
n_{17}	1170	1040	1160	1060	1160	1060	1030	26.12255	2.536
n_{18}	1090	932	1060	937	1060	935	912	23.18551	2.542
n_{19}	916	738	877	725	877	723	706	17.36535	2.459
n_{20}	963	758	922	742	922	740	726	14.40575	1.985
n_{21}	1050	806	1000	788	1000	786	775	11.17255	1.442
n_{22}	1330	1060	1310	1050	1310	1050	1040	12.40718	1.194
n_{23}	1410	1100	1400	1100	1400	1100	1090	9.328923	0.857
n_{24}	1400	1070	1390	1070	1390	1060	1060	5.583821	0.527
n_{25}	1290	950	1270	944	1270	942	941	0.792365	0.084
n_{26}	1210	894	1210	892	1210	891	892	-0.95123	-0.107
n_{27}	1250	963	1270	983	1270	982	981	1.685737	0.172
n_{28}	1200	962	1250	1010	1250	1000	1000	4.729675	0.473
w_1	1.67	91.2	1.42	95.4	21.6	88.1	77.5	10.60867	13.694
w_2	0.294	89.2	0.207	92.9	12.6	71.5	62.8	8.721901	13.897
w_3	0.196	88.2	0.133	91.8	4.11	63.8	59.8	3.955942	6.613
w_4	0.49	85.5	0.365	89.1	3.97	71.4	63.7	7.619651	11.954
w_5	38.8	119	40.8	124	41	123	125	-1.0493	-0.843
w_6	79	154	83	162	83.1	161	162	-0.56878	-0.352

续上表

吊杆	影响矩阵	响应值	整体调整	响应值	调整稳定拱吊杆	响应值	设计值	差值	百分比(%)
w_7	119	193	124	202	123	201	201	-0.31381	-0.156
w_8	115	189	121	198	121	198	198	-0.19613	-0.099
w_9	115	187	121	197	121	197	197	-0.12748	-0.065
w_{10}	116	186	123	197	124	197	197	-0.09807	-0.05
w_{11}	120	187	128	197	128	198	198	-0.07845	-0.04
w_{12}	127	189	135	200	136	201	201	-0.07845	-0.039
w_{13}	89.8	149	97.3	160	99.7	162	162	-0.1569	-0.097
w_{14}	53.2	111	59.8	120	64.1	124	125	-0.43149	-0.346
w_{15}	3.04	58.6	3.31	62.2	3.7	61.9	63.7	-1.83382	-2.877
w_{16}	2.45	53.3	2.75	57.2	3.35	56.9	59.8	-2.90272	-4.852
w_{17}	5.2	49.2	6.63	54.5	10.9	57.5	62.8	-5.24648	-8.359
w_{18}	19	54	27.3	66.8	38.6	76.1	77.5	-1.3533	-1.747

(2)施工阶段吊杆初张力

城东河路湛河大桥所设计的施工顺序为先张拉主拱吊杆，后张拉稳定拱吊杆，实际施工过程中采用主拱、稳定拱吊杆交替张拉，两种施工顺序施工阶段的划分见表2-7，本节拟以成桥状态为控制目标，针对两种施工顺序分别建立施工阶段计算模型，对比两种施工顺序下桥梁的内力、位移和稳定性，确定最优施工顺序方案。

考虑到倒装计算法无法考虑混凝土的收缩、徐变，本例所进行的施工阶段计算主要为主拱、稳定拱吊杆张拉力的计算，可不计时间效应，因此没有考虑混凝土的收缩、徐变影响。在施工阶段划分时，主要考虑吊杆单元和吊杆张拉荷载的变化以及系杆梁、中横梁中的预应力钢束的张拉，施工最后阶段需要考虑支架单元的卸落。

在进行倒装计算时，以主拱、稳定拱吊杆交替施工顺序下内拱5、24号吊杆初张力计算为例说明计算过程：基于吊杆张拉后的成桥状态，去掉中横梁第二批张拉预应力，并在桥面板下部布置支架单元，然后对整体模型进行计算，所得的主拱5、24号吊杆内力即作为主拱5、24号吊杆的初张力，然后在上述模型中删除主拱5、24号对应的单元，相应的吊杆张力荷载也去除，然后再对修改后模型进行计算，计算所得的稳定拱1、18号吊杆的内力即作为稳定拱1、18号吊杆的初张力，依次类推进行倒装分析,可得主拱、稳定拱吊杆的初张力,最终得到两种施工顺序吊杆初张力见表2-8。

两种施工顺序下施工阶段划分　　表2-7

主拱、稳定拱吊杆交替张拉		先主拱后稳定拱张拉吊杆	
施工阶段	施 工 内 容	施工阶段	施 工 内 容
CS1	系杆梁第二批预应力筋张拉	CS1	系杆梁第二批预应力筋张拉
CS2	张拉主拱9、20号吊杆	CS2	张拉主拱9、20号吊杆
CS3	张拉稳定拱4、15号吊杆	CS3	张拉主拱12、17号吊杆
CS4	张拉主拱12、17号吊杆	CS4	张拉主拱4、25号吊杆
CS5	张拉稳定拱7、12号吊杆	CS5	系杆梁第三批预应力筋张拉
CS6	张拉主拱4、25号吊杆	CS6	张拉主拱7、22号吊杆
CS7	系杆梁第三批预应力筋张拉	CS7	张拉主拱10、19号吊杆
CS8	张拉主拱7、22号吊杆	CS8	张拉主拱3、26号吊杆
CS9	张拉稳定拱2、17号吊杆	CS9	张拉主拱13、16号吊杆
CS10	张拉主拱10、19号吊杆	CS10	张拉主拱8、21号吊杆
CS11	张拉稳定拱5、14号吊杆	CS11	张拉主拱11、18号吊杆
CS12	张拉主拱3、26号吊杆	CS12	张拉主拱2、27号吊杆
CS13	张拉主拱13、16号吊杆	CS13	张拉主拱14、15号吊杆
CS14	张拉稳定拱8、11号吊杆	CS14	张拉主拱1、28号吊杆
CS15	张拉主拱8、21号吊杆	CS15	张拉主拱6、23号吊杆
CS16	张拉稳定拱3、16号吊杆	CS16	张拉主拱5、24号吊杆
CS17	张拉主拱11、18号吊杆	CS17	张拉稳定拱4、15号吊杆
CS18	张拉稳定拱6、13号吊杆	CS18	张拉稳定拱7、12号吊杆
CS19	张拉主拱2、27号吊杆	CS19	张拉稳定拱2、17号吊杆
CS20	张拉主拱14、15号吊杆	CS20	张拉稳定拱5、14号吊杆
CS21	张拉稳定拱9、10号吊杆	CS21	张拉稳定拱8、11号吊杆
CS22	张拉主拱1、28号吊杆	CS22	张拉稳定拱3、16号吊杆
CS23	张拉主拱6、23号吊杆	CS23	张拉稳定拱6、13号吊杆
CS24	张拉稳定拱1、18号吊杆	CS24	张拉稳定拱9、10号吊杆
CS25	张拉主拱5、24号吊杆	CS25	张拉稳定拱1、18号吊杆
CS26	中横梁剩余预应力筋张拉	CS26	中横梁剩余预应力筋张拉
CS27	拆除下部支架	CS27	拆除下部支架

斜靠式拱桥两种施工顺序吊杆初张力(单位:kN) 表2-8

吊杆	主拱、稳定拱吊杆交替张拉				先主拱后稳定拱张拉吊杆			
	吊杆初张力	响应值	设计值	百分比(%)	吊杆初张力	响应值	设计值	百分比(%)
n_1	1110	1020	1000	1.976	1170	1030	1000	3.354
n_2	1220	1010	981	2.955	1320	1030	981	5.32
n_3	1220	927	892	3.846	1370	974	892	9.186
n_4	1500	952	941	1.16	1640	943	941	0.15
n_5	1100	1110	1060	4.798	1200	1120	1060	6.034
n_6	1230	1150	1090	5.496	1400	1190	1090	9.024
n_7	1330	1090	1040	5.158	1550	1140	1040	9.68
n_8	843	840	775	8.408	1050	852	775	9.954
n_9	949	802	726	10.547	1150	796	726	9.679
n_{10}	775	791	706	12.033	997	790	706	11.836
n_{11}	847	999	912	9.488	1040	1010	912	10.696
n_{12}	1110	1150	1030	11.405	1330	1150	1030	12.115
n_{13}	690	759	657	15.576	902	723	657	10.03
n_{14}	511	728	637	14.224	685	720	637	12.956
n_{15}	510	729	637	14.327	684	721	637	13.1
n_{16}	681	762	657	15.939	897	719	657	9.357
n_{17}	1110	1140	1030	11.185	1330	1150	1030	12.043
n_{18}	837	1000	912	9.884	1030	1010	912	10.209
n_{19}	762	793	706	12.269	985	787	706	11.516
n_{20}	949	793	726	9.309	1150	788	726	8.568
n_{21}	852	839	775	8.253	1060	849	775	9.575
n_{22}	1360	1090	1040	4.827	1570	1140	1040	9.227
n_{23}	1250	1140	1090	4.576	1410	1190	1090	8.905
n_{24}	1110	1100	1060	4.303	1200	1110	1060	5.268
n_{25}	1520	950	941	0.878	1670	946	941	0.448
n_{26}	1270	925	892	3.675	1410	969	892	8.534
n_{27}	1240	1000	981	2.294	1340	1030	981	5.277
n_{28}	1120	1020	1000	1.762	1180	1030	1000	3.172

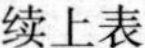

续上表

吊杆	主拱、稳定拱吊杆交替张拉				先主拱后稳定拱张拉吊杆			
	吊杆初张力	响应值	设计值	百分比(%)	吊杆初张力	响应值	设计值	百分比(%)
w_1	18.8	89.1	77.5	15.042	24.4	88.7	77.5	14.558
w_2	10.2	73	62.8	16.379	18.2	71.5	62.8	13.976
w_3	9.39	69.9	59.8	16.924	19.4	69.3	59.8	15.909
w_4	11.9	71.6	63.7	12.292	22.5	74	63.7	16.165
w_5	58.5	145	125	16.48	78	128	125	2.864
w_6	89.4	179	162	10.348	113	164	162	1.411
w_7	126	216	201	7.595	155	203	201	0.852
w_8	125	213	198	7.274	149	200	198	0.892
w_9	115	212	197	7.8	144	199	197	0.892
w_{10}	115	213	197	7.906	144	199	197	0.912
w_{11}	123	213	198	7.657	149	200	198	0.917
w_{12}	127	216	201	7.581	155	203	201	0.891
w_{13}	87.2	180	162	11.395	113	164	162	1.492
w_{14}	53.9	139	125	11.895	78.3	128	125	2.964
w_{15}	12.9	71.5	63.7	12.217	23.2	73.9	63.7	16.009
w_{16}	9.28	70	59.8	17.025	21	68.7	59.8	14.799
w_{17}	9.25	72.7	62.8	15.874	19.7	71.2	62.8	13.412
w_{18}	22.7	89	77.5	14.939	26	86.3	77.5	11.336

从表2-6、表2-8可以看出：

①湛河大桥主桥吊杆内力设计值关于跨中对称，实际计算得到的吊杆响应值关于跨中近似对称，靠近北支座处吊杆初张力响应值相对南支座处吊杆初张力稍大一点，这是由于计算模型支座不对称所致；主拱吊杆内力设计值和响应值远大于稳定拱吊杆内力设计值和响应值，说明主拱为主承载结构，稳定拱起稳定拱作用。

②在主拱、稳定拱吊杆同时张拉施工过程中，主拱吊杆的张力值整体上随施工过程的进行而减小，在拆除支架施工阶段，吊杆内力均有所增加，中间两根吊杆则不断增大；拆除支架后主拱吊杆计算响应值与设计值的相对误差基本在10%以内，中间4根吊杆计算响应值与设计值的相对误差在14%左右。稳定拱吊杆的张力值随施工过程进行而增大，在拆除支架施工阶段，吊杆内力均有所增加，拆除支架后稳定拱吊杆计算响应值与设计值的相对误差在12%左右，特别是两端几根短吊杆计算响应值与设计值的差值在15%左右。

③在先张拉主拱吊杆后张拉稳定拱吊杆施工过程中，主拱吊杆的张力值整体上随施工过程的进行而减小，在拆除支架施工阶段，吊杆内力均有所增加，中间两根吊杆则不断增大；拆除支架后内吊杆计算响应值与设计值的相对误差基本在10%以内，中间4根吊杆计算响应值与设计值的相对误差在12%左右。外吊杆在拆除支架施工阶段，吊杆内力均有所增加，拆除支架后稳定拱吊杆计算响应值与设计值的相对误差在10%左右，特别是两端几根短吊杆计算响应值与设计值的差值在14%，这是因为位于系杆梁与拱肋交接处的短吊杆，其受力和变形比较复杂，还需要考虑吊杆弯曲刚度的影响。

④整体而言，主拱、稳定拱吊杆同时张拉，吊杆初张力略小于先张拉内吊杆后张拉稳定拱吊杆的吊杆初张力；比较成桥状态吊杆内力响应值可知，先张拉内吊杆后张拉稳定拱吊杆的吊杆张拉力计算结果更接近吊杆设计值。

参考文献

[1] 顾安邦. 桥梁工程:下册[M]. 北京:人民交通出版社,2000.

[2] 李静斌. 中、下承式拱桥健康监测的整体方法研究[R]. 郑州:郑州大学,2010.

[3] 林顺洪. 中(下)承式拱桥吊索(杆)系静张力有限元分析[D]. 重庆:重庆大学,2002.

[4] 江见鲸. 钢筋混凝土结构非线性有限元分析[M]. 西安:陕西科学技术出版社,1994.

[5] 吴鸿庆,任侠. 结构有限元分析[M]. 北京:中国铁道出版社,2000.

[6] 陈宝春. 钢管混凝土拱桥设计与施工[M]. 北京:人民交通出版社,1999.

[7] 胡锋. 斜靠式拱桥力学性能分析[D]. 郑州:郑州大学,2006.

[8] 姜自奇. 斜靠式拱桥施工力学性能分析[D]. 郑州:郑州大学,2007.

第3章 结构振动分析的矩阵摄动基本理论

3.1 矩阵摄动理论基础

一个物理问题或工程问题,在抽象成可以用基本定律讨论的简单模型以后,可以建立微分方程,在绝大多数情况下,所建立微分方程的精确解是难以求得的。对于常微分方程,涉及的变系数线性常微分方程以及非线性常微分方程,都只有极少数情况能得到精确解;至于偏微分方程,遇到变系数、非线性或复杂的边界条件,几乎不可能求得精确解,但可通过一定的数学方法得到近似解,摄动方法就是其中方法之一。

一般地,含有函数 $u(x,\varepsilon)$ 的物理问题在数学上可以用下列微分方程与边界条件表示:

$$\begin{cases} L(u,x,\varepsilon) = 0 \\ B(u,x,\varepsilon) = 0 \end{cases} \tag{3-1}$$

式中:x——自变量(标量或向量);

ε——一个小参数或小参数向量。

一般情况下,难以得到这种问题的精确解,但是,如果存在一个 $\varepsilon = \varepsilon_0$(可以调整 ε 的大小,使 $\varepsilon_0 = 0$),而对于 ε_0,式(3-1)可以获得精确解 $u_0(x)$,那么,对于小参数 $\varepsilon(|\varepsilon| < 1)$,则式(3-1)就可以寻求一个以 ε 的幂函数表示的解:

$$u(x,\varepsilon) = u_0(x) + \varepsilon u_1(x) + \varepsilon^2 u_2(x) + o(\varepsilon^3) \tag{3-2}$$

式中:$u_k(x)$——与 ε 无关,并称 $\sum_{i=0}^{k} u_i(x)\varepsilon^i = u(x,\varepsilon)$ 是 $u(x,\varepsilon)$ 的 k 阶近似解。

把式(3-2)代入式(3-1),并对小参数 ε 展开,然后对 ε 的同次幂合并,由此得到关于 ε 的各次幂的多项表达式。由于这些方程对任意的 ε 都成立,而 ε 的不同次幂又是线性无关的,故 ε 的各次幂的系数都必须各自为零,一般说来,这样便可以给出 $u_i(x)$ 较为简单的递推方程,可以对它们逐个地进行求解。

摄动方法也有其局限性,用时也会遇到困难或完全失败。一种常见的情况是小参数选择得不合适。例如复合荷载作用下的弹性薄圆板大挠度问题,在集中力P和均布荷载q反向时,当P与q满足某种条件,可能使中心挠度$w=0$,在这种情况下,如果选择中心挠度w作为摄动参数,把挠度按中心挠度的幂次展开,将得不到正确的结果,摄动方法会失败。

另一种常见的情况是展开式挑选得不恰当,或者对展开式使用不当。例如函数$\sin(\omega+\varepsilon)t$,当$\varepsilon$很小时,可以将它展开为级数形式:

$$\sin(\omega+\varepsilon)t = \sin\omega t + \varepsilon t\cos\omega t - \frac{\varepsilon^2 t^2}{2!}\sin\omega t - \frac{\varepsilon^3 t^3}{3!}\cos\omega t + \cdots \tag{3-3}$$

如果使用摄动法,选用式(3-3)就必须取无穷多项,如果只取有限项,则εt必须是一个小量,这就缩小了t的适用范围,往往又不符合所研究问题的要求。

因此,在使用摄动方法解微分方程时,必须慎重选择合适的小参数和渐近序列。小参数和渐近序列选取的正确与否直接关系到构造出的渐近展开式是否可用,而选取的方法又有一定的灵活性,没有一个确定的规律可遵循。一般只可根据微分方程和边界条件的形式,再按经验和对物理内容的理解,猜出一个比较完善、合理的渐近序列的形式。

在本书所涉及的一般力学中的线性、非线性问题中,选取物理参数的变化率作为小参数,选取函数的 Taylor 级数作为展开式,其在摄动方法中已有应用的先例[1],证明其可行性不是本书内容,这里不再赘述。

3.2 单元矩阵摄动的显式表达式

这里的单元矩阵不局限于有限元法中的单元矩阵,也可以是其他形式的单元矩阵,由于常用的单元矩阵是有限元法中的单元矩阵,故下面以有限元法中单元矩阵为例进行叙述[2-5]。

3.2.1 单元矩阵摄动公式

1)有限元法单元矩阵的一般公式

根据有限元法的基本原理,空间有限单元的位移模式可以表示为:

$$U = \begin{Bmatrix} u(x,y,z) \\ v(x,y,z) \\ w(x,y,z) \end{Bmatrix} = \boldsymbol{N}(x,y,z)\boldsymbol{q}^e(t) \tag{3-4}$$

式中:$\boldsymbol{N}(x,y,z)$——单元形函数矩阵;

$\boldsymbol{q}^e(t)$——单元节点位移向量。

由分析力学可知完整系统的第二类 Lagrange 方程为：

$$\frac{\mathrm{d}}{\mathrm{d}t}\left(\frac{\partial L}{\partial \dot{q}}\right)-\frac{\partial L}{\partial q}+\frac{\partial R}{\partial q}=\{Q(t)\} \tag{3-5}$$

$$L=T-V$$

式中：L——Lagrange 函数；

T——系统动能；

V——系统势能；

R——耗散力；

$Q(t)$——系统广义力。

系统有限单元的势能和动能表达式分别为：

$$\begin{aligned}\boldsymbol{V}^e &= \frac{1}{2}\int_{V^e}\boldsymbol{\varepsilon}^{\mathrm{T}}\boldsymbol{\sigma}\mathrm{d}V-\int_{S^e}\boldsymbol{U}^{\mathrm{T}}\boldsymbol{f}_1\mathrm{d}S-\int_{V^e}\boldsymbol{U}^{\mathrm{T}}\boldsymbol{f}_2\mathrm{d}V\\ \boldsymbol{T}^e &= \frac{1}{2}\int_{V^e}\dot{\boldsymbol{U}}^{\mathrm{T}}\boldsymbol{\rho}\dot{\boldsymbol{U}}\mathrm{d}V\end{aligned} \tag{3-6}$$

$$\boldsymbol{\varepsilon}=\boldsymbol{B}\boldsymbol{q}^e$$

式中：$\boldsymbol{\varepsilon}$——单元内任意点的应变矢量，矩阵 $\boldsymbol{B}$ 为应变位移关系矩阵，当单元坐标确定后，其为常量；

$\boldsymbol{\sigma}$、$\boldsymbol{\rho}$、$\boldsymbol{f}_1$、$\boldsymbol{f}_2$——分别为单元应力向量、材料质量密度矩阵、单元面力和单元体力密度函数；

S^e、V^e——分别为单元的面积分区域和体积分区域；

$\boldsymbol{\sigma}$——单元内任意点的应力矢量，$\boldsymbol{\sigma}=\boldsymbol{D}\boldsymbol{\varepsilon}$，$\boldsymbol{D}$ 为应力应变关系矩阵。

单元的耗散力函数 R 为：

$$R=\frac{1}{2}\int_{V^e}\dot{\boldsymbol{U}}^{\mathrm{T}}\boldsymbol{\mu}\dot{\boldsymbol{U}}\,\mathrm{d}V \tag{3-7}$$

式中：$\boldsymbol{\mu}$——材料阻尼系数矩阵。

将式(3-4)分别代入式(3-6)与式(3-7)中，可得：

$$\boldsymbol{V}^e=\frac{1}{2}(\boldsymbol{q}^e)^{\mathrm{T}}\left(\int_{V^e}\boldsymbol{B}^{\mathrm{T}}\boldsymbol{D}\boldsymbol{B}\mathrm{d}V\right)\boldsymbol{q}^e-(\boldsymbol{q}^e)^{\mathrm{T}}\int_{S^e}\boldsymbol{N}^{\mathrm{T}}\boldsymbol{f}_1\mathrm{d}S-(\boldsymbol{q}^e)^{\mathrm{T}}\int_{V^e}\boldsymbol{N}^{\mathrm{T}}\boldsymbol{f}_2\mathrm{d}V \tag{3-8}$$

$$\boldsymbol{T}^e=\frac{1}{2}\dot{\boldsymbol{q}}^{e\mathrm{T}}\left(\int_{V^e}\boldsymbol{N}^{\mathrm{T}}\boldsymbol{\rho}\boldsymbol{N}\mathrm{d}V\right)\dot{\boldsymbol{q}}^e \tag{3-9}$$

$$\boldsymbol{R}^e=-\dot{\boldsymbol{q}}^{e\mathrm{T}}\left(\int_{V^e}\boldsymbol{N}^{\mathrm{T}}\boldsymbol{\mu}\boldsymbol{N}\mathrm{d}V\right)\dot{\boldsymbol{q}}^e \tag{3-10}$$

将式(3-8)～式(3-10)代入式(3-5)中得单元动力学方程：

$$
\begin{aligned}
&\boldsymbol{M}^e\ddot{\boldsymbol{q}}^e + \boldsymbol{C}^e\dot{\boldsymbol{q}} + \boldsymbol{K}^e\boldsymbol{q}^e = \boldsymbol{P}^e(t) \\
&\boldsymbol{M}^e = \int_{V^e}\boldsymbol{N}^{\mathrm{T}}\rho N\mathrm{d}V \\
&\boldsymbol{C}^e = \int_{V^e}\boldsymbol{N}^{\mathrm{T}}\boldsymbol{\mu}\boldsymbol{N}\mathrm{d}V \\
&\boldsymbol{K}^e = \int_{V^e}\boldsymbol{B}^{\mathrm{T}}\boldsymbol{D}\boldsymbol{B}\mathrm{d}V \\
&\boldsymbol{P}^e(t) = \int_{S^e}\boldsymbol{N}^{\mathrm{T}}\boldsymbol{f}_1\mathrm{d}s + \int_{V^e}\boldsymbol{N}^{\mathrm{T}}\boldsymbol{f}_2\mathrm{d}V
\end{aligned}
\tag{3-11}
$$

式中：$\boldsymbol{M}^e$、$\boldsymbol{C}^e$、$\boldsymbol{K}^e$——分别为局部坐标系下的单元质量、阻尼和刚度矩阵的一般公式；

$\boldsymbol{P}^e(t)$——单元面力与体力产生的等效节点力。

2）单元矩阵摄动公式

结构单元矩阵是由相应单元的几何参数（如截面尺寸、节点坐标等），材料特性（如弹性模量 E、剪切模量 G、泊松比 υ、密度 ρ 等）和边界条件决定的，当这些参数发生改变时，则构成单元矩阵的[$\boldsymbol{\mu}$]、[$\boldsymbol{\rho}$]、[$\boldsymbol{D}$]、[$\boldsymbol{N}$]都将发生相应变化。

把这些可能改变的参数作为不定参数，并设为 p_i，其平均值或初值设为 p_{i0}，当 p 变化不大时，可表示为 $p_i = p_{i0}(1+\varepsilon_i)$，$|\varepsilon_i| < 1$，其中 ε 为无量纲的小参数。根据不定参数对单元矩阵的影响可以分为两类：

①单元形不变参数——这类参数的变化不会引起单元形状的变化，单元的形函数及单元特性的积分域都不变，如板的厚度、梁的宽和高、材料特性参数 E 、ρ 等。

②单元形变参数——这类参数的变化会引起单元形状的变化，这类参数主要指单元的节点坐标变量，它们的变化会引起单元特性矩阵积分域的变化，如单元长度等。

对于第一类可变参数发生小的变化时，它会引起构成单元矩阵的 $\boldsymbol{\mu}$、$\boldsymbol{\rho}$、$\boldsymbol{D}$ 发生变化，当有 i 个参数发生变化时（设 $i=1,\cdots,r$），可将[$\boldsymbol{\mu}$]、[$\boldsymbol{\rho}$]、[$\boldsymbol{D}$]表示为：

$$
\begin{aligned}
&\boldsymbol{\mu} = \boldsymbol{\mu}_0 + \sum_{i=1}^{r}\boldsymbol{\mu}_i\varepsilon_i + \sum_{i=1}^{r}\sum_{j=1}^{i}\boldsymbol{\mu}_{ij}\varepsilon_i\varepsilon_j + o(\varepsilon^3) \\
&\boldsymbol{\rho} = \boldsymbol{\rho}_0 + \sum_{i=1}^{r}\boldsymbol{\rho}_i\varepsilon_i + \sum_{i=1}^{r}\sum_{j=1}^{i}\boldsymbol{\rho}_{ij}\varepsilon_i\varepsilon_j + o(\varepsilon^3) \\
&\boldsymbol{D} = \boldsymbol{D}_0 + \sum_{i=1}^{r}\boldsymbol{D}_i\varepsilon_i + \sum_{i=1}^{r}\sum_{j=1}^{i}\boldsymbol{D}_{ij}\varepsilon_i\varepsilon_j + o(\varepsilon^3)
\end{aligned}
\tag{3-12}
$$

由于此时单元的形函数矩阵和积分域没有发生变化，则构成单元矩阵的[$\boldsymbol{B}$]也不变，因此可将式(3-12)代入单元矩阵的一般公式中，得摄动单元矩阵的一般公式为：

$$\begin{aligned}\boldsymbol{M}^e &= \boldsymbol{M}_0^e + \sum_{i=1}^{r}\boldsymbol{M}_i^e\varepsilon_i + \sum_{i=1}^{r}\sum_{j=1}^{i}\boldsymbol{M}_{ij}^e\varepsilon_i\varepsilon_j + o(\varepsilon^3)\\ \boldsymbol{K}^e &= \boldsymbol{K}_0^e + \sum_{i=1}^{r}\boldsymbol{K}_i^e\varepsilon_i + \sum_{i=1}^{r}\sum_{j=1}^{i}\boldsymbol{K}_{ij}^e\varepsilon_i\varepsilon_j + o(\varepsilon^3)\\ \boldsymbol{C}^e &= \boldsymbol{C}_0^e + \sum_{i=1}^{r}\boldsymbol{C}_i^e\varepsilon_i + \sum_{i=1}^{r}\sum_{j=1}^{i}\boldsymbol{C}_{ij}^e\varepsilon_i\varepsilon_j + o(\varepsilon^3)\end{aligned} \tag{3-13}$$

$$\boldsymbol{M}_0^e = \int_{V^e}\boldsymbol{N}^{\mathrm{T}}\boldsymbol{\rho}_0 N\mathrm{d}V;\boldsymbol{M}_i^e = \int_{V^e}\boldsymbol{N}^{\mathrm{T}}\boldsymbol{\rho}_i N\mathrm{d}V;\boldsymbol{M}_{ij}^e = \int_{V^e}\boldsymbol{N}^{\mathrm{T}}\boldsymbol{\rho}_{ij}N\mathrm{d}V$$

$$\boldsymbol{K}_0^e = \int_{V^e}\boldsymbol{B}^{\mathrm{T}}\boldsymbol{D}_0\boldsymbol{B}\mathrm{d}V;\boldsymbol{K}_i^e = \int_{V^e}\boldsymbol{B}^{\mathrm{T}}\boldsymbol{D}_i\boldsymbol{B}\mathrm{d}V;\boldsymbol{K}_{\mathrm{ij}}^e = \int_{V^e}\boldsymbol{B}^{\mathrm{T}}\boldsymbol{D}_{ij}\boldsymbol{B}\mathrm{d}V$$

$$\boldsymbol{C}_0^e = \int_{V^e}\boldsymbol{N}^{\mathrm{T}}\boldsymbol{\mu}_0\boldsymbol{N}\mathrm{d}V;\boldsymbol{C}_i^e = \int_{V^e}\boldsymbol{N}^{\mathrm{T}}\boldsymbol{\mu}_i\boldsymbol{N}\mathrm{d}V;\boldsymbol{C}_{ij}^e = \int_{V^e}\boldsymbol{N}^{\mathrm{T}}\boldsymbol{\mu}_{ij}\boldsymbol{N}\mathrm{d}V$$

式中：$\boldsymbol{M}_i^e$、$\boldsymbol{K}_i^e$、$\boldsymbol{C}_i^e$——$\boldsymbol{M}^e$、$\boldsymbol{K}^e$、$\boldsymbol{C}^e$ 对 ε_i 的一阶摄动或者一阶变化率；

$\boldsymbol{M}_{ij}^e$、$\boldsymbol{K}_{ij}^e$、$\boldsymbol{C}_{ij}^e$——$\boldsymbol{M}^e$、$\boldsymbol{K}^e$、$\boldsymbol{C}^e$ 对 ε_i、ε_j 的二阶摄动或二阶变化率，以下命名类似。

由于单元的形函数矩阵和积分域没有发生变化，则单元的等效节点力矢量不会发生变化。

经组集可得结构整体摄动矩阵为：

$$\begin{aligned}\boldsymbol{M} &= \boldsymbol{M}_0 + \sum_{i=1}^{r}\boldsymbol{M}_i\varepsilon_i + \sum_{i=1}^{r}\sum_{j=1}^{i}\boldsymbol{M}_{ij}\varepsilon_i\varepsilon_j + o(\varepsilon^3)\\ \boldsymbol{K} &= \boldsymbol{K}_0 + \sum_{i=1}^{r}\boldsymbol{K}_i\varepsilon_i + \sum_{i=1}^{r}\sum_{j=1}^{i}\boldsymbol{K}_{ij}\varepsilon_i\varepsilon_j + o(\varepsilon^3)\\ \boldsymbol{C} &= \boldsymbol{C}_0 + \sum_{i=1}^{r}\boldsymbol{C}_i\varepsilon_i + \sum_{i=1}^{r}\sum_{j=1}^{i}\boldsymbol{C}_{ij}\varepsilon_i\varepsilon_j + o(\varepsilon^3)\end{aligned} \tag{3-14}$$

当第二类可变参数发生变化时，单元的形函数 $\boldsymbol{N}$、应变矩阵 $\boldsymbol{B}$ 和积分域 $\boldsymbol{V}$ 都会因此发生变化，可将其在初值附近按 Taylor 级数展开，即：

$$\begin{aligned}\boldsymbol{N} &= \boldsymbol{N}_0 + \sum_{i=1}^{r}\boldsymbol{N}_i\varepsilon_i + \sum_{i=1}^{r}\sum_{j=1}^{i}\boldsymbol{N}_{ij}\varepsilon_i\varepsilon_j + o(\varepsilon^3)\\ \boldsymbol{B} &= \boldsymbol{B}_0 + \sum_{i=1}^{r}\boldsymbol{B}_i\varepsilon_i + \sum_{i=1}^{r}\sum_{j=1}^{i}\boldsymbol{B}_{ij}\varepsilon_i\varepsilon_j + o(\varepsilon^3)\\ \boldsymbol{V} &= \boldsymbol{V}_0 + \sum_{i=1}^{r}\boldsymbol{V}_i\varepsilon_i + \sum_{i=1}^{r}\sum_{j=1}^{i}\boldsymbol{V}_{ij}\varepsilon_i\varepsilon_j + o(\varepsilon^3)\end{aligned} \tag{3-15}$$

将式(3-15)代入有限单元矩阵的一般公式中，便可得到形如式(3-13)的摄动单元矩阵的一般公式。不过其中的单元质量、刚度和阻尼矩阵的摄动量不同，其应改为：

$$
\begin{aligned}
\boldsymbol{M}_0^e &= \int_{V^e} \boldsymbol{N}_0^{\mathrm{T}} \boldsymbol{\rho}_0 \boldsymbol{N}_0 \mathrm{d}V \\
\boldsymbol{M}_i^e &= \int_{V^e} \boldsymbol{N}_0^{\mathrm{T}} \boldsymbol{\rho}_i \boldsymbol{N}_i \mathrm{d}V + \int_{V^e} \boldsymbol{N}_i^{\mathrm{T}} \boldsymbol{\rho}_i \boldsymbol{N}_0 \mathrm{d}V \\
\boldsymbol{M}_{ij}^e &= \int_{V^e} \boldsymbol{N}_0^{\mathrm{T}} \boldsymbol{\rho}_{ij} \boldsymbol{N}_{ij} \mathrm{d}V + \int_{V^e} \boldsymbol{N}_{ij}^{\mathrm{T}} \boldsymbol{\rho}_{ij} \boldsymbol{N}_0 \mathrm{d}V + \int_{V^e} \boldsymbol{N}_i^{\mathrm{T}} \boldsymbol{\rho}_{ij} \boldsymbol{N}_j \mathrm{d}V + \int_{V^e} \boldsymbol{N}_j^{\mathrm{T}} \boldsymbol{\rho}_{ij} \boldsymbol{N}_i \mathrm{d}V \\
\boldsymbol{K}_0^e &= \int_{V^e} \boldsymbol{B}_0^{\mathrm{T}} \boldsymbol{D}_0 \boldsymbol{B}_0 \mathrm{d}V \\
\boldsymbol{K}_i^e &= \int_{V^e} \boldsymbol{B}_0^{\mathrm{T}} \boldsymbol{D}_i \boldsymbol{B}_i \mathrm{d}V + \int_{V^e} \boldsymbol{B}_i^{\mathrm{T}} \boldsymbol{D}_i \boldsymbol{B}_0 \mathrm{d}V \\
\boldsymbol{K}_{ij}^e &= \int_{V^e} \boldsymbol{B}_0^{\mathrm{T}} \boldsymbol{D}_{ij} \boldsymbol{B}_{ij} \mathrm{d}V + \int_{V^e} \boldsymbol{B}_{ij}^{\mathrm{T}} \boldsymbol{D}_{ij} \boldsymbol{B}_0 \mathrm{d}V + \int_{V^e} \boldsymbol{B}_i^{\mathrm{T}} \boldsymbol{D}_{ij} \boldsymbol{B}_j \mathrm{d}V + \int_{V^e} \boldsymbol{B}_j^{\mathrm{T}} \boldsymbol{D}_{ij} \boldsymbol{B}_i \mathrm{d}V \\
\boldsymbol{C}_0^e &= \int_{V^e} \boldsymbol{N}_0^{\mathrm{T}} \boldsymbol{\mu}_0 \boldsymbol{N}_0 \mathbf{d}V \\
\boldsymbol{C}_i^e &= \int_{V^e} \boldsymbol{N}_0^{\mathrm{T}} \boldsymbol{\mu}_i \boldsymbol{N}_i \mathrm{d}V + \int_{V^e} \boldsymbol{N}_i^{\mathrm{T}} \boldsymbol{\mu}_i \boldsymbol{N}_0 \mathrm{d}V \\
\boldsymbol{C}_{ij}^e &= \int_{V^e} \boldsymbol{N}_0^{\mathrm{T}} \boldsymbol{\mu}_{ij} \boldsymbol{N}_{ij} \mathrm{d}V + \int_{V^e} \boldsymbol{N}_{ij}^{\mathrm{T}} \boldsymbol{\mu}_{ij} \boldsymbol{N}_0 \mathrm{d}V + \int_{V^e} \boldsymbol{N}_i^{\mathrm{T}} \boldsymbol{\mu}_{ij} \boldsymbol{N}_j \mathrm{d}V + \int_{V^e} \boldsymbol{N}_j^{\mathrm{T}} \boldsymbol{\mu}_{ij} \boldsymbol{N}_i \mathrm{d}V
\end{aligned}
\tag{3-16}
$$

经组集可得结构整体摄动矩阵，形式同式(3-14)。

另外，当第二类可变参数发生变化时，单元的等效节点力矢量也会发生变化，一般情况下，可以假设分布力的密度 f_1 和 f_2 不发生变化，则可得：

$$
\boldsymbol{P}^e = \boldsymbol{P}_0^e + \sum_{i=1}^{r} \boldsymbol{P}_i^e \varepsilon_i + \sum_{i=1}^{r} \sum_{j=1}^{i} \boldsymbol{P}_{ij}^e \varepsilon_i \varepsilon_j \tag{3-17}
$$

$$
\begin{aligned}
\boldsymbol{P}_0^e &= \int_{s^e} \boldsymbol{N}_0^{\mathrm{T}} \boldsymbol{f}_1 \mathrm{d}S + \int_{V^e} \boldsymbol{N}_0^{\mathrm{T}} \boldsymbol{f}_2 \mathrm{d}V \\
\boldsymbol{P}_i^e &= \int_{s^e} \boldsymbol{N}_i^{\mathrm{T}} \boldsymbol{f}_1 \mathrm{d}S + \int_{V^e} \boldsymbol{N}_i^{\mathrm{T}} \boldsymbol{f}_2 \mathrm{d}V \\
\boldsymbol{P}_{ij}^e &= \int_{s^e} \boldsymbol{N}_{ij}^{\mathrm{T}} \boldsymbol{f}_1 \mathrm{d}S + \int_{V^e} \boldsymbol{N}_{ij}^{\mathrm{T}} \boldsymbol{f}_2 \mathrm{d}V
\end{aligned}
$$

3.2.2 求单元矩阵摄动的显式方法

当结构单元矩阵有显式表达式时，摄动单元矩阵可以直接从原单元特性矩阵的显式表达式中求出。下面以有限元法中平面梁单元为例，给出在不同参数变化情况下的摄动单元矩阵[2-5]。

(1)材料弹性模量变化 $E = E_0(1 + \varepsilon_{\mathrm{E}})$

平面梁单元的刚度矩阵为 $\boldsymbol{K}_0^e = \frac{E_0 I}{l^3}\begin{bmatrix} 12 & 6l & -12 & 6l \\ & 4l^2 & -6l & 2l^2 \\ & & 12 & -6l \\ \text{sym} & & & 4l^2 \end{bmatrix}$,则其摄动单元刚度矩阵为:

$$\boldsymbol{K}^e = \boldsymbol{K}_0^e + \varepsilon_{\mathrm{E}}\boldsymbol{K}_0^e \tag{3-18}$$

(2)材料密度发生变化 $\rho = \rho_0(1 + \varepsilon_\rho)$

平面梁单元的一致质量矩阵为 $\boldsymbol{M}_0^e = \frac{\rho_0 A l}{420}\begin{bmatrix} 156 & 22l & 54 & -13l \\ & 4l^2 & 13l & -3l^2 \\ & & 156 & -22l \\ \text{sym} & & & 4l^2 \end{bmatrix}$,则其摄动单元质量矩阵为:

$$\boldsymbol{M}^e = \boldsymbol{M}_0^e + \varepsilon_\rho \boldsymbol{M}_0^e \tag{3-19}$$

(3)单元长度变化 $l = l_0(1 + \varepsilon_l)$

根据级数展开公式 $1/(l + \varepsilon_l)^3 = 1 - 3\varepsilon_l + 6\varepsilon_l^2 - \cdots$,将 $l = l_0(1 + \varepsilon_l)$ 展开,舍去2次幂以后项,可得摄动单元刚度矩阵公式为:

$$\boldsymbol{K}^e = \boldsymbol{K}_0^e - 3\varepsilon_l \boldsymbol{K}_0^e + 6\varepsilon_l^2 \boldsymbol{K}_0^e \tag{3-20}$$

则其摄动单元质量矩阵为:

$$\boldsymbol{M}^e = \boldsymbol{M}_0^e + \varepsilon_l \boldsymbol{M}_0^e + \varepsilon_l^2 \boldsymbol{M}_0^e \tag{3-21}$$

(4)圆截面梁的直径发生变化 $d = d_0(1 + \varepsilon_d)$

截面面积和惯性矩可摄动为:

$$A = \pi d^2/4 = A_0(1 + 2\varepsilon_d + \varepsilon_d^2 + \cdots)$$

$$I = \pi d^4/4 = I_0(1 + 4\varepsilon_d + 6\varepsilon_d^2 + \cdots)$$

质量矩阵与刚度矩阵的摄动单元矩阵为:

$$\boldsymbol{M}^e = \boldsymbol{M}_0^e + 2\varepsilon_d \boldsymbol{M}_0^e + \varepsilon_d^2 \boldsymbol{M}_0^e \tag{3-22}$$

$$\boldsymbol{K}^e = \boldsymbol{K}_0^e + 4\varepsilon_d \boldsymbol{K}_0^e + 6\varepsilon_d^2 \boldsymbol{K}_0^e \tag{3-23}$$

(5)梁的边界条件

平面梁单元的边界条件可以用一个弯曲弹簧和一个拉压弹簧表示,转动刚度和拉压刚度分别用 k_θ 、k_s 表示,如图3-1所示。

常见的约束形式可表示为：自由端，$k_\theta = k_s = 0$；固定端，$k_\theta = k_s = \infty$；铰支端，$k_\theta = 0, k_s = \infty$。

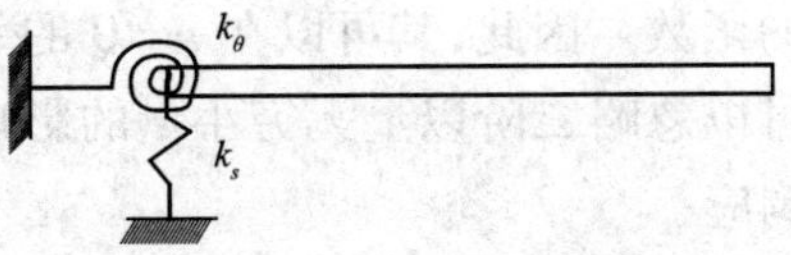

图 3-1 约束示意图

为便于将边界条件参数化，可设 $k_\theta = \frac{c}{1-c}\frac{EI}{l^3}, k_s = \frac{s}{1-s}\frac{EI}{l^3}$，这样上面的三种约束形式可改为：

自由端，$c = s = 0$；固定端，$c = s = 1$；铰支端，$c = 0, s = 1$。

梁边界条件发生变化时，可认为是 c、s 发生变化，并设 $c = c_0(1+\varepsilon_c), s = s_0(1+\varepsilon_s)$，则梁边界条件的摄动可表示为：

$$\boldsymbol{K}^e = \boldsymbol{K}_0^e + \varepsilon_c \boldsymbol{K}_c^e + \varepsilon_s \boldsymbol{K}_s^e + \varepsilon_c^2 \boldsymbol{K}_{cc}^e + \varepsilon_s^2 \boldsymbol{K}_{ss}^e \tag{3-24}$$

$$\boldsymbol{K}_s^e = \frac{s_0}{(1-s_0)^2}\frac{EI}{l^3}\begin{bmatrix} 1 & 0 & 0 \\ & 0 & 0 \\ & & 0 \\ \text{sym} & & \end{bmatrix}; \boldsymbol{K}_{ss}^e = \frac{s_0^2}{(1-s_0)^3}\frac{EI}{l^3}\begin{bmatrix} 1 & 0 & 0 \\ & 0 & 0 \\ & & 0 \\ \text{sym} & & \end{bmatrix}$$

$$\boldsymbol{K}_c^e = \frac{c_0}{(1-c_0)^2}\frac{EI}{l^3}\begin{bmatrix} 0 & 0 & 0 & 0 \\ & l^2 & 0 & 0 \\ & & 0 & 0 \\ \text{sym} & & & 0 \end{bmatrix}, \boldsymbol{K}_{cc}^e = \frac{c_0^2}{(1-c_0)^3}\frac{EI}{l^3}\begin{bmatrix} 0 & 0 & 0 & 0 \\ & l^2 & 0 & 0 \\ & & 0 & 0 \\ \text{sym} & & & 0 \end{bmatrix}$$

式中：$\boldsymbol{K}_0^e$ ——平面梁单元的刚度矩阵。

容易验证，梁单元摄动矩阵的显式求法和用一般公式求法结果相同，但采用显式求法简单明了。其他类型的单元（包括多刚体单元）和约束单元矩阵的摄动求法与此类似，读者可自行推导。

3.3 单元矩阵摄动的基本动力学公式

结构动力方程和特征方程分别为[2-5]：

$$\boldsymbol{M}\ddot{x} + \boldsymbol{C}\dot{x} + \boldsymbol{K}x = \boldsymbol{P}(t) \tag{3-25}$$

$$(\boldsymbol{K} - \lambda \boldsymbol{M})\boldsymbol{\Phi} = 0 \tag{3-26}$$

对于结构振动的特征值无重根与密集根时，可以做如下推导。

当结构的某些参数发生变化率为 ε 的小变化时,结构总体刚度矩阵和质量矩阵都是小参数 ε 的函数,即式(3-14),由此决定的位移、速度、加速度、固有频率和模态振型都是小参数 ε 的函数。因此,其可以在 $\varepsilon=0$ 的邻域内进行 Taylor 级数展开,又由于 ε 为小参数,可以忽略二阶以上无穷小量的影响,得如下公式。

位移、速度、加速度响应:

$$\boldsymbol{x}=\boldsymbol{x}_0+\sum_{i=1}^{r}\boldsymbol{x}_i\boldsymbol{\varepsilon}_i+\sum_{i=1}^{r}\sum_{j=1}^{i}\boldsymbol{x}_{ij}\boldsymbol{\varepsilon}_i\boldsymbol{\varepsilon}_j \tag{3-27}$$

$$\dot{\boldsymbol{x}}=\dot{\boldsymbol{x}}_0+\sum_{i=1}^{r}\dot{\boldsymbol{x}}_i\boldsymbol{\varepsilon}_i+\sum_{i=1}^{r}\sum_{j=1}^{i}\dot{\boldsymbol{x}}_{ij}\boldsymbol{\varepsilon}_i\boldsymbol{\varepsilon}_j \tag{3-28}$$

$$\ddot{\boldsymbol{x}}=\ddot{\boldsymbol{x}}_0+\sum_{i=1}^{r}\ddot{\boldsymbol{x}}_i\boldsymbol{\varepsilon}_i+\sum_{i=1}^{r}\sum_{j=1}^{i}\ddot{\boldsymbol{x}}_{ij}\boldsymbol{\varepsilon}_i\boldsymbol{\varepsilon}_j \tag{3-29}$$

特征值和特征向量:

$$\boldsymbol{\lambda}^s=\boldsymbol{\lambda}_0^s+\sum_{i=1}^{r}\boldsymbol{\lambda}_i^s\boldsymbol{\varepsilon}_i+\sum_{i}^{r}\sum_{j}^{i}\boldsymbol{\lambda}_{ij}^s\boldsymbol{\varepsilon}_i\boldsymbol{\varepsilon}_j \tag{3-30}$$

$$\boldsymbol{\varphi}^s=\boldsymbol{\varphi}_0^s+\sum_{i=1}^{r}\boldsymbol{\varphi}_i^s\boldsymbol{\varepsilon}_i+\sum_{i=1}^{r}\sum_{j=1}^{i}\boldsymbol{\varphi}_{ij}^s\boldsymbol{\varepsilon}_i\boldsymbol{\varepsilon}_j \tag{3-31}$$

式中: s——模态阶数;

$\boldsymbol{\lambda}_i,\boldsymbol{\lambda}_{ij},\boldsymbol{\varphi}_i,\boldsymbol{\varphi}_{ij}$——分别为特征值和特征向量的一、二阶变化率或称一、二阶摄动,$\boldsymbol{\lambda}_i=\dfrac{\partial\boldsymbol{\lambda}}{\partial\boldsymbol{\varepsilon}_i}$,$\boldsymbol{\lambda}_{ij}=\dfrac{1}{1+\delta_{ij}}\dfrac{\partial^2\boldsymbol{\lambda}}{\partial\boldsymbol{\varepsilon}_i\partial\boldsymbol{\varepsilon}_j}$,$\boldsymbol{\varphi}_i=\dfrac{\partial\boldsymbol{\varphi}}{\partial\boldsymbol{\varepsilon}_i}$,$\boldsymbol{\varphi}_{ij}=\dfrac{1}{1+\delta_{ij}}\dfrac{\partial^2\boldsymbol{\varphi}}{\partial\boldsymbol{\varepsilon}_i\partial\boldsymbol{\varepsilon}_j}$,$\delta_{ij}$ 是 kronerker 符号,即 $\delta_{ij}=\begin{cases}0, & i\neq j\\ 1, & i=j\end{cases}$。

将式(3-27)~式(3-29)代入动力方程式(3-25)中,式(3-30)和式(3-31)代入特征方程式(3-26 中),展开两边并舍去 ε^2 幂及以后各项,可得位移响应的递推方程为:

$$\boldsymbol{M}_0\ddot{x}_0+\boldsymbol{C}_0\dot{x}_0+\boldsymbol{K}_0x_0=\boldsymbol{P}_0 \tag{3-32}$$

$$\boldsymbol{M}_0\ddot{\boldsymbol{x}}_i+\boldsymbol{C}_0\dot{\boldsymbol{x}}_i+\boldsymbol{K}_0\boldsymbol{x}_i=-(\boldsymbol{M}_i\ddot{\boldsymbol{x}}_0+\boldsymbol{C}_i\dot{\boldsymbol{x}}_0+\boldsymbol{K}_i\boldsymbol{x}_0) \tag{3-33}$$

$$\begin{aligned}(\boldsymbol{M}_0\ddot{\boldsymbol{x}}_{ij}+\boldsymbol{C}_0\dot{\boldsymbol{x}}_{ij}+\boldsymbol{K}_0\boldsymbol{x}_{ij})=&-(\boldsymbol{M}_{ij}\ddot{\boldsymbol{x}}_0+\boldsymbol{C}_{ij}\dot{\boldsymbol{x}}_0+\boldsymbol{K}_{ij}\boldsymbol{x}_0)-\\&(\boldsymbol{M}_i\ddot{\boldsymbol{x}}_j+\boldsymbol{C}_i\dot{\boldsymbol{x}}_j+\boldsymbol{K}_i\boldsymbol{x}_j)-\\&(\boldsymbol{M}_j\ddot{\boldsymbol{x}}_i+\boldsymbol{C}_j\dot{\boldsymbol{x}}_i+\boldsymbol{K}_j\boldsymbol{x}_i)(1-\delta_{ij})\end{aligned} \tag{3-34}$$

由此再根据单元刚度的一、二阶变化率,容易解出 $\boldsymbol{x}_0,\boldsymbol{x}_i,\boldsymbol{x}_{ij}$。

特征对的递推公式为:

$$(\boldsymbol{K}_0-\lambda_0^s\boldsymbol{M}_0)\boldsymbol{\varphi}_0^s=0 \tag{3-35}$$

$$(\boldsymbol{K}_i-\lambda_0^s\boldsymbol{M}_i-\lambda_i^s\boldsymbol{M}_0)\boldsymbol{\varphi}_0^s+(\boldsymbol{K}_0-\lambda_0^s\boldsymbol{M}_0)\boldsymbol{\varphi}_i^s=0 \tag{3-36}$$

$$(\boldsymbol{K}_{ij}-\lambda_i^s\boldsymbol{M}_j-\lambda_j^s\boldsymbol{M}_i(1-\delta_{ij})-$$

$$
\begin{aligned}
&\lambda_{ij}^{s}\boldsymbol{M}_0 - \lambda_0^{s}\boldsymbol{M}_{ij})\boldsymbol{\varphi}_0^{s} + (\boldsymbol{K}_i - \lambda_i\boldsymbol{M}_0 - \lambda_i\boldsymbol{M}_i)\boldsymbol{\varphi}_j^{s} + \\
&(\boldsymbol{K}_j - \lambda_j\boldsymbol{M}_0 - \lambda_0\boldsymbol{M}_j)\boldsymbol{\varphi}_i^{s}(1 - \delta_{ij}) + \\
&(\boldsymbol{K}_0 - \lambda_0\boldsymbol{M}_0)\boldsymbol{\varphi}_{ij}^{s} = 0
\end{aligned}
\tag{3-37}
$$

上述递推公式中，式(3-35)即为原系统的振动特征值问题，由此可解出 n 个特征对($\boldsymbol{\lambda}_{0s},\boldsymbol{\varphi}_0^{s}$)，$s = 1,\cdots,n$，在此基础上，可通过式(3-36)求得特征对的一阶摄动 λ_i、$\boldsymbol{\varphi}_i$，再由式(3-37)求出特征对的二阶摄动 λ_{ij}、$\boldsymbol{\varphi}_{ij}$，具体求法如下：

(1)一阶摄动

由于 n 维空间中的任意一个矢量，都可以用该空间中的基线性表示，所以对于特征矢量的一阶摄动可以用式(3-35)解出的正交归一化的特征向量线性表示，即可以将特征向量的一阶摄动 φ_i 按原系统模态振型 φ_0 展开为：

$$
\boldsymbol{\varphi}_i^{s} = \sum_{m=1}^{n} c_i^{m}\boldsymbol{\varphi}_0^{m} \tag{3-38}
$$

将式(3-38)代入式(3-26)式得：

$$
(\boldsymbol{K}_i - \lambda_0^{s}\boldsymbol{M}_i - \lambda_i^{s}\boldsymbol{M}_0)\boldsymbol{\varphi}_0^{s} + (\boldsymbol{K}_0 - \lambda_0^{s}\boldsymbol{M}_0)\sum_{m=1}^{n} c_i^{m}\boldsymbol{\varphi}_0^{m} = 0 \tag{3-39}
$$

用 $\boldsymbol{\varphi}_0^{m\mathrm{T}}$ 左乘上式，则有：

$$
\boldsymbol{\varphi}_0^{m\mathrm{T}}(\boldsymbol{K}_i - \lambda_0^{s}\boldsymbol{M}_i - \lambda_i^{s}\boldsymbol{M}_0)\boldsymbol{\varphi}_0^{s} + \boldsymbol{\varphi}_0^{s\mathrm{T}}(\boldsymbol{K}_0 - \lambda_0^{s}\boldsymbol{M}_0)\sum_{m=1}^{n} c_i^{m}\boldsymbol{\varphi}_0^{m} = 0 \tag{3-40}
$$

利用特征向量正交性条件得：

$$
\boldsymbol{\varphi}_0^{m\mathrm{T}}\boldsymbol{K}_0\boldsymbol{\varphi}_0^{s} = \delta_{ms}\lambda_0^{s} \tag{3-41}
$$

$$
\boldsymbol{\varphi}_0^{m\mathrm{T}}\boldsymbol{M}_0\boldsymbol{\varphi}_0^{s} = \delta_{ms} \tag{3-42}
$$

则有：

$$
c_i^{s}(\lambda_0^{m} - \lambda_0^{s}) + \delta_{ms}\lambda_i^{s} = \boldsymbol{\varphi}_0^{m\mathrm{T}}(\boldsymbol{K}_i - \lambda_0^{s}\boldsymbol{M}_i)\boldsymbol{\varphi}_0^{s} \tag{3-43}
$$

当 $m = s$ 时，由上式可得：

$$
\lambda_i^{s} = \boldsymbol{\varphi}_0^{s\mathrm{T}}(\boldsymbol{K}_i - \lambda_0^{s}\boldsymbol{M}_i)\boldsymbol{\varphi}_0^{s} \tag{3-44}
$$

当 $m \neq s$ 时，由式(3-43)可得：

$$
c_i^{m} = \frac{1}{(\lambda_0^{m} - \lambda_0^{s})}\varphi_0^{m\mathrm{T}}(\boldsymbol{K}_i - \lambda_0^{s}\boldsymbol{M}_i)\varphi_0^{s} \tag{3-45}
$$

当 $m = s$ 时的 c_i^{s} 在后面由振型的正则化确定。

(2)二阶摄动

当结构参数变化较小时，采用一阶摄动法求解，可以得到足够精度的解，而当参数变化较大时，舍去的二阶及以后的项变得较大，因此求解精度得不到保证，这时可以采用二阶摄动求解。

同样，根据展开定理，可以将特征向量的二阶摄动 φ_{ij} 按原系统模态振型 φ_0 展开为：

$$\boldsymbol{\varphi}_{ij}^{s}=\sum_{m=1}^{n}c_{ij}^{m}\boldsymbol{\varphi}_{0}^{m} \tag{3-46}$$

将式(3-46)代入式(3-37)，并两边左乘 $\boldsymbol{\varphi}_0^{s\mathrm{T}}$ 得：

$$\begin{aligned}&-\sum_{m=1}^{n}c_{ij}^{m}\boldsymbol{\varphi}_{0}^{m\mathrm{T}}(\boldsymbol{K}_{0}-\lambda_{0}^{s}\boldsymbol{M}_{0})\boldsymbol{\varphi}_{0}^{s}\\&\quad=\boldsymbol{\varphi}_{0}^{m\mathrm{T}}(\boldsymbol{K}_{ij}-\lambda_{i}^{s}\boldsymbol{M}_{j}-\lambda_{j}^{s}\boldsymbol{M}_{i}(1-\delta_{ij})-\lambda_{ij}^{s}\boldsymbol{M}_{0}-\lambda_{0}^{s}\boldsymbol{M}_{ij})\boldsymbol{\varphi}_{0}^{s}+\\&\qquad+\boldsymbol{\varphi}_{0}^{m\mathrm{T}}(\boldsymbol{K}_{i}-\lambda_{i}^{s}\boldsymbol{M}_{0}-\lambda_{i}^{s}\boldsymbol{M}_{i})\boldsymbol{\varphi}_{j}^{s}+\boldsymbol{\varphi}_{0}^{m\mathrm{T}}(\boldsymbol{K}_{j}-\lambda_{j}^{s}\boldsymbol{M}_{0}-\\&\qquad\lambda_{j}^{s}\boldsymbol{M}_{0})\boldsymbol{\varphi}_{j}^{s}(1-\delta_{ij})\end{aligned} \tag{3-47}$$

利用特征向量的正交性关系，上式可变为：

$$\begin{aligned}&c_{ij}^{m}(\lambda_{0}^{m}-\lambda_{0}^{s})+\lambda_{ij}^{s}\delta_{ms}\\&\quad=\boldsymbol{\varphi}_{0}^{m\mathrm{T}}(\boldsymbol{K}_{ij}-\lambda_{i}^{s}\boldsymbol{M}_{j}-\lambda_{j}^{s}\boldsymbol{M}_{i}(1-\delta_{ij})-\lambda_{0}^{s}\boldsymbol{M}_{ij})\boldsymbol{\varphi}_{0}^{s}+\\&\qquad\boldsymbol{\varphi}_{0}^{m\mathrm{T}}(\boldsymbol{K}_{i}-\lambda_{i}^{s}\boldsymbol{M}_{0}-\lambda_{i}^{s}\boldsymbol{M}_{i})\boldsymbol{\varphi}_{j}^{s}+\boldsymbol{\varphi}_{0}^{m\mathrm{T}}(\boldsymbol{K}_{j}-\\&\qquad\lambda_{j}^{s}\boldsymbol{M}_{0}-\lambda_{j}^{s}\boldsymbol{M}_{0})\boldsymbol{\varphi}_{j}^{s}(1-\delta_{ij})\end{aligned} \tag{3-48}$$

当 $m=s$ 时，由上式可得：

$$\begin{aligned}\lambda_{ij}^{s}=&\boldsymbol{\varphi}_{0}^{s\mathrm{T}}(\boldsymbol{K}_{ij}-\lambda_{i}^{s}\boldsymbol{M}_{j}-\lambda_{j}^{s}\boldsymbol{M}_{i}(1-\delta_{ij})-\lambda_{0}^{s}\boldsymbol{M}_{ij})\boldsymbol{\varphi}_{0}^{s\mathrm{T}}+\boldsymbol{\varphi}_{0}^{s\mathrm{T}}(\boldsymbol{K}_{i}-\lambda_{i}^{s}\boldsymbol{M}_{0}-\lambda_{i}^{s}\boldsymbol{M}_{i})\boldsymbol{\varphi}_{j}^{s}+\\&\boldsymbol{\varphi}_{0}^{s\mathrm{T}}(\boldsymbol{K}_{j}-\lambda_{j}^{s}\boldsymbol{M}_{0}-\lambda_{j}^{s}\boldsymbol{M}_{0})\boldsymbol{\varphi}_{j}^{s}(1-\delta_{ij})\end{aligned} \tag{3-49}$$

当 $m\neq s$ 时，由式(3-48)可得：

$$\begin{aligned}c_{ij}^{m}=&\frac{1}{(\lambda_{0}^{s}-\lambda_{0}^{m})}\boldsymbol{\varphi}_{0}^{m\mathrm{T}}(\boldsymbol{K}_{ij}-\lambda_{i}^{s}\boldsymbol{M}_{j}-\lambda_{j}^{s}\boldsymbol{M}_{i}(1-\delta_{ij})-\lambda_{0}^{s}\boldsymbol{M}_{ij})\boldsymbol{\varphi}_{0}^{s}+\boldsymbol{\varphi}_{0}^{m\mathrm{T}}(\boldsymbol{K}_{i}-\\&\lambda_{i}^{s}\boldsymbol{M}_{0}-\lambda_{i}^{s}\boldsymbol{M}_{i})\boldsymbol{\varphi}_{j}^{s}+\boldsymbol{\varphi}_{0}^{m\boldsymbol{T}}(\boldsymbol{K}_{j}-\lambda_{j}^{s}\boldsymbol{M}_{0}-\lambda_{j}^{s}\boldsymbol{M}_{0})\boldsymbol{\varphi}_{j}^{s}(1-\delta_{ij})\end{aligned} \tag{3-50}$$

当 $m=s$ 时，c_{ij}^{s} 在后面也可由振型的正则化确定。

(3)展开系数 c_i^s、c_{ij}^s 的确定

特征向量应满足正则化条件：

$$\boldsymbol{\varphi}^{s\mathrm{T}}\boldsymbol{M}\boldsymbol{\varphi}^{s}=1 \tag{3-51}$$

将式(3-31)代入上式得：

$$\begin{aligned}&(\boldsymbol{\varphi}^{s}=\boldsymbol{\varphi}_{0}^{s}+\sum_{i=1}^{r}\boldsymbol{\varphi}_{i}^{s}\varepsilon_{i}+\sum_{i}^{r}\sum_{j}^{i}\boldsymbol{\varphi}_{ij}^{s}\varepsilon_{i}\varepsilon_{j})^{\mathrm{T}}(\boldsymbol{M}_{0}+\sum_{i=1}^{r}\boldsymbol{M}_{i}\varepsilon_{i}+\sum_{i=1}^{r}\sum_{j=1}^{i}M_{ij}\varepsilon_{i}\varepsilon_{j})\\&\qquad(\boldsymbol{\varphi}^{s}=\boldsymbol{\varphi}_{0}^{s}+\sum_{i=1}^{r}\boldsymbol{\varphi}_{i}^{s}\varepsilon_{i}+\sum_{i}^{r}\sum_{j}^{i}\varphi_{ij}^{s}\varepsilon_{i}\varepsilon_{j})=1\end{aligned} \tag{3-52}$$

舍去 ε^2 幂以上各项，比较 ε 的同次幂系数可得：

$$\boldsymbol{\varphi}^{s\mathrm{T}}\boldsymbol{M}\boldsymbol{\varphi}^{s}=1 \tag{3-53}$$

$$\boldsymbol{\varphi}_{0}^{s\mathrm{T}}\boldsymbol{M}_{0}\boldsymbol{\varphi}_{i}^{s}+\boldsymbol{\varphi}_{i}^{s\mathrm{T}}\boldsymbol{M}_{0}\boldsymbol{\varphi}_{0}^{s}+\boldsymbol{\varphi}_{0}^{s\mathrm{T}}\boldsymbol{M}_{i}\boldsymbol{\varphi}_{0}^{s}=0 \tag{3-54}$$

$$\boldsymbol{\varphi}_{0}^{s\mathrm{T}}\boldsymbol{M}_{0}\boldsymbol{\varphi}_{ij}^{s}+\boldsymbol{\varphi}_{i}^{s\mathrm{T}}\boldsymbol{M}_{0}\boldsymbol{\varphi}_{i}^{s}+\boldsymbol{\varphi}_{ij}^{s\mathrm{T}}\boldsymbol{M}_{0}\boldsymbol{\varphi}_{0}^{s}+\boldsymbol{\varphi}_{0}^{s\mathrm{T}}\boldsymbol{M}_{i}\boldsymbol{\varphi}_{i}^{s}+\boldsymbol{\varphi}_{i}^{s\mathrm{T}}\boldsymbol{M}_{i}\boldsymbol{\varphi}_{0}^{s}=0 \tag{3-55}$$

用 $\boldsymbol{\varphi}_0^{s\mathrm{T}}\boldsymbol{M}_0$ 左乘式(3-38)：

$$\boldsymbol{\varphi}_0^{s\mathrm{T}}\boldsymbol{M}_0\boldsymbol{\varphi}_i^s = \sum_{m=1}^{n} c_i^m \boldsymbol{\varphi}_0^{s\mathrm{T}}\boldsymbol{M}_0\boldsymbol{\varphi}_0^m \tag{3-56}$$

当 $m=s$ 时：

$$c_i^s = \boldsymbol{\varphi}_0^{s\mathrm{T}}\boldsymbol{M}_0\boldsymbol{\varphi}_i^s \tag{3-57}$$

式(3-57)转置得：

$$c_i^s = \boldsymbol{\varphi}_i^{s\mathrm{T}}\boldsymbol{M}_0\boldsymbol{\varphi}_0^s \tag{3-58}$$

将式(3-57)和式(3-58)代入式(3-54)中得：

$$c_i^s = -\frac{1}{2}\boldsymbol{\varphi}_0^{s\mathrm{T}}\boldsymbol{M}_i\boldsymbol{\varphi}_0^s \tag{3-59}$$

同理，将 $\boldsymbol{\varphi}_0^{s\mathrm{T}}\boldsymbol{M}_0$ 左乘式(3-46)得：

$$\boldsymbol{\varphi}_0^{s\mathrm{T}}\boldsymbol{M}_0\boldsymbol{\varphi}_{ij}^s = \sum_{m=1}^{n} c_{ij}^m \boldsymbol{\varphi}_0^{s\mathrm{T}}\boldsymbol{M}_0\boldsymbol{\varphi}_0^m \tag{3-60}$$

当 $m=s$ 时：

$$c_{ij}^s = \boldsymbol{\varphi}_0^{s\mathrm{T}}\boldsymbol{M}_0\boldsymbol{\varphi}_{ij}^s \tag{3-61}$$

$$c_i^s = \boldsymbol{\varphi}_{ij}^{s\mathrm{T}}\boldsymbol{M}_0\boldsymbol{\varphi}_0^s \tag{3-62}$$

将式(3-61)～式(3-62)代入式(3-55)得：

$$c_{ij}^s = -\frac{1}{2}(\boldsymbol{\varphi}_i^{s\mathrm{T}}\boldsymbol{M}_0\boldsymbol{\varphi}_i^s + \boldsymbol{\varphi}_0^{s\mathrm{T}}\boldsymbol{M}_0\boldsymbol{\varphi}_i^s + \boldsymbol{\varphi}_i^{s\mathrm{T}}\boldsymbol{M}_i\boldsymbol{\varphi}_0^s) \tag{3-63}$$

于是将式(3-59)、式(3-63)分别代入式(3-38)、式(3-46)，并结合式(3-45)、式(3-50)可得：

$$\boldsymbol{\varphi}_i^s = \sum_{s(s\neq m)}^{n} \frac{1}{(\lambda_0^m-\lambda_0^s)}(\boldsymbol{\varphi}_0^{s\mathrm{T}}\boldsymbol{K}_i\boldsymbol{\varphi}_0^m - \lambda_0^m\boldsymbol{\varphi}_0^s\boldsymbol{M}_i\boldsymbol{\varphi}_0^m)\boldsymbol{\varphi}_0^s - \frac{1}{2}\boldsymbol{\varphi}_0^{m\mathrm{T}}\boldsymbol{M}_i\boldsymbol{\varphi}_0^m\boldsymbol{\varphi}_0^m \tag{3-64}$$

$$\boldsymbol{\varphi}_{ij}^s = \sum_{s(s\neq m)}^{n} \frac{1}{(\lambda_0^m-\lambda_0^s)}(\boldsymbol{\varphi}_0^{s\mathrm{T}}\boldsymbol{K}_i\boldsymbol{\varphi}_i^m - \lambda_0^m\boldsymbol{\varphi}_0^{s\mathrm{T}}\boldsymbol{M}_i\boldsymbol{\varphi}_0^m - \lambda_i^m\boldsymbol{\varphi}_0^{s\mathrm{T}}\boldsymbol{M}_0\boldsymbol{\varphi}_i^m - \lambda_i^m\boldsymbol{\varphi}_0^{s\mathrm{T}}\boldsymbol{M}_i\boldsymbol{\varphi}_0^m)\boldsymbol{\varphi}_0^s -$$

$$\frac{1}{2}(\boldsymbol{\varphi}_i^{s\mathrm{T}}\boldsymbol{M}_0\boldsymbol{\varphi}_i^m + \boldsymbol{\varphi}_0^{s\mathrm{T}}\boldsymbol{M}_i\boldsymbol{\varphi}_i^m + \boldsymbol{\varphi}_{i0}^{s\mathrm{T}}\boldsymbol{M}_i\boldsymbol{\varphi}_{0_i}^m)\boldsymbol{\varphi}_0^m \tag{3-65}$$

上述一、二阶摄动的推导过程只用了特征方程和正则化特征矢量对质量矩阵的正交归一性，因此，所得特征值的一、二阶摄动对于其单根或重根的情况都是适用的，只要特征值是重根时，相应的特征矢量对质量矩阵满足正交归一化条件即可。

3.4 计算实例

为验证单元矩阵摄动的计算精度，现取简支梁为例进行摄动分析，并把摄动计算结果与理论摄动计算结果进行比较。

梁长 $L=3\text{m}$，截面积 $b\times h=0.2\times0.3=0.06\text{m}^2$，截面惯性矩 $I=0.00045\text{m}^4$，弹性模量 $E=2.1\times10^{11}\text{Pa}$，密度 $\rho=7800\text{kg/m}^3$，划分 10 个平面梁单元。

设简支梁的截面高度 h 摄动，并设每个单元截面具有相同的摄动量，这样梁的质量矩阵和刚度矩阵都发生摄动，由平面弯曲梁的单元质量和刚度矩阵可知：

$$\boldsymbol{M}_h = \boldsymbol{M}_0 \,,\ \boldsymbol{M}_{hh} = 0 \,,\ \boldsymbol{K}_h = 3\boldsymbol{K}_0 \,,\ \boldsymbol{K}_{hh} = 3\boldsymbol{K}_0$$

由振动理论可知，简支梁固有频率的计算公式为：

$$\lambda_0 = \omega^2 = \frac{(i\pi)^4 EI}{\rho A L^4}$$

为增加计算的精度，算式中特征值均采用圆频率的平方，其单位为$(\text{rad/s})^2$。

简支梁各阶固有频率的二阶理论摄动公式为：

$$\lambda = \lambda_0 + \lambda_h\varepsilon_h + \lambda_{hh}\varepsilon_h^2 \,,\lambda_h = 2\lambda_0,\lambda_{hh} = 2\lambda_0$$

式中：λ_h 、λ_{hh} ——分别为简支梁固有频率的一、二阶摄动。

当 $\varepsilon_h = 0.1$ 时，用单元矩阵摄动方法计算前 5 阶固有频率的一、二阶摄动结果，见表 3-1，相应的理论摄动结果及各误差也列于表中。从表中的数据可以看出，单元矩阵摄动计算结果与理论摄动结果的非常接近，而且理论摄动结果与精确解(真实结果)的差值也不大，在这种情况下，二阶摄动结果相对一阶摄动结果在精度上也提高不大。为说明参数摄动量增大时，单元矩阵摄动计算固有频率结果的精度，特设置 $\varepsilon_h = 0.4$ 的工况。$\varepsilon_h = 0.4$ 时，用单元矩阵摄动方法计算前 5 阶固有频率的一、二阶摄动结果，相应的理论摄动结果及各误差列于表 3-2 中，该工况中，一、二阶摄动结果的理论值和一、二阶单元矩阵摄动结果基本一致，一阶摄动结果相对精确解误差增加到 8% 左右，二阶摄动计算精度明显提高，几乎接近精度解，比较 $\varepsilon_h = 0.1$ 和 $\varepsilon_h = 0.4$ 两种工况，发现在参数摄动量增大时，一阶摄动结果误差明显增大，二阶摄动结果仍接近真实值。从两种工况的计算结果看，该单元矩阵摄动的计算程序是正确的。

$\varepsilon_h=0.1$ 简支梁固有频率摄动分析结果 表 3-1

阶数	初值 [(rad/s)²]	一阶摄动[(rad/s)²]		二阶摄动[(rad/s)²]		精确解 [(rad/s)²]
		理论摄动	单元矩阵摄动	理论摄动	单元矩阵摄动	
1	2.4283E+5	2.9140E+5	2.9140E+5	2.9383E+05	2.9383E+05	2.9382E+5
2	3.8861E+6	4.6633E+6	4.6633E+6	4.7022E+06	4.7009E+06	4.7012E+6
3	1.9690E+7	2.3628E+7	2.3628E+7	2.3825E+07	2.3825E+07	2.3800E+7
4	6.2370E+7	7.4844E+7	7.4844E+7	7.5468E+07	7.5449E+07	7.5219E+7

续上表

阶数	初值 [(rad/s)^2]	一阶摄动[(rad/s)^2]		二阶摄动[(rad/s)^2]		精确解 [(rad/s)^2]
		理论摄动	单元矩阵摄动	理论摄动	单元矩阵摄动	
5	1.5297E+8	1.8356E+8	1.8356E+8	1.8509E+08	1.8507E+08	1.8364E+8
		与精确解误差(%)	与精确解误差(%)	与精确解误差(%)	与精确解误差(%)	相对初值变化(%)
1	注:有限元计算初值与理论值误差极小,可认为一致	0.82363	0.82363	-0.0034	-0.0034	17.354
2		0.80618	0.80618	-0.0213	0.0064	17.338
3		0.72269	0.72269	-0.1050	-0.1050	17.269
4		0.49854	0.49854	-0.3310	-0.3058	17.082
5		0.84356	0.84356	-0.7896	-0.7787	16.701

$\varepsilon_h=0.4$ 简支梁固有频率摄动分析结果 表3-2

阶数	初值 [(rad/s)^2]	一阶摄动[(rad/s)^2]		二阶摄动[(rad/s)^2]		精确解 [(rad/s)^2]
		理论摄动	单元矩阵摄动	理论摄动	单元矩阵摄动	
1	2.4283E+5	4.3710E+05	4.3710E+05	4.7595E+05	4.7594E+05	4.7594E+05
2	3.8861E+6	6.9950E+06	6.9950E+06	7.6167E+06	7.6151E+06	7.6151E+06
3	1.9690E+7	3.5442E+07	3.5442E+07	3.8593E+07	3.8587E+07	3.8552E+07
4	6.2370E+7	1.1227E+08	1.1227E+08	1.2225E+08	1.2193E+08	1.2184E+08
5	1.5297E+8	2.7534E+08	2.7534E+08	2.9982E+08	2.9946E+08	2.9747E+08
		与精确解误差(%)	与精确解误差(%)	与精确解误差(%)	与精确解误差(%)	相对初值变化(%)
1	注:有限元计算初值与理论值误差极小,可认为一致	-8.8858	-8.8858	-0.0021	0.0000	48.979
2		-8.8649	-8.8649	-0.0210	0.0000	48.968
3		-8.7749	-8.7749	-0.1063	-0.0908	48.926
4		-8.5241	-8.5241	-0.3365	-0.0739	48.810
5		-8.0373	-8.0373	-0.7900	-0.6690	48.576

参考文献

[1] 顾德淦. 摄动方法及其在某些力学中的应用[M]. 北京:高等教育出版社,1993.

[2] 陈塑寰.结构动态设计的矩阵摄动理论[M].北京:科学出版社,1999.

[3] 杜思义.基于频率变化与单元矩阵摄动理论的结构损伤识别方法研究[D].重庆:重庆大学,2005:14-26.

[4] 殷学纲,雷跃明.摄动有限元法在结构动力模型修改中的应用[J].应用力学学报,1992,9(2):38-45.

[5] 雷跃明.不定参数结构分析的摄动有限元及其在结果动力模型修改中的应用[D].重庆大学,1989.

第4章 基于频率变化与单元矩阵摄动理论的结构损伤识别方法

4.1 模型修正的相关理论

有限元模型的计算结果与结构实际的测试结果往往存在偏差,这种偏差除受测量噪声影响外,主要是由模型误差引起的,模型误差属系统误差,是非随机的,很难通过数据处理而消失,必须通过特定的模型修改方法使其尽量减小。模型误差主要包括:

(1)连续系统离散化引起的误差,如网格粗糙、单元类型不恰当等。

(2)结构几何与边界条件的不确定。

(3)材料特性的变异性。

模型误差(1)可以通过单元的细化和优化单元类型而消除,因此需要修改的只有模型误差(2)和(3)。

模型修正的思路是:

(1)模型参数化。结构的几何、材料特性可以直接用不确定参数表示,边界条件不能直接用参数表示,可以使用3.2节方法,首先将其参数化,然后视这些参数为不确定参数,即令 $p_i = p_{i0}(H\varepsilon_i)$,其中,$p_{i0}$ 为其各参数的平均值或初值。

(2)模型误差的衡量。通常模型误差是以测试的力学特性(如频率、模态振型等)为衡量标准的,通过分析模型计算得到的力学特性如果与测试值不一致,就认为模型有误差,因此,修正的目标就是使修正后分析模型计算得到的力学特性量 f_A 与测试的力学特性量 f_T 一致或接近,其中,f_A 与 f_T 中的下脚标A、T分别表示计算量与测试量,下文意义相同。

(3)建立数学方程。按单元矩阵摄动理论,可以认为初始模型的计算力学特性量 f_{A0} 与 f_T 之间的误差是由要修改参数的误差引起,要修改参数的误差为 $p_{i0}\varepsilon_i$,反过来讲,也就是要修改的模型参数发生大小为 $p_{i0}\varepsilon_i$ 的摄动,可使修改后的模型计算力学特性 f_A 等于测试的力学特性 f_T,由此可建立方程:

$$f_A - f_T = 0 \tag{4-1}$$

(4)计算求解。可以将方程(4-1)转化为目标函数,利用优化方法计算出各参数的变化率 ε_i,再由公式 $p_i = p_{i0}(1+\varepsilon_i)$ 计算出参数,代入初始模型,得到修正模型。这就是模型修正的过程。

4.2 结构损伤识别的数学模型

结构损伤识别与模型修正有着密不可分的关系,基于单元矩阵摄动理论的结构损伤识别,首先利用结构损伤前的测试数据修正初始模型,将修正后的模型作为基准模型,计算结构特征对的一、二阶摄动,然后再利用结构损伤前后测试数据差反演结构的损伤识别参数,反演结果可以作为模型再次修正的输入参数。

损伤识别和模型修正二者解决问题的目标不同,因此方法也不完全相同。结构的损伤识别有自己的特点,如局部损伤不会导致单元刚度的增加、不引起荷载路径的改变,一般单元质量也不发生变化等,下面根据土木工程结构损伤的特点,建立结构损伤识别的数学模型。

基于单元矩阵摄动理论进行结构损伤识别的思路是:

(1)量化损伤。基于结构动力学模型的损伤识别应首先建立结构的物理参数、模态参数、损伤识别参数三者之间的关系,对于结构的物理参数、模态参数无须定义,对于损伤识别参数必须在识别之前明确定义。

(2)损伤的基准。基于模型的损伤识别,损伤前的模型应是经过修改后的精细模型,认为模型的力学特性是结构损伤前特性的真实反映,即 $f_A = f_T$,为区别损伤后的测试量,记损伤前的 f_T 记为 f_{T1},以此为基准界定损伤。

(3)采用常规的单元划分方法。一般单元数量较大,会存在测试量对单元损伤不敏感,方程未知量过大等问题,为此,应建立便于损伤识别的单元模型。

(4)损伤的数学表达。在结构没有发生人为改变的情况下,当再次测试的力学特性量 f_{T2}(如 λ,φ 等)f_{T1} 与不一致时,认为结构发生了损伤,按单元矩阵摄动理论,这个损伤是由损伤识别参数 ε 的摄动引起的,损伤前后模型的力学特性摄动量 $\Delta f_A(\varepsilon) = \Delta f_T$,$\Delta f = f_{T2} - f_{T1}$,并由此建立损伤识别方程。

(5)根据具体情况添加约束,求解方程,得出损伤识别参数 ε。ε 的大小反映了结构损伤的程度,角标反映损伤的位置。

4.2.1 结构损伤识别单元模型

1)损伤识别单元模型的提出

(1)结构的离散化模型一般采用有限元模型,但是对于大型、复杂结构,有限元模型的单元数量一般都在 10^3 量级以上，而能准确测试的结构固有频率阶数一般在10阶左右。若在既不知损伤位置，又不知损伤程度的情况下，赋予每个单元一个损伤识别参数 ε_i，这样，以10个左右的方程求解成千上万个未知量，无论用什么方法求解，其结果都是不可靠的，因此直接用结构的有限单元模型进行损伤识别，对于大型、复杂结构是不恰当的。

(2)如果结构离散化模型的单元数太多，单元则小，单元的相对损伤识别参数 ε_i 就会大，以至于识别方程中舍去的高阶项较大，方程误差大，这样即使用二阶摄动方程组，识别损伤的效果也不会好。

(3)如果结构离散化模型单元划分数量太少，定位损伤的精度就差，而且在结构重分析时，计算的固有频率精度低，就不能验证识别结果是否可靠。

基于以上原因，下面提出结构损伤识别单元模型的概念。

2)损伤识别单元模型的概念

损伤识别单元模型应满足以下条件：

(1)对每一个损伤识别单元，若其损伤识别参数降低 10^{-1} 量级，则结构的固有频率的变化应在 10^{-2} 以上量级(个别阶即可)。

(2)损伤识别单元模型中，识别单元数量不应太大(一般不超过 10^2 量级)，单元数量太大不易于识别。因为单元数量越大，求解的方程组欠定就越严重，求解精度就较差。

(3)用损伤识别单元模型应能准确地计算结构的动力特性，因此它应该是在修正模型基础上建立的模型。

3)损伤识别单元模型的可能形式

损伤识别单元模型的可能形式应该是多种多样的，原则上只要满足上述条件的结构离散化模型都可以作为损伤识别单元模型，一般常用以下几种形式：

(1)直接用结构的有限元模型作为损伤识别单元模型，这对于小型或简单结构是合适的，如图4-1所示的简支梁模型，其损伤识别单元刚度矩阵为：

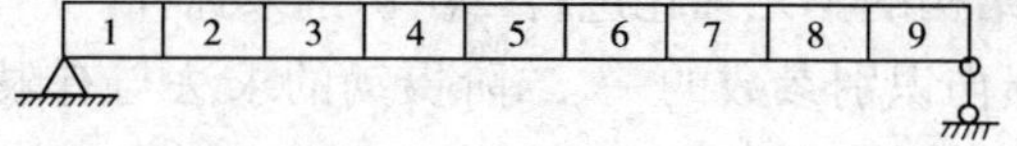

图4-1 简支梁的损伤识别单元模型

$$K_i^E = K_i^e \tag{4-2}$$

式中：E——损伤识别单元；

e——有限单元；

i——单元编号。

(2) 使用有限单元集合作为损伤识别单元模型。

如图 4-2 所示的细实线网格为结构的有限单元模型网格,粗实线为给出的 10 个损伤识别单元,即把这些细线网格表示的有限单元按有限元组集原则组集起来,成为一个大的单元,这个大的单元就可以作为一个损伤识别单元,其刚度阵可以表示为:

$$\boldsymbol{K}_i^E = \boldsymbol{K}_j^e \qquad (i=1,\cdots,10) \tag{4-3}$$

式中:i——损伤识别单元数;

j——损伤识别单元中包含的小单元数。

(3)由子结构形成的损伤识别单元模型。

在有限元模型的基础上,通过自由度聚缩形成子结构,每个子结构可以作为一个损伤识别单元,形成子结构的方法可以是任何一种动力分析的子结构方法,如模态综合法(Component Mode Synthesis)、超单元法(Super Element)等[1],对于如图 4-2所示的结构,可以用图 4-3 来表示这一类损伤识别单元模型。

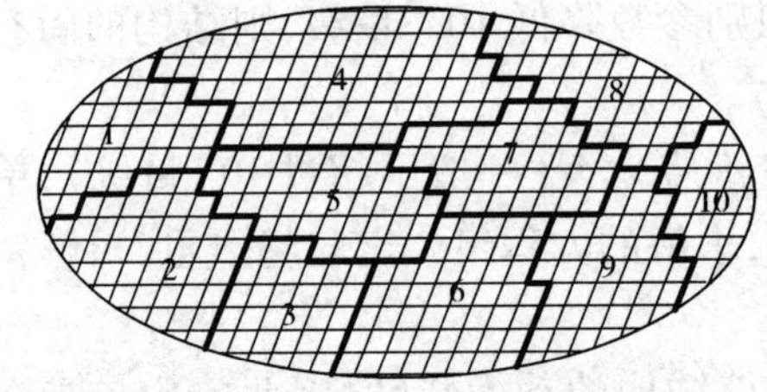

图 4-2　有限单元集合组成的损伤识别单元模型

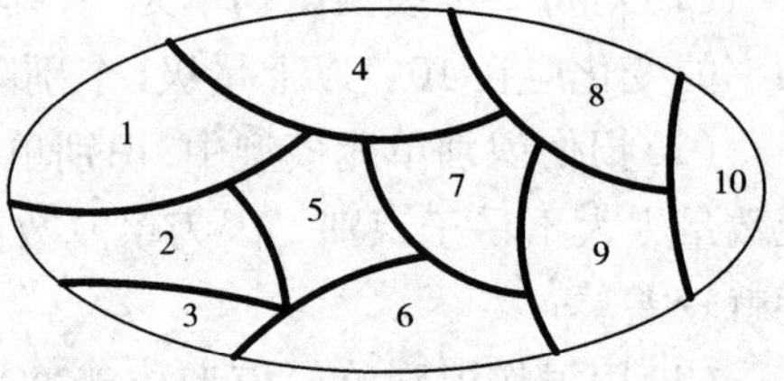

图 4-3　子结构形成的损伤识别单元模型

(4)集中质量—弹簧模型形成的损伤识别单元模型。

结构的集中质量—弹簧—阻尼器模型。

(5)其他的结构简化动力学模型。

损伤识别单元模型以子结构或大的单元形式出现时,其损伤程度识别精度的提高是以牺牲损伤定位精度为代价的,但定位精度可以在确定损伤所在的子结构后,再通过对损伤子结构的单元细化进行二次识别来弥补。

子结构特征值损伤识别参数的一、二阶摄动的求法与有限元法中单元矩阵摄动理论求法类似,限于篇幅,此处略。

4.2.2　结构损伤识别参数

结构损伤识别的目标主要是定位和定量,因此,首先应定义一个或多个能够表示损伤程度与位置的量化参数,即损伤识别参数。

对于损伤定位,Fabrizio Vestroni[2] 采用点的连续坐标,定位虽然十分准确,但其适用的局限性很大,一般只适用于梁类结构。对于复杂结构这种定位方法不适用,采用离散单元的定位方法是恰当的。结构损伤的大小实际上是一个模糊量,精确量化既不可能也不必要,采用一种比较粗略的(平均意义)量化处理是可以的。常见的结构各类损伤及其特点见表4-1。

常见的结构损伤及其特点　　表4-1

损伤类型	对单元刚度影响	对单元质量影响	可见性	对单元物理(几何参数)影响
裂缝	√	0	小	断面尺寸变小
破损	√	√	大	断面尺寸变小
腐蚀(锈蚀)	√	0	小(大)	断面尺寸变小
材料老化	√	0	小	弹性模量变小
构件变形	√	0	大	不变
联结松动	√	0	小	不变

对于表中“可见性”大的结构损伤,一般无需进行识别,可以直接观察出损伤的存在,而对于可见性小的损伤,它们一般有两个共同的特点:

(1)这类损伤一般对单元的质量没有影响或影响很小。

(2)对单元刚度的影响常是负的,即损伤使单元刚度降低,而且损伤的大小一般与单元刚度的减少成正变关系。

根据上述分析,若结构损伤识别单元模型中第 j 个单元未损伤时的刚度阵为 $\boldsymbol{K}_{j0}^{E}$,损伤后的刚度阵为 $\boldsymbol{K}_{j}^{E}$,则可定义单元的损伤识别参数 ε_j 为:

$$\boldsymbol{K}_{j}^{E}=\boldsymbol{K}_{j0}^{E}(1+\varepsilon_j)\qquad(-1<\varepsilon_j\leqslant 0)\tag{4-4}$$

对上述定义应注意以下几点:

(1)结构的实际损伤多种多样,对结构特性的影响十分复杂,而且多有非线性特点,上述定义只是一种“线性化平均”意义上的定义,它只用于损伤识别。

(2) ε_j 的大小表示单元损伤的程度,下脚标 j 表示损伤的位置,即损伤所在的单元,显然,定位只是在单元级别上,而不能指出在单元的何处。

(3) 对于同一损伤,当结构的损伤识别单元模型不同时,其损伤识别参数也不同,因此 ε_j 是个相对量,其大小是相对于识别单元的,它不能表示整个结构的损伤程度。对整个结构损伤程度的评估,应与受损结构的可靠性与剩余寿命评估结合进行。

式(4-4)实际上是把损伤单元的刚度矩阵视为未损伤单元刚度矩阵的摄动,损伤识别参数 ε_j 可以视为单元刚度矩阵公因子或者其中部分参数的变化率,这样就建立了结构单元损伤与结构参数之间(某种平均意义)的量化关系。

结构损伤主要表现为单元刚度降低,这种降低通常采用一种比较粗略的(平均意义)量化处理,可以认为损伤是结构单元刚度矩阵中公因子弹性模型 E 的减小,即把结构离散化单元弹性模量的平均相对变化量作为损伤识别参数,这样不失一般意义,因为各种类型的单元刚度矩阵都具有弹性模量这一公因子,对于扭转项也可以利用公式 $G=E/2(1+\mu)$ 将剪切模量 G 转化为弹性模量 E。

另外,损伤识别参数也可视为单元刚度矩阵中其他公因子的变化率。如杆单元的损伤,可以认为损伤识别参数就是单元刚度参数 A 或 EA 的变化率[3];而梁单元的损伤,可以认为损伤识别参数就是单元刚度参数 EI 的变化率[4]。

这种损伤识别参数的定义,对不同的结构单元可以赋予不同的物理意义,因此更具有广泛适用性。

4.2.3 结构损伤识别的数学方程

结构损伤识别的数学方程与模型修正的数学方程形式上基本相同,但方程组部分项的意义不同。损伤识别通常是基于修正后的基准模型进行识别,认为基准模型的力学特性是结构损伤前特性的真实反映,即 $f_A=f_{T1}$,方程组中的一、二阶摄动量也是使用修正后模型参数计算得到的,方程右边输入量为两次测量值之差,即 $\Delta f=f_{T2}-f_{T1}$。

土木工程结构在老化和灾害作用下的损伤,通常其质量矩阵不发生变化,即 $\boldsymbol{M}=\boldsymbol{M}_0$,损伤识别可以只对刚度矩阵进行,而且识别的刚度参数只会降低而不会增加,另外,模型修正一般对多参数(如结构几何参数、材料特性参数、约束条件参数等)进行修改,而损伤识别常常仅对单元刚度的摄动量 ε_i,即结构的损伤识别参数进行,因此,在仅使用结构的固有频率进行结构损伤识别时,损伤识别的数学方程可写为:

$$\begin{cases}\boldsymbol{\varepsilon}^{\mathrm{T}}\boldsymbol{\lambda}_{ij}\boldsymbol{\varepsilon}+\boldsymbol{\lambda}_j\boldsymbol{\varepsilon}=\boldsymbol{\lambda}_{\mathrm{T2}}-\boldsymbol{\lambda}_{\mathrm{T1}}\\ \boldsymbol{lb}\leqslant\boldsymbol{\varepsilon}\leqslant 0\end{cases}\tag{4-5}$$

$$\boldsymbol{\lambda}_j\in\boldsymbol{R}^{s\times m},\boldsymbol{\lambda}_{ij}\in\boldsymbol{R}^{s\times m\times m},\boldsymbol{\varepsilon}\in\boldsymbol{R}^m$$

式中:$\boldsymbol{\lambda}_j$、$\boldsymbol{\lambda}_{ij}$——分别为结构损伤前的基准模型计算的特征值的一、二阶摄动,其中 $\boldsymbol{\lambda}_{ij}$ 是 $s\times m\times m$ 的立体矩阵;

m——损伤识别单元数;

$\boldsymbol{\varepsilon}^{\mathrm{T}}\boldsymbol{\lambda}_{ij}\boldsymbol{\varepsilon}$——$m$ 维向量;

$\boldsymbol{\lambda}_{\mathrm{T1}}$、$\boldsymbol{\lambda}_{\mathrm{T2}}$——分别为结构损伤前、后特征值测试值。

若 $\boldsymbol{\varepsilon}$ 很小,方程中二阶项也很小,可以舍去,得一阶摄动的损伤识别方程为:

$$\begin{cases}\boldsymbol{\lambda}_j\boldsymbol{\varepsilon}=\boldsymbol{\lambda}_{\mathrm{T2}}-\boldsymbol{\lambda}_{\mathrm{T1}}\\ \boldsymbol{lb}\leqslant\boldsymbol{\varepsilon}\leqslant 0\end{cases}\tag{4-6}$$

$$\lambda_j \in \boldsymbol{R}^{s\times m}, \varepsilon \in \boldsymbol{R}^n$$

式(4-5)与式(4-6)中，i、j 表示模型单元编号。

4.3 模型误差与测量噪声对结构损伤识别的影响

4.3.1 模型误差对结构损伤识别的影响

模型误差有两种，一种是力学模型不能反映结构实际状态而造成的误差；另一种是计算采用的模型参数不确定或不能反映实际情况而造成的误差。第一种模型误差与建模人员的理论水平有关，这里假设建模理论准确，模型误差主要由第二种情况引起。

设 P_{i0} 表示使用的第 i 个模型参数，$P_i = P_{i0}(1+\boldsymbol{\eta})$ 为理想的模型参数，$\boldsymbol{\eta}_i = \dfrac{P_i - P_{i0}}{P_{i0}}$ 即为模型参数的无量纲误差量，则系统的振动特征值可以表示为[5]：

$$\boldsymbol{\lambda} = \boldsymbol{\lambda}(P_{i0}, \varepsilon_i, \boldsymbol{\eta}_i) \tag{4-7}$$

式中：$\boldsymbol{\lambda}$、$\boldsymbol{\varepsilon}$ 与前文意义相同。

将 λ 在 ε_i，$\boldsymbol{\eta}_i$ 为 0 的邻域内进行多元函数的 Taylor 级数展开得：

$$\boldsymbol{\lambda} = \boldsymbol{\lambda}_0 + \boldsymbol{\lambda}_{\eta_i}\boldsymbol{\eta} + \boldsymbol{\eta}^{\mathrm{T}}\boldsymbol{\lambda}_{\eta_{ij}}\boldsymbol{\eta} + \boldsymbol{\lambda}_{\varepsilon_i}\boldsymbol{\varepsilon} + \boldsymbol{\varepsilon}^{\mathrm{T}}\boldsymbol{\lambda}_{\varepsilon_{ij}}\boldsymbol{\varepsilon} + \boldsymbol{\varepsilon}^{\mathrm{T}}\boldsymbol{\lambda}_{\varepsilon_i\eta_j}\boldsymbol{\eta} + o(\boldsymbol{\varepsilon}^3) \tag{4-8}$$

若未损伤结构特征值的测量值为 $\boldsymbol{\lambda}_{\mathrm{T1}}$，则：

$$\boldsymbol{\lambda}_{\mathrm{T1}} = \boldsymbol{\lambda}_0 + \boldsymbol{\lambda}_{\eta_i}\boldsymbol{\eta} + \boldsymbol{\eta}^{\mathrm{T}}\boldsymbol{\lambda}_{\eta_{ij}}\boldsymbol{\eta} + o(\boldsymbol{\eta}^3) \tag{4-9}$$

损伤结构特征值的测量值为 $\boldsymbol{\lambda}_{\mathrm{T2}}$，显然 $\boldsymbol{\lambda}_{\mathrm{T2}} = \boldsymbol{\lambda}$。那么，结构损伤前后的频率差 $\Delta\boldsymbol{\lambda}_{\mathrm{T}}$ 为：

$$\Delta\boldsymbol{\lambda}_{\mathrm{T}} = \lambda_{\varepsilon_i}\boldsymbol{\varepsilon} + \boldsymbol{\varepsilon}^{\mathrm{T}}\lambda_{\varepsilon_{ij}}\boldsymbol{\varepsilon} + \boldsymbol{\varepsilon}^{\mathrm{T}}\lambda_{\varepsilon_i\eta_j}\boldsymbol{\eta} + o(\boldsymbol{\varepsilon}^3) \tag{4-10}$$

若式(4-8)用一阶 Taylor 级数展开，即忽略式中二阶以上小量，则有：

$$\Delta\boldsymbol{\lambda}_{\mathrm{T}} = \lambda_{\varepsilon_i}\boldsymbol{\varepsilon} + o(\boldsymbol{\varepsilon}^2) \tag{4-11}$$

式(4-10)右边前 2 项为结构损伤引起的特征值的变化量，第 3 项则为模型误差对损伤结构特征值的影响，即：

$$\mathrm{error}(\boldsymbol{\eta}) = \boldsymbol{\varepsilon}^{\mathrm{T}}\boldsymbol{\lambda}_{\varepsilon_i\eta_j}\boldsymbol{\eta} + o(\boldsymbol{\eta}^3) \tag{4-12}$$

损伤识别时，常常缺少结构损伤前的测试数据，使用有模型误差的分析模型的计算值代替结构损伤前的测试数据，即有 $\boldsymbol{\lambda}_{\mathrm{T1}} = \boldsymbol{\lambda}_0$，损伤后结构的特征值使用实际测试量，那么：

$$\Delta\lambda_{\mathrm{T}} = \lambda_{\varepsilon_i}\eta + \lambda_{\varepsilon_i}\varepsilon + \varepsilon^{\mathrm{T}}\lambda_{\varepsilon_{ij}}\varepsilon + \eta^{\mathrm{T}}\lambda_{\eta_{ij}}\eta + \varepsilon^{\mathrm{T}}\lambda_{\varepsilon_i\eta_j}\eta + o(\varepsilon^3) \tag{4-13}$$

则：

$$\mathrm{error}(\eta) = \lambda_{\varepsilon_i}\eta + \eta^{\mathrm{T}}\lambda_{\eta_{ij}}\eta + \varepsilon^{\mathrm{T}}\lambda_{\varepsilon_i\eta_j}\eta + o(\varepsilon^3) \tag{4-14}$$

由此可见，在利用二阶摄动方程进行损伤识别时，若使用结构损伤前后实测的固有频率变化量作为输入量，模型参数误差的影响就是式(4-12)，它是二阶小量。若使用的输入量是损伤后的测试频率和初始模型的计算频率差，那么模型参数误差的影响就是式(4-14)，它与式(4-12)相比大一个数量级，影响量较大，不宜忽略。在利用一阶摄动方程进行损伤识别时，模型参数误差的影响是二阶小量，相对一阶摄动的识别精度，它基本没有影响。

因此，在识别结构损伤时，要消除模型误差对识别结果的影响，最有效的办法是在结构施工完成后，对结构进行准确的检测或监测，获得未损伤结构的基本信息，用此信息对所建模型进行修正，使模型的分析结果与测试结果一致，从而使误差降到最小[5]。

4.3.2 测量噪声对结构损伤识别的影响

测量噪声是研究损伤识别不可忽视的主要影响因素之一，研究表明用单元矩阵摄动方法识别损伤时，若将测量误差考虑为高斯白噪声，那么损伤识别结果服从高斯分布，可以得到识别结果的无偏估计值，方差与噪声水平成线性关系，随噪声水平的增加而成比例增加。然而，工程实际中数据所含的噪声除白噪声外，往往还包含有色噪声，有色噪声的情况比较复杂，目前还没有很好的处理办法。因此，测量噪声的影响一定程度上决定了损伤识别方法的实用性。

为了避免测量噪声的影响，可仅使用测试频率作为损伤识别的依据，因为频率是一个测试精度非常高的量，受测试噪声影响较小。测量噪声对损伤识别的影响视其引起的频率变化率和损伤引起的频率变化率是否在同一个数量级上，如果测量噪声引起的频率变化率和损伤引起的频率变化率在同一个数量级上，损伤识别结果就不可靠，而目前的频率测试技术已经能够使测试噪声误差降到0.1%的水平[6-7]，远低于损伤引起的频率变化率，故测量噪声对基于频率变化识别结构损伤方法的影响可以忽略不计，这也正是使用频率变化识别损伤的突出优点。

4.4 模型修正与结构损伤识别的算法

目前，算法的改进和发展也是结构健康检测最关键问题之一，算法改进和发展的目标是能处理海量的测试数据，并从中识别出结构健康状态。因此，本节研究的目标就是找到用单元矩阵摄动理论进行模型修正和损伤识别的有效算法。

在使用基于频率变化与单元矩阵摄动理论识别结构损伤时,由于能够准确测试的频率有限,识别方程组是严重欠定的,要得到唯一的识别结果,可采用两种方法:加数学约束、加物理约束。

加数学约束虽然可以使识别结果唯一,但很难保证预测结果和实际结果之间存在一致的相和关系,原因是所加的数学约束未能真实地表述结构损伤过程中系统物理状态的演化规律。而物理约束考虑了结构损伤过程中的物理状态演化规律及其可能破坏方式,识别的结果会更接近真实的破坏模式。但很多情况下,结构变化的物理关系不易发现,而要识别参数的有效区间是确定的,问题的数学表达式是一个带边界约束的不适定方程组。其一阶摄动的表达形式为:

$$\begin{cases} \boldsymbol{Ax} = \boldsymbol{b} \\ \boldsymbol{lb} \leqslant \boldsymbol{x} \leqslant \boldsymbol{ub} \end{cases} \tag{4-15}$$

$$\boldsymbol{A} \in \boldsymbol{R}^{m \times n}, \boldsymbol{x} \in \boldsymbol{R}^{n}, \boldsymbol{b} \in \boldsymbol{R}^{m}$$

二阶摄动的表达形式为:

$$\begin{cases} \boldsymbol{x}^{\mathrm{T}}\boldsymbol{Bx} + \boldsymbol{Ax} = \boldsymbol{b} \\ \boldsymbol{lb} \leqslant \boldsymbol{x} \leqslant \boldsymbol{ub} \end{cases} \tag{4-16}$$

$$\boldsymbol{A} \in \boldsymbol{R}^{m \times n}, \boldsymbol{x} \in \boldsymbol{R}^{n}, \boldsymbol{b} \in \boldsymbol{R}^{m}, \boldsymbol{B} \in \boldsymbol{R}^{s \times m \times n}$$

式中,m、n 对模型修正与损伤识别可以有不同的取值,这里不具体指哪一种。

对某一个具体结构,能准确测试的频率阶数不确定,则组成的上述方程组所含方程个数也不确定,根据问题的不同,组成的方程组可能是超定的,如修正参数的数目少于测试频率数目,不过这种情况可以剔除测试置信度不高的频率,使其转化为适定方程组。但多数情况方程组都是欠定的,欠定方程组的解有无穷多组,那么,如何在无穷多组解中找到适合所研究问题的解不是一件容易的事情。经过大量仿真计算,验证了广义逆法、线性规划法、带边界约束的线性最小二乘法、非线性最小二乘法等优化方法是进行模型修正和损伤识别计算较合适的方法。作者根据损伤识别的特点提出了适合于结构损伤识别的筛选法,下面分别对优化方法和筛选法进行简要概述。

4.4.1 结构损伤识别方程的优化算法

结构损伤识别方程的优化算法以线性规划法[8-9]最为方便快捷。下面仅以线性规划方法介绍损伤识别方程的算法。

数学规划属运筹学概念,在生产建设、计划管理和科学试验等许多方面,人们总是想采取措施以获得最优的结果,这类问题就叫做最优化问题。数学规划就是研究这类最优化问题,它是古典极值问题的新发展。它包括线性规划、非线性规划和动态规划。早在20世纪30年代,苏联学者在研究生产组织和经济管理中提出了线性规划问题。不过直到第二次世界大战,由于军事运输的需要,才找到线性规划问题的解法,最有代表性的解法是G. B Dantzig提出的单纯形法。到20世纪50年代初,H. W Kuhn和A. W Tucker提出了非线性规划的基本定理,为这方面的发展奠定了理论基础。截至目前,非线性规划的计算还不太成熟。

1)线性规划的标准形式

将目标函数和约束条件都是设计变量的线性函数的规划问题称为线性规划。线性规划的标准形式为:

$$\min z(x) = \sum_{i=1}^{n} c_i x_n$$

$$s.t. \sum_{i=1}^{n} a_{ij} x_j = b_i \qquad (i=1,2\cdots,m)$$

$$x_j \geqslant 0 \qquad (j=1,2\cdots,n)$$

$$b_i \geqslant 0 \qquad (j=1,2\cdots m)$$

写成矩阵形式为:

$$\begin{cases} \min z = \boldsymbol{Cx} \\ \boldsymbol{Ax} = \boldsymbol{b} \\ x \geqslant 0 \end{cases} \tag{4-17}$$

对于非标准形式的线性规划问题,可以通过剩余变量和松弛变量以及数学变换转化成标准形式,所有的线性规划问题都可以转化成上面的标准形式。

2)线性规划的计算

线性规划的求解方法主要是单纯形法(Simple Method),单纯形法的基本思想是首先求得一个基本可行解,通过基本变量和非基本变量的转换,不断降低目标函数,最后求得线性规划的最优解。

设标准形式的一个基本可行解是m阶单位矩阵,不失一般性,可假定其位于系数矩阵$\boldsymbol{A}$的前m列(通过改变下标的次序即可做到),这时,约束方程$[\boldsymbol{A}][\boldsymbol{X}]=[\boldsymbol{b}]$可以写成下面的典式形式。

$$\begin{cases} x_1 + a_{1,m+1}x_{m+1} + \cdots + a_{1n}x_n = b_1 \\ x_2 + a_{2,m+1}x_{m+1} + \cdots + a_{2n}x_n = b_2 \\ \cdots \quad \cdots \quad \cdots \\ x_m + a_{m,m+1}x_{m+1} + \cdots + a_{mn}x_n = b_n \end{cases} \tag{4-18}$$

式中,$b_i \geqslant 0, i=1,2,\cdots,m$。

由典式形式很容易看出,$x_i = b_i(i=1,2,\cdots,m)$,$x_i=0(i=m+1,\cdots,n)$是一组基本可行解,这时的目标函数值为:

$$z = \sum_{i=1}^{m} c_i x_i \tag{4-19}$$

下一步,将后面的 $n-m$ 个变量中的一个称为基本变量,设 $x_s > 0(m+1 \leqslant s \leqslant n)$,则可以由典式方程得到一组新解:

$$x_i' = b_i - a_{is}x_s \qquad (i=1,2,\cdots,m)$$

$$x_s' = x_s \tag{4-20}$$

$$x_j' = 0 \qquad (j=m+1,m+2,\cdots,n,j \neq s)$$

相应的目标函数值为:

$$z' = \sum_{i=1}^{m} c_i(b_i - a_{is}x_s) + c_s x_s \tag{4-21}$$

新旧目标函数之差为:

$$\Delta z = z' - z = (c_s - \sum_{i=1}^{m} c_i a_{is})x_s = r_s x_s \tag{4-22}$$

$$r_s = c_s - \sum_{i=1}^{m} c_i a_{is} \tag{4-23}$$

式中:r_s——非基本变量 x_s 的相对价值系数,若 $r_s < 0$,则将 x_s 取为基本变量后可使目标函数减小。

若存在几个相对价值系数为负的基本变量,则从中选出相对价值系数最小的 r_s 所对应的非基本变量 x_s,称其为基本变量,便可以使目标函数下降得最多。这一过程称为进基,进基的变量称为基变量。若在计算过程中发现对于所有的非基变量而言相对价值系数均不为负,即让任一非基本变量进基都不会使目标函数值减小,那么,当前的基本可行解就是最优解。

为求一组新的基本可行解,在一个非基本变量 x_s 进基成为基本变量之后,必须选取原来的基本变量之一出基,出基的变量选择应保证新的基本解为可行解,即 $x_s \geqslant 0$, $i=1,2,\cdots,m$。由 $x'_i = b_i - a_{is}x_s, i=1,2,\cdots,m$ 可知:

$$a_{is}x_s < b_i \tag{4-24}$$

这有两种可能:

(1) x_s 的所有系数 a_{is} 均为非正值,因此不论 x_s 取多大,$x_s \geqslant 0$,$a_{is}x_s \leqslant b_i$ 均满足,即新的基本解总是可行解,x_s 的无限增加将引起目标函数的无限减少,所以这时为无界值情形,问题不存在有界的极小值。

(2)对于某些方程 $a_{is} > 0$,随着 x_s 的增加,x'_i 将减少,为使 x'_i 不为负数,必须使:

$$x_s \leqslant \frac{b_i}{a_{is}} \qquad (a_{is} > 0, i = 1, 2, \cdots, m) \tag{4-25}$$

因此,x_s 最多只能取为不等式右端比值中最小者,即:

$$x_s = \frac{b_r}{a_{rs}} = \min_{\substack{i=1 \\ a_{is}>0}}^{m} \frac{b_i}{a_{is}} \tag{4-26}$$

式中:r——相应的方程号,相应的原基本变量 x_r 成为 $x_r = 0$,即称为非基本变量。

x_s 进基,x_r 出基后新的基本可行解为:

$$x'_i = b_i - a_{is}\frac{b_r}{a_{rs}} \qquad (i = 1, 2, \cdots, m, i \neq s) \tag{4-27}$$

基本变量:

$$x'_s = \frac{b_r}{a_{rs}} \tag{4-28}$$

非基本变量:

$$x'_r = 0$$

$$x'_j = 0 \qquad (j = m+1, m+2, \cdots, n, j \neq s) \tag{4-29}$$

目标函数的净减小值:

$$r_s x'_s = r_s \frac{b_r}{a_{rs}} = (c_s - \sum_{i=1}^{m} c_i a_{is})\frac{b_r}{a_{rs}} \tag{4-30}$$

从基本变量的表达式可看出,基本变量的值可以由第 r 行 s 列元素为主元进行消元得到,消元后方程组的系数及右端项为:

$$a'_{ij} = a_{ij} - a_{is}\frac{a_{rj}}{a_{rs}}, b'_i = b_i - a_{is}\frac{b_r}{a_{rs}}$$

$$a'_{rj} = \frac{a_{rj}}{a_{rs}}, b'_r = \frac{b_r}{a_{rs}} \tag{4-31}$$

$$(i = 1, 2, \cdots, m, i \neq r, j = 1, 2, \cdots, n)$$

3) 线性规划求解步骤

(1)将线性规划转化成标准形式,给出初始基本可行解 x_0,将它作为迭代过程的出发点,得目标值 $Z(x_0)$。

(2)寻找一个基本可行解 x_1,使 $Z(x_1) \leqslant Z(x_0)$,方法是通过消除法将产生 x_0 标准形式转化为产生 x_1 的标准形式。

(3)继续寻找较好的基本可行解,x_2、x_3、…使目标函数值不断改进,即 $Z(x_0) \geqslant Z(x_1) \geqslant Z(x_2) \geqslant Z(x_3) \geqslant \cdots$ 当某个基本可行解再也不能被其他基本可行解改进时,它就是所求的最优解。

4)线性规划在模型修正和损伤识别计算中的应用

在模型修正和结构损伤识别的一阶摄动方程中不等式约束为:

$$\boldsymbol{lb} \leqslant \boldsymbol{\varepsilon} \leqslant \boldsymbol{ub} \tag{4-32}$$

其可根据问题的具体情况确定。

对结构初始模型修正问题,可以认为实际结构参数在设计值附近变动,如果假设参数的变化幅度为 $\pm a$,则上限可取 $\boldsymbol{ub} = [a_1, a_2, \cdots, a_n]^{\mathrm{T}}$,下限可取 $\boldsymbol{lb} = [-a_1, -a_2, \cdots, -a_n]^{\mathrm{T}}$。

对结构损伤识别问题,因为损伤一般不会引起结构刚度的增加,而单元刚度因损伤引起的折减最大是1,所以可取损伤因子 $\boldsymbol{\varepsilon}$ 的上下限分别为 $\boldsymbol{ub} = [0,0,\cdots,0]^{\mathrm{T}}$,$\boldsymbol{lb} = [-1,-1,\cdots,-1]^{\mathrm{T}}$。

方程式本身是近似的,如果要求其严格相等而求解,反而会增加误差,按优化理论等式成立于某个范围更加合理,因此引入误差向量,使其满足:

$$-\boldsymbol{\beta} \leqslant \lambda_j \boldsymbol{\varepsilon} - \Delta\lambda \leqslant \boldsymbol{\beta} \tag{4-33}$$

上述识别问题写成线性规划的形式为:

$$\begin{gathered} \min[0\ 1]\boldsymbol{q} \\ s.\ t.\ \boldsymbol{Hq} \leqslant \boldsymbol{f} \\ \boldsymbol{\beta} \geqslant 0 \end{gathered} \tag{4-34}$$

式中,$H = \begin{bmatrix} \boldsymbol{I} & 0 \\ -\boldsymbol{I} & 0 \\ \lambda_j & -\boldsymbol{I} \\ -\lambda_j & -\boldsymbol{I} \end{bmatrix}$;$\boldsymbol{q} = \begin{Bmatrix} \varepsilon \\ \beta \end{Bmatrix}$;$\boldsymbol{f} = \begin{Bmatrix} \boldsymbol{ub} \\ \boldsymbol{lb} \\ \Delta\lambda \\ \Delta\lambda \end{Bmatrix}$。

求解上面的线性规划问题就可得出模型修正或结构损伤识别的参数变化量。

4.4.2 筛选法

利用结构损伤引起的频率变化量识别结构损伤时,尤其是在损伤程度较严重时,使用优化算法进行结构损伤识别计算,经常会在未损伤单元位置出现假的损伤,尽管很小,这也给损伤定位带来一定的困难。另外,优化算法有时还可能出现局部极小值,使识别失败。为克服优化方法的不足,本节根据基于频率变化与单元矩阵摄动理论识别结构损伤的特点,提出损伤识别的筛选法。

基于频率变化与单元矩阵摄动理论识别结构损伤具有以下特点:

(1) 对于实时在线监测或定期检测的结构,每一次发现的损伤数量不是很多,设为 r 个,r 一般在几个左右。

(2) 除损伤单元的损伤识别参数不为 0 外,其余单元的损伤识别参数都为 0。

(3) 若离散化的结构损伤识别单元模型有 m 个单元(假设每一个损伤识别单元有一个损伤识别参数 ε_i,有的损伤识别单元若可以确定它不会损伤,就可以没有识别参数),r 个损伤单元,而可较准确测试的固有频率为 k 阶,则只要满足条件 $k>r+1$,用基于频率的损伤识别方法就可得到唯一的识别结果[10]。

因此,虽然由此可以得到的方程数量是 k 个,而待定的未知数 ε_i 是 m 个,而 $m>k$,甚至 $m\gg k$,即方程组是不完备的(欠定的)。但是由于除了少数(r 个)$\varepsilon_i \neq 0$ 以外,$(m-r)$ 个 $\varepsilon_i=0$,即我们只需求解这几个不为 0 的 ε_i 的数值,而对其他为 0 的 ε_i,则可以不去关注。在此特定的条件下,这样的"欠定方程组"可以是确定的、可解的。

1)筛选法的原理[11]

若离散化的结构损伤识别单元模型有 m 个单元,准确测试的结构固有频率为 k 阶,结构损伤后其固有频率的变化是损伤大小与位置的函数,可以表示为:

$$\Delta\boldsymbol{\lambda}_{k\times 1}=\varphi(\varepsilon)_{k\times 1} \tag{4-35}$$

式中:ε——m 维的损伤识别参数向量,且有 $-1<\varepsilon_i\leqslant 0, i=1,\cdots,m$。

若结构中有 r 个集中损伤,分布在 r 个不同的单元,则这 r 个损伤在结构的损伤识别单元模型中有 C_m^r 个可能的单元组合情况,可以由式(4-35)分别给出这 C_m^r 种组合的方程组:

$$\Delta\boldsymbol{\lambda}_{r\times 1}=\varphi(\varepsilon_{r\times 1}^z)_{r\times 1}\qquad (z=1,\cdots,C_m^r) \tag{4-36}$$

式中:z——第 z 个损伤单元组合。

由此可解出 C_m^r 组 $\varepsilon_{r\times 1}^z$。

根据上述特点(3),在这 C_m^r 组 $\varepsilon_{r\times 1}^z$ 中,只有一组是真实的损伤,设为 $\varepsilon_{r\times 1}^l$,则 $\varepsilon_{r\times 1}^l$ 应满足任意的 $r+1$ 个方程,即:

$$\Delta\boldsymbol{\lambda}_q=\varphi_q\varepsilon_{r\times 1}^l \tag{4-37}$$

式中:q—— r 个方程以外的任意一个方程编号。

而其余的解都不能满足任意的 $r+1$ 个方程,因此只需要利用识别方程组中已用过的 r 个方程以外的任意一个方程,即可得出真实的损伤结果 $\varepsilon_{r\times 1}^l$,这就像过筛子一样,因此命名为筛选法。

2）筛孔大小的选择

实际上，要准确给出函数 $\varphi(\varepsilon)$ 是不可能的，在第 3 章我们用未损伤结构固有频率邻域的二阶摄动来近似表达这种函数，而式(4-37)的准确表达式应为：

$$\Delta\lambda = \lambda_i\varepsilon + \lambda_{ij}\varepsilon + o(\varepsilon^3) \tag{4-38}$$

其中，$o(\varepsilon^3)$ 是 λ 在 λ_0 处按 ε 展开的 3 阶以上项之和（包括 3 阶），它虽是个小量，但不为 0，因此：

$$\delta = \Delta\lambda - \lambda_i\varepsilon - \lambda_{ij}\varepsilon \neq 0 \tag{4-39}$$

这样在筛选过程中，选择一小参数 β 作为筛选时的“孔径”，使 β 大于由真实损伤 $\varepsilon^l_{r\times1}$ 得到的 δ_1，而小于由非真实损伤 $\varepsilon^z_{r\times1}(z\neq l)$ 得到的 δ_2，即可得到真实的结果。

对于真实损伤的 $\varepsilon^l_{r\times1}$，有：

$$\delta_1 = o(\varepsilon^3) \tag{4-40}$$

对于非真实损伤的 $\varepsilon^z_{r\times1}(z\neq l)$，则有：

$$\delta_2 = \Delta\lambda - \lambda_i\varepsilon^z_{r\times1} - \lambda_{ij}\varepsilon^z_{r\times1} - o(\varepsilon^3) \tag{4-41}$$

要准确确定 β 的大小是不可能的，但可以给出一个估计值，因为实际筛选时，$\delta_2 \gg \delta_1$，只要给出区间 (δ_1, δ_2) 中的任意值即可。我们建议取：

$$\beta = \alpha\left(\frac{\sum_1^r \varepsilon}{r}\right)^3 \tag{4-42}$$

式中：α——调节参数，$1<\alpha<10$，可根据实际情况增大或减小，根据仿真经验一般取 1 ~ 5 均可。

3）筛选法的计算过程

筛选法基准模型、损伤识别单元模型的建立与优化算法相同，不同之处主要是损伤识别参数的确定。

设有 r 个单元损伤，首先选择 r 个方程组成方程组：

$$\varepsilon^{\mathrm{T}}_{(1\times r)}\lambda_{ij(r\times r\times r)}\varepsilon_{(r\times1)} + \lambda_{i(r\times r)}\varepsilon_{(r\times1)} = \Delta\lambda_{(r\times1)} \tag{4-43}$$

扫描单元损伤组合，每组合一种情况，直接求出该组合的损伤识别参数向量 $\varepsilon^{\mathrm{T}}_{r\times1}$，然后对其进行筛选，筛选分为两步：第一步，直接使用损伤识别参数的定义域筛选，若 $\varepsilon^{\mathrm{T}}_{r\times1}$ 不在其定义域内，直接漏筛，符合定义域则进入第二步筛选，使用已用过的 r 个方程以外的任意一个方程，如第 q 个，形成函数：

$$\delta^q_{ij} = \frac{\varepsilon^z_{(r\times1)}\lambda_{ij(r\times r\times1)}\varepsilon^z_{(r\times1)} + \lambda_{i(r\times r)}\varepsilon^E_{(r\times1)}}{\Delta\lambda^q} \tag{4-44}$$

将 $\varepsilon^{\mathrm{T}}_{r\times1}$ 代入式(4-44)，得到 $\delta^{(q)}_{ij}$，若 $|\delta_i^{(q)}|\leqslant\beta$，$\beta$ 为筛孔大小，则对应的 $\varepsilon^{\mathrm{T}}_{r\times1}$ 过筛，即得到要识别得结果。否则，该组合的解 $\varepsilon^{\mathrm{T}}_{r\times1}$ 不是要识别的结果，重新进行下

一组合的求解与筛选。上述筛选过程有两种可能结果，一种是有组通过筛选，则此组$\{\varepsilon\}$即为损伤识别结果，另一种是无一组通过筛选，表明结构损伤单元数不是r个，改变r的大小重新进行筛选，直到找到要识别的结果为止。

实际损伤识别时，损伤单元数r不确定，因其较小，可以按自然顺序试算，试算r不符合实际时，筛出的解为空，进入$r+1$试算，直到有一组唯一解为止，如果试算的r较大，那么可以判断结构没有损伤。

对于对称结构，损伤识别结果是成对出现，因此，最后筛选的结果也会是成对的。

4）筛选法的优缺点

筛选法的优点是：

（1）计算过程简单、方便。

（2）一般只需$r+1$阶固有频率测试值就能准确识别结构的r个损伤位置与损伤程度。

（3）可以在k阶测试固有频率中选择r阶精度较高的频率进行筛选法计算，这样可以提高识别精度。

（4）不会出现“假损伤”。

筛选法的缺点是：当损伤识别单元数m较大，r也较大时，C_m^r是一个很大的数，即有很多种可能的损伤单元组合情况，在这种情况下筛选法的计算量将会很大。

4.5 结构损伤识别的联合筛选算法

筛选法避免了优化方法的不足，消除了未损伤单元位置上出现的假损伤，但其在损伤识别单元数量与损伤个数较大时，计算的组合方程组数量较多，筛选的次数较多。为了避免这种不足，可以将优化方法与筛选法联合进行结构的损伤识别。首先选定优化方法识别出所有可能的损伤单元（使用一阶摄动方程识别即可），假设有p个，一般p远远小于原来的损伤识别单元数，然后，假设一个新的单元数为p的模型重新进行筛选法计算。这样可以使筛选法求解组合方程组的数量大大较少，筛选的次数也大大降低。为减少筛选的次数，也可以先使用损伤识别参数的物理区间直接排除一部分不合理的组合，再进行筛选。优化方法与筛选法联合的损伤识别算法继承了筛选法的优点，避免了优化方法的不足，剔除了优化方法识别结果中假的未损伤单元，使损伤定位结果唯一。

参考文献

[1] 殷学纲,陈淮,蹇开林.结构振动分析的子结构方法[M]. 北京:中国铁道出版社,1991:163-200.

[2] Doebling S W, Farrar C R, Prime M B, et al. A review of damage identification methods that examine changes in dynamic properties[J]. Shock and Vibration Digest, 1996, 30(2):91-105.

[3] Wang X, Hu N, et al. Structural damage identification using static test and changes in frequencies[J]. Engineering Structures, 2001, (1):610-321.

[4] 李国强,李杰. 工程结构动力检测理论与应用[M]. 北京:科学出版社,2002.

[5] 杜思义.基于频率变化与单元矩阵摄动理论的结构损伤识别方法研究[D]. 重庆:重庆大学,2005: 14-26.

[6] Mroz Z. Lekszycki T. Identification of Damage in Structures Using Parameter Dependent Modal Response[C]. Proceedings of ISMA25, Noise and Vibration Engineering, Leuven, elgium,2000.

[7] Salawu O S. Detection of structural damage through changes in frequency: a review [J]. Engineering Structures, 1997, 19 (9):718-723.

[8] Ake Bjorck. Numerical methods for least squares problems[J]. Society for Industrial and Applied Mathematics, 1996: 187-203.

[9] 徐树方,高立,张平文.数值线性优化[M]. 北京:北京大学出版社,2000.

[10] Fbarizio Vesortni and Danilo Capecchi. Damage Detection in Beam Structurers Based on Frequency Measurernent [J]. Journal of Engineering Mechanies,2000, 126(7):761-768.

[11] 杜思义,殷学纲,陈淮.基于矩阵摄动理论识别结构损伤的筛选法[J]. 应用力学学报,2008,25(1):75-78.

第5章　结构损伤识别的单元矩阵摄动方法实验证明

5.1　结构损伤识别的实验方法

结构的损伤识别,从其本质上讲,它是一种实验技术,没有很好的测试设备、测试方法及数据处理技术,便不可能进行有效的损伤识别。结构损伤的直接识别方法自不待言,结合结构力学模型的结构损伤的间接识别方法,也同样依赖于目标结构的若干特征量的测试与分析结果。

本书所讨论的结构损伤方法是结合结构力学模型识别结构损伤的间接识别方法,这类方法的研究一般应该有以下4个阶段:

(1)理论研究,建立结构损伤识别的力学模型,并由此推出进行损伤识别的数学方程及其求解方法。

(2)进行结构损伤识别的计算机仿真,以验证理论与方法的有效性。

(3)进行结构模型的损伤识别实验,即在模型结构上"制造"损伤,并用所研究的理论与方法进行识别,以验证所研究理论与方法的正确性与可靠性。

(4)工程结构的实际应用,即在实际的工程结构上进行损伤识别。

影响结构动力学特性的因素有两个,即刚度矩阵与质量矩阵,其中任意一个发生变化,结构的动力学特性都会发生相应的变化,式(3-44)给出了一个具体的结果,其中,等式左边的 λ_i^s 表示结构的第 s 阶动力学特征值对结构的第 i 个单元刚度的一阶变化率,而等式右边的 $\boldsymbol{K}_i$ 与 $\boldsymbol{M}_i$ 分别表示结构第 i 个单元刚度变化或质量变化时结构刚度的变化率和质量的变化率。由此可以得出在 $\boldsymbol{M}_i=0$,而单元刚度矩阵的变化由式(4-4)给出:

$$\lambda_i^s = \varphi_0^{sT}\boldsymbol{K}_i\varphi_0^s \tag{5-1}$$

而当 $\boldsymbol{K}_i=0,\boldsymbol{M}_i\neq 0$ 时,则式(3-23)变为:

$$\lambda_i^s = \varphi_0^{sT}M_i\varphi_0^s \tag{5-2}$$

由此,可以构成两种不同情况的式(4-6),如果可以通过测试手段,得到式(4-6)的右端项,那么通过求解式(4-6),便可以得到损伤识别参数 ε。第一种情况(通常的方法)是一般意义的结构损伤识别参数,而第二种情况(本章提出的方法),可以认为是另一种广义的结构损伤识别。

国内外已经进行了不少结构损伤识别的模型实验,这类实验的难度一般都很大,其主要的难度在于损伤的"制造",在模型结构上制造损伤,使模型结构的刚度降低。梁、板等简单结构的破损处理方法,大多采用在梁、板一侧局部切口(挖洞)处理[1-3]。这种方法虽然在一定程度上能通过梁、板构件的局部刚度降低模拟结构的局部损伤,但具体操作中存在不少困难和缺点,用这种方法对不同位置、不同数量、不同程度的损伤进行模拟十分困难,甚至几乎不可能。在钢结构上锯缝,本身就不方便,如果要把已经损伤的结构"还原",以便进行下一次的实验,其难度非常大,而且,要完全"还原"几乎是不可能的,从而使结构损伤识别实验不能在同一构件上重复做,造成结构损伤识别实验周期长、费用高,并且少量破损构件的实验数据离散性大,难以对理论方法的正确性进行充分支持;不同的实验构件,特别是工程中采用的混凝土构件,其参数随机性也对实验测试结果有影响。因此令很多研究者望而却步。

梁是最简单的一维构件,在结构损伤识别的验证性实验中,经常用梁进行破损性实验。对梁构件进行破损处理,通常的方法是在结构上用钢锯进行局部切口,通过计算切口处未断开截面与初始截面的抗弯惯性矩比值,确定局部切口处预设刚度降低的程度。例如,某铝合金简支梁,截面为 80mm × 50mm × 1.5mm × 1.5mm,关于水平形心轴的初始截面惯性矩为 $I_0 = 345246\text{mm}^4$。把该梁划分为 15 个平面梁单元,为模拟某单元的结构损伤,将该单元受拉侧翼缘板切削掉,切口处截面的惯性矩为 $I_1 = 201370\text{mm}^4$,则该梁切口处截面惯性矩同初始截面惯性矩之比为 $I_1/I_0 = 0.58$,可模拟该单元 42% 的刚度降低。铝合金箱梁初始截面及切口截面如图 5-1所示,图中 x_0、x_1 轴分别为初始截面及切口截面的水平中性轴。

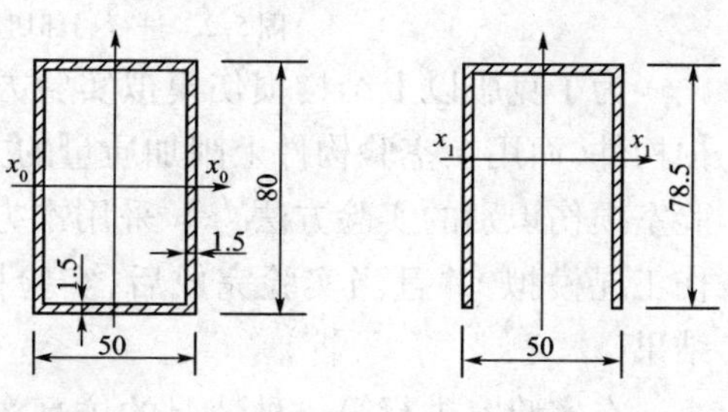

图 5-1　铝合金箱梁横截面图(尺寸单位:mm)

对梁构件进行局部切口可实现梁截面刚度降低,从而能定量模拟出梁构件的局部损伤,但该方法存在以下缺点:

(1)对梁构件进行局部切口后,已破损结构具有不可恢复性,对某单元进行一定程度的切口处理只能模拟出该单元的单一损伤工况,要想实现多工况的损伤模拟,势必要增加实验梁的数量,对于钢材等材料变异性小的梁,进行结构损伤识别实验,材料的随机性影响可忽略不计,但对于混凝土等材料变异性大的梁,进行结构损伤识别实验,材料的随机性影响大,不能进行重复实验。

(2)对梁构件下侧进行局部切口处理后该段梁的水平中性轴向上侧移动,如图 5-2 所示,其中图 5-2a)为实验梁的真实情况,损伤单元 8 与其他单元的水平中性轴不重合,必然造成整根梁的水平中性轴上移,图 5-2b)为进行简支梁损伤识别的有限元计算模型,往往不考虑损伤单元 8 中性轴位置的改变,这必然造成理论计算与实验不完全一致,影响损伤识别的精度。

(3)以图 5-1 中的箱形截面为例,仅仅切去下翼缘板,损伤单元的刚度降低就达到了 42%,因此采用该方法难以实现小损伤工况的模拟,这与工程结构多为小损伤的实际情况差距较大。

(4)对钢梁单元进行局部切口相对较易实现,对混凝土梁,难以准确定量模拟其刚度降低。

综上所述,采用结构构件局部切口模拟结构损伤的实验方法具有较大的局限性,需要寻求一种较为方便的损伤模拟实验方法。

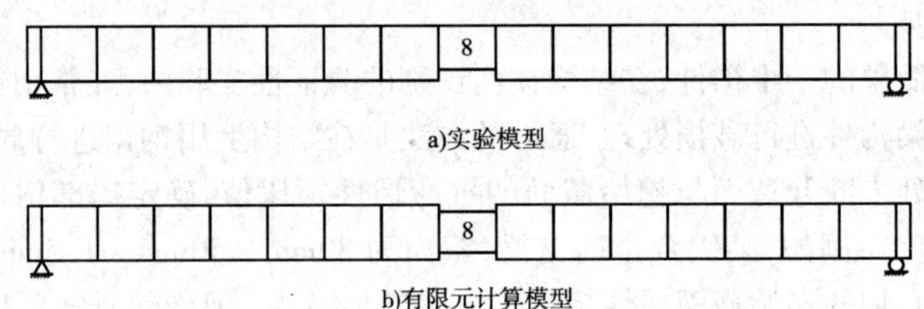

图 5-2 进行局部切口模拟结构损伤的简支梁

为了克服以上结构损伤模拟实验方法的缺点,在本章中我们提出一种不用破损构件,而用在室验构件上附加质量的方法来模拟结构的损伤,进行结构模型的实验室损伤识别的实验方法[4]。采用本方法,可以仅用一个构件即可实现多参数损伤工况模拟,并且当实验完成后,实验构件仍保持完好,可重复使用,获得满意的结果。

在实验室进行第一种情况的仿真实验,正如前面所说,是相当困难的,而采用附加质量的方法进行第二种情况的仿真实验,则是容易的。而且,用附加沙袋的方法,可以做到对结构的刚度不发生影响。只要用第二种情况验证我们提出的理论与方法是成功的,那么,我们便可以得出该理论与方法对于第一种情况也是成功的。

5.2　结构单损伤时单元质量增加与刚度减少的等价关系

本节从结构特征值方程出发,引入矩阵摄动理论,从理论上证明实验方法的正确性。

结构特征值方程为:

$$(\boldsymbol{K}-\lambda\boldsymbol{M})\boldsymbol{\Phi}=0 \tag{5-3}$$

式中:$\boldsymbol{K}$——结构的刚度矩阵;

$\boldsymbol{M}$——结构的质量矩阵;

λ、$\boldsymbol{\Phi}$——分别为结构的特征值和特征向量。

假定结构的刚度、质量均发生改变,则特征值也随之改变,式(5-3)成为:

$$[(\boldsymbol{K}+\Delta\boldsymbol{K})-(\lambda+\Delta\lambda)(\boldsymbol{M}+\Delta\boldsymbol{M})](\boldsymbol{\Phi}+\Delta\boldsymbol{\Phi})=0 \tag{5-4}$$

式中:$\Delta\boldsymbol{K}$——结构刚度的改变量;

$\Delta\boldsymbol{M}$——结构质量的改变量;

$\Delta\lambda$、$\Delta\boldsymbol{\Phi}$——分别为结构特征值和特征向量的改变量。

展开式(5-4),并注意到式(5-3),可得:

$$(\Delta\boldsymbol{K}-\Delta\lambda\boldsymbol{M}-\lambda\Delta\boldsymbol{M}-\Delta\lambda\Delta\boldsymbol{M})\boldsymbol{\Phi}+(\boldsymbol{K}+\Delta\boldsymbol{K}-\lambda\boldsymbol{M}-\Delta\lambda\boldsymbol{M}-\lambda\Delta\boldsymbol{M}-\Delta\lambda\Delta\boldsymbol{M})\Delta\boldsymbol{\Phi}=0 \tag{5-5}$$

将式(5-5)两边同时左乘 $\boldsymbol{\Phi}^{\mathrm{T}}$,得:

$$\boldsymbol{\Phi}^{\mathrm{T}}(\Delta\boldsymbol{K}-\Delta\lambda\boldsymbol{M}-\lambda\Delta\boldsymbol{M}-\Delta\lambda\Delta\boldsymbol{M})\boldsymbol{\Phi}+\boldsymbol{\Phi}^{\mathrm{T}}(\boldsymbol{K}+\Delta\boldsymbol{K}-\lambda\boldsymbol{M}-\Delta\lambda\boldsymbol{M}-\lambda\Delta\boldsymbol{M}-\Delta\lambda\Delta\boldsymbol{M})\Delta\boldsymbol{\Phi}=0 \tag{5-6}$$

由于 $\boldsymbol{K}$、$\boldsymbol{M}$ 均为对称阵,将式(5-3)转置,有:

$$\boldsymbol{\Phi}^{\mathrm{T}}(\boldsymbol{\Phi}-\lambda\boldsymbol{M})=0 \tag{5-7}$$

考虑式(5-7),则式(5-6)成为:

$$\boldsymbol{\Phi}^{\mathrm{T}}(\Delta\boldsymbol{K}-\Delta\lambda\boldsymbol{M}-\lambda\Delta\boldsymbol{M}-\Delta\lambda\Delta\boldsymbol{M})\boldsymbol{\Phi}+\boldsymbol{\Phi}^{\mathrm{T}}(\Delta\boldsymbol{K}-\Delta\lambda\boldsymbol{M}-\lambda\Delta\boldsymbol{M}-\Delta\lambda\Delta\boldsymbol{M})\Delta\Phi=0 \tag{5-8}$$

显然,可得出下式:

$$\Delta\boldsymbol{\Phi}=-\frac{\boldsymbol{\Phi}^{\mathrm{T}}(\Delta\boldsymbol{K}-\Delta\lambda\boldsymbol{M}-\lambda\Delta\boldsymbol{M}-\Delta\lambda\Delta\boldsymbol{M})\boldsymbol{\Phi}}{\boldsymbol{\Phi}^{\mathrm{T}}(\Delta\boldsymbol{K}-\Delta\lambda\boldsymbol{M}-\lambda\Delta\boldsymbol{M}-\Delta\lambda\Delta\boldsymbol{M})} \tag{5-9}$$

式(5-9)是当结构的刚度、质量改变后,特征向量改变量的表达式。

对式(5-8)变形,可得:

$$\boldsymbol{\Phi}^{\mathrm{T}}(\Delta\boldsymbol{K}-\Delta\lambda\boldsymbol{M})(\boldsymbol{\Phi}+\Delta\boldsymbol{\Phi})-\Delta\lambda\boldsymbol{\Phi}^{\mathrm{T}}(\boldsymbol{M}+\Delta\boldsymbol{M})(\boldsymbol{\Phi}+\Delta\boldsymbol{\Phi})=0 \tag{5-10}$$

由此可得出下式：

$$\Delta\lambda=\frac{\boldsymbol{\Phi}^{\mathrm{T}}(\Delta\boldsymbol{K}-\Delta\lambda\boldsymbol{M})(\boldsymbol{\Phi}+\Delta\boldsymbol{\Phi})}{\boldsymbol{\Phi}^{\mathrm{T}}(\boldsymbol{M}+\Delta\boldsymbol{M})(\boldsymbol{\Phi}+\Delta\boldsymbol{\Phi})} \tag{5-11}$$

式(5-11)是当结构的刚度、质量改变后，特征值改变量的表达式。

假设结构的刚度发生改变，而质量不变，即令 $\Delta\boldsymbol{M}=0$，代入式(5-11)，可得：

$$\Delta\lambda=\frac{\boldsymbol{\Phi}^{\mathrm{T}}\Delta\boldsymbol{K}(\boldsymbol{\Phi}+\Delta\boldsymbol{\Phi})}{\boldsymbol{\Phi}^{\mathrm{T}}\boldsymbol{M}(\boldsymbol{\Phi}+\Delta\boldsymbol{\Phi})} \tag{5-12}$$

可见当结构质量不变而刚度降低时，会引起各阶特征值降低。

假设结构的质量改变，而刚度不变，即令 $\Delta K=0$，代入式(5-11)，可得：

$$\Delta\lambda=-\frac{\lambda\boldsymbol{\Phi}^{\mathrm{T}}\Delta\boldsymbol{M}(\boldsymbol{\Phi}+\Delta\boldsymbol{\Phi})}{\boldsymbol{\Phi}^{\mathrm{T}}(\boldsymbol{M}+\Delta\boldsymbol{M})(\boldsymbol{\Phi}+\Delta\boldsymbol{\Phi})} \tag{5-13}$$

可见当结构刚度不变而质量增加时，同样会引起各阶特征值的降低。

现假定结构中某单元的刚度降低，引入正值小参数 ε_{Ki}，则结构刚度的降低量可表示为：

$$\Delta\boldsymbol{K}=-\varepsilon_{Ki}\boldsymbol{K} \tag{5-14}$$

另一方面假定结构中某单元的质量增加，引入正值小参数 ε_{Mi}，则结构质量的增加量可表示为：

$$\Delta\boldsymbol{M}=\varepsilon_{Mi}\boldsymbol{M} \tag{5-15}$$

将式(5-14)代入式(5-12)、式(5-15)代入式(5-13)，并令两者相等，则有：

$$\varepsilon_{Ki}\frac{\boldsymbol{\Phi}^{\mathrm{T}}\boldsymbol{K}(\boldsymbol{\Phi}+\Delta\boldsymbol{\Phi})}{\boldsymbol{\Phi}^{\mathrm{T}}\boldsymbol{M}(\boldsymbol{\Phi}+\Delta\boldsymbol{\Phi})}=\frac{\varepsilon_{Mi}}{(1+\varepsilon_{Mi})}\cdot\frac{\lambda\boldsymbol{\Phi}^{\mathrm{T}}\boldsymbol{M}(\boldsymbol{\Phi}+\Delta\boldsymbol{\Phi})}{\boldsymbol{\Phi}^{\mathrm{T}}\boldsymbol{M}(\boldsymbol{\Phi}+\Delta\boldsymbol{\Phi})} \tag{5-16}$$

式(5-16)可进一步简化为：

$$\frac{\boldsymbol{\Phi}^{\mathrm{T}}\left[\boldsymbol{K}-\frac{\varepsilon_{Mi}}{\varepsilon_{Ki}(1+\varepsilon_{Mi})}\lambda\boldsymbol{M}\right](\boldsymbol{\Phi}+\Delta\boldsymbol{\Phi})}{\boldsymbol{\Phi}^{\mathrm{T}}\boldsymbol{M}(\boldsymbol{\Phi}+\Delta\boldsymbol{\Phi})}=0 \tag{5-17}$$

为满足式(5-17)成立，由式(5-7)可知，只需要满足下式即可：

$$\frac{\varepsilon_{Mi}}{\varepsilon_{Ki}(1+\varepsilon_{Mi})}=1 \tag{5-18}$$

即有：

$$\varepsilon_{Mi}=\frac{\varepsilon_{Ki}}{1-\varepsilon_{Ki}} \tag{5-19}$$

式(5-19)即为质量增加与刚度减少的等价关系式，该式表明，在求解结构特征值方程式(5-4)时，结构的刚度降低与质量增加存在一定的等价关系，若刚度降低和质量增加满足式(5-19)，则结构具有同样的动力学特性。

对于结构有多个单元出现不同的损伤情况，虽然不能从理论上推导出单元质量增加与刚度减少的显式等价关系式，但可以从有限元法数值模拟中定量给出单元质量增加与刚度减少的等价关系，用于确定多个单元出现不同损伤在动测识别实验单元增加的质量，方便该实验方法验证损伤识别理论模型的正确性。

5.3　采用附加质量模拟结构损伤的动测识别实验

采用在结构上附加质量能够准确定量模拟结构损伤程度的前提是：所附加的质量应与结构共同参与振动，但不能对结构提供任何的附加刚度。下面以梁为例，讨论附加质量模拟结构损伤的具体实验方法。

首先应排除在梁构件上表面直接黏结安装刚性质量块的方法，因为刚性的质量块与梁构件上表面可靠黏结后，由于其本身具有一定的抗弯刚度，又远离水平中性轴，故对梁构件产生的附加刚度不可忽视；而如果不进行黏结，只是将刚性质量块摆放在梁构件上表面，又无法实现质量块与梁的共同振动。因此可从两个方面避免上述情况的出现[4-5]：其一采用柔性附加沙袋法把质量安放在梁构件上表面，其二采用悬挂质量法把质量悬挂在梁构件下侧。

5.3.1　附加沙袋法

在实验室进行动测实验，可采用预先在布袋内装填经准确称重的细沙，然后将柔性质量沙袋放置在梁构件相应单元处来模拟该单元的结构损伤。采用附加沙袋作为附加质量的优点主要有：

(1)取材方便，费用低廉。

(2)沙袋质量可由预设刚度降低程度等效计算出的附加质量精确称量。

(3)可根据实验梁划分单元大小决定所制作沙袋的大小，所装填细沙的流动性又非常便于将整个沙袋的质量均匀附设在设定损伤的梁单元全长范围内。

(4)沙袋与梁构件之间的连接可采用胶带黏结，保证沙袋与梁构件共同振动。

(5)沙袋本身的抗弯刚度基本上可忽略不计，因此将沙袋直接安放在梁构件上表面对梁构件的附加刚度影响很小，为了进一步提高实验的精度，降低沙袋附加刚度的影响，对于I型或H型钢梁可将沙袋用胶带对称黏结在梁腹板外侧靠近中性轴的部位。

5.3.2　悬挂质量法

对于I型或H型钢梁，也可采用在梁构件下侧悬挂附加质量来模拟结构损伤。

如图5-3所示,将细钢筋弯折后焊接在矩形钢板下表面即可制作出适用于I型或H型等类型梁的附加悬挂质量挂盘,悬挂质量挂盘顶部的4段水平细钢筋可悬挂在实验梁的下翼缘内侧,附加质量的大小可通过在挂盘内增减钢板进行调整。由于附加悬挂质量的挂盘与梁构件仅有4个部位的点接触,因此采用悬挂质量法不会对梁构件产生附加竖向抗弯刚度,满足附加质量的基本要求。同附加沙袋法相比,悬挂质量法可沿梁轴向自由移动,在动测实验改变损伤模拟工况时,悬挂质量法比附加沙袋法更加便捷,且在不同梁单元位置模拟同一种大小的损伤比附加沙袋法更易保持附加质量沿梁单元分配的一致性。

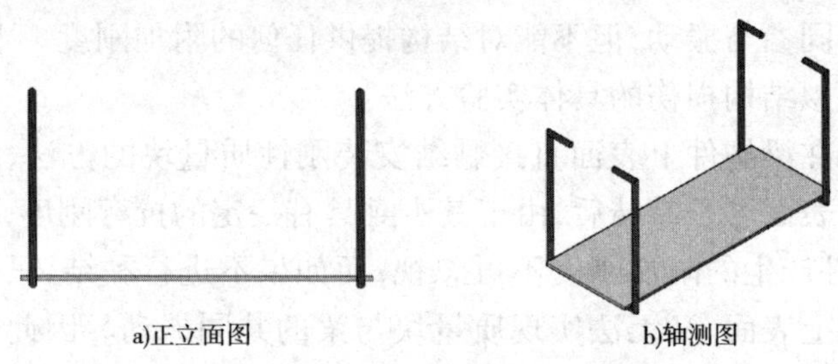

图5-3　I型、H型钢梁悬挂质量示意图

5.4　简支钢梁附加质量模拟结构损伤动测识别实验

5.4.1　实验准备

为验证结构损伤识别的单元矩阵摄动方法的正确性,进行了I型钢截面简支梁附加质量模拟结构损伤动测识别实验[4-5]。实验梁全长6000mm,支座中心线距梁端部截面100mm,简支梁计算跨度为5800mm。附加质量的大小同单元质量有关,因此首先需要明确钢梁的单元划分情况。将该梁划分为20个平面梁单元,如图5-4所示,每个梁单元的长度为290mm。

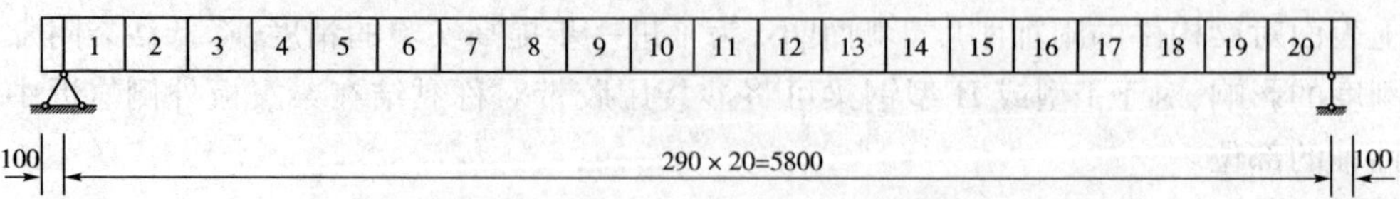

图5-4　I型钢简支梁尺寸及单元划分(尺寸单位:mm)

根据钢梁称重结果可知实验钢梁的线质量为31.667kg/m，则每个梁单元的质量为9.183kg。在实验中分别考虑损伤单元具有10%、20%、30%的刚度降低，即刚度减少参量ε_{Ki}分别等于0.1、0.2、0.3。注意到质量增加与刚度减少的等价关系式(5-19)，可简便地算出与ε_{Ki}相对应的质量增加参量ε_{Mi}的大小，乘以1个梁单元的质量即可得1个梁单元附加质量的大小，见表5-1。

模拟结构损伤的单元附加质量值　　表5-1

刚度减少参量ε_{Ki}	质量增加参量ε_{Mi}	1个单元的附加质量(kg)
10%	11.1%	1.019
20%	25.0%	2.296
30%	42.9%	3.940

5.4.2　实验过程

对如图5-4所示的I型钢梁进行动测识别实验。测试平台为朗斯数据采集系统，采用锤击激振法。激励位置选择在左侧$L/8$处(3号单元中间)，共布设4个加速度传感器：通道1，跨中$L/2$处(10号、11号单元之间)；通道2，右侧$L/4$处(15号、16号单元中间)；通道3，右侧$L/6$处(17号单元右三分点处)；通道4，右侧$L/8$处(18号单元中间)。传感器布设位置如图5-5所示。

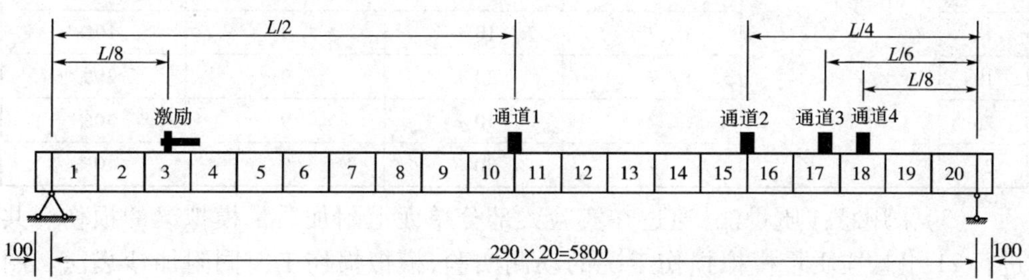

图5-5　I型钢简支梁动测识别实验激励及传感器布设位置图(尺寸单位：mm)

实验过程如下：

(1)首先不附加任何质量，进行I型钢梁的基准状态实验，用以模拟该梁的“无损”状态。注意这里所谓的“无损”是同后面要进行的采用附加质量模拟出的“损伤”相比较的，至于该梁是否存在塑性变形等真实的损伤，对本次实验的检验目的是没有影响的。

(2)采用附加沙袋法，共进行21组附加沙袋模拟损伤工况的动测实验，分别考虑4、7、9号单元增加10%、20%、30%的质量及10%、30%的质量。各附加质量位置及程度见表5-2。

附加质量工况表 表 5-2

序号	附加质量情况	损伤单元号	附加质量大小	附加质量单元号	附加质量大小
01	单单元（附加沙袋、悬挂质量各9组）	4	10%	—	—
02		4	20%	—	—
03		4	30%	—	—
04		7	10%	—	—
05		7	20%	—	—
06		7	30%	—	—
07		9	10%	—	—
08		9	20%	—	—
09		9	30%	—	—
10	双单元（附加沙袋、悬挂质量各12组）	4	10%	7	10%
11		4	30%	7	30%
12		4	10%	7	30%
13		4	30%	7	10%
14		4	10%	9	10%
15		4	30%	9	30%
16		4	10%	9	30%
17		4	30%	9	10%
18		7	10%	9	10%
19		7	30%	9	30%
20		7	10%	9	30%
21		7	30%	9	10%

(3)采用悬挂质量法，通过在实验梁部分单元上附加质量模拟梁的损伤。共进行21组悬挂质量模拟损伤工况的动测实验，模拟损伤工况同附加沙袋法。图5-6～图5-9为动测实验的部分照片。

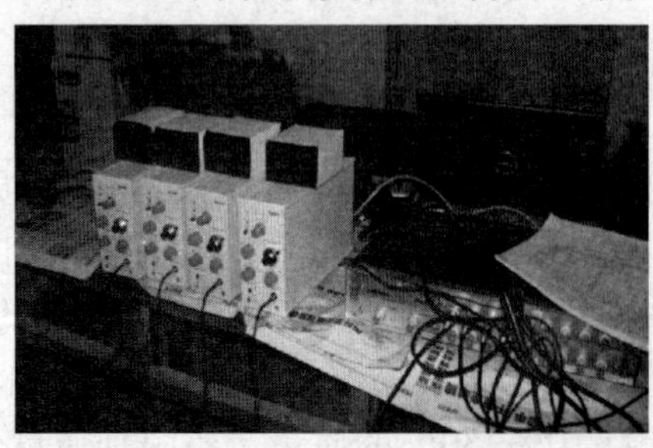

图5-6 安放传感器的简支钢梁

图5-7 朗斯信号采集系统

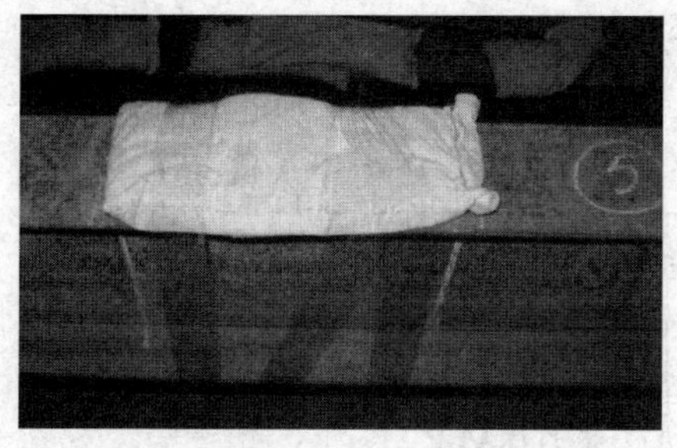

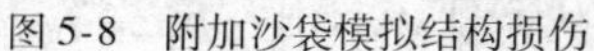

图 5-8 附加沙袋模拟结构损伤

图 5-9 悬挂质量模拟结构损伤

5.4.3 动力测试结果及分析

对动力测试信号进行模态分析，得到"无损"基准状态下 I 型钢梁的固有频率和振型。为尽量提高测试及分析的精度，采用 LFFT 长数据 FFT 分析方法，其中"无损"基准状态下 4 个测点的频率分析结果如图 5-10 所示。限于篇幅，其他各模拟"损伤"工况的模态分析图略。

由各个测点通过模态分析得到的频率值不一定完全相同，此时则应将各个测点所得的各阶频率平均，得到最终的频率结果。

限于篇幅，本节仅列出采用附加沙袋法及悬挂质量法的 7 号、9 号单元模拟单损伤、双损伤各 10 种工况的前 3 阶频率实测值，见表 5-3、表 5-4。

附加沙袋法部分工况实测频率及相对无损状态频率变化率　　表 5-3

实测频率阶次		实测频率（Hz）			相对无损频率变化率（%）		
		f_1	f_2	f_3	Δf_1	Δf_2	Δf_3
无损状态		23.13	88.91	175.86	—	—	—
7 号单元单损伤	10%	23.05	88.65	175.84	-0.34	-0.29	-0.01
	20%	22.97	88.09	175.92	-0.68	-0.91	0.04
	30%	22.81	87.86	175.92	-1.35	-1.18	0.04
9 号单元单损伤	10%	23.05	88.75	175.30	-0.34	-0.18	-0.32
	20%	22.89	88.54	174.81	-1.01	-0.42	-0.59
	30%	22.73	88.15	174.38	-1.69	-0.85	-0.84
7 号单元与 9 号单元双损伤	10%/10%	22.97	88.44	175.30	-0.68	-0.53	-0.32
	10%/30%	22.66	87.86	174.22	-2.03	-1.17	-0.93
	30%/10%	22.66	87.66	175.33	-2.03	-1.41	-0.30
	30%/30%	22.42	86.88	174.38	-3.04	-2.28	-0.84

×10⁻⁸(mV)² [1]全程频谱图-功率谱
(dB)(mV)² [1]分析频谱图-功率谱 光标：f=175.859Hz,A=-87.60dB(mV)²
DASP 数据列表
No. 频率(Hz) 频率差(Hz) 功率谱(mV*mV)
1 23.125 0 -77.13dB
2 175.859 152.734 -87.60dB
(mV)[1]全程波形图
DASP
LFFT 长数据FFT分析
数据参数
试验名：wusun-
试验号：1
测点号：1
分析参数
SF:640Hz
dt:1.5625ms
df:0.078125Hz
分析点数：8K
谱线条数：4096
分析频谱图
频率范围：
从：0Hz
到：320Hz
读数光标
Nc:2252
f:175.859Hz
A:1.736428E-9
a)测点1
×10⁻⁸(mV)² [2]全程频谱图-功率谱
(dB) (mV)² [2]分析频谱图-功率谱 光标：f=260.781Hz,A=-96.32dB(mV)²
DASP 数据列表
No. 频率(Hz) 频率差(Hz) 功率谱(mV*mV)
1 23.125 0 -79.91dB
2 88.9063 65.7813 -91.21dB
3 175.859 86.9531 -91.71dB
4 260.781 84.9219 -96.32dB
(mV) [2]全程波形图
DASP
LFFT 长数据FFT分析
数据参数
试验名：wusun-
试验号：1
测点号：2
分析参数
SF:640Hz
dt:1.5625ms
df:0.078125Hz
分析点数：8K
谱线条数：4096
分析频谱图
频率范围：
从：0Hz
到：320Hz
读数光标
Nc:3339
f:260.781Hz
A:2.332515E-10
b)测点2

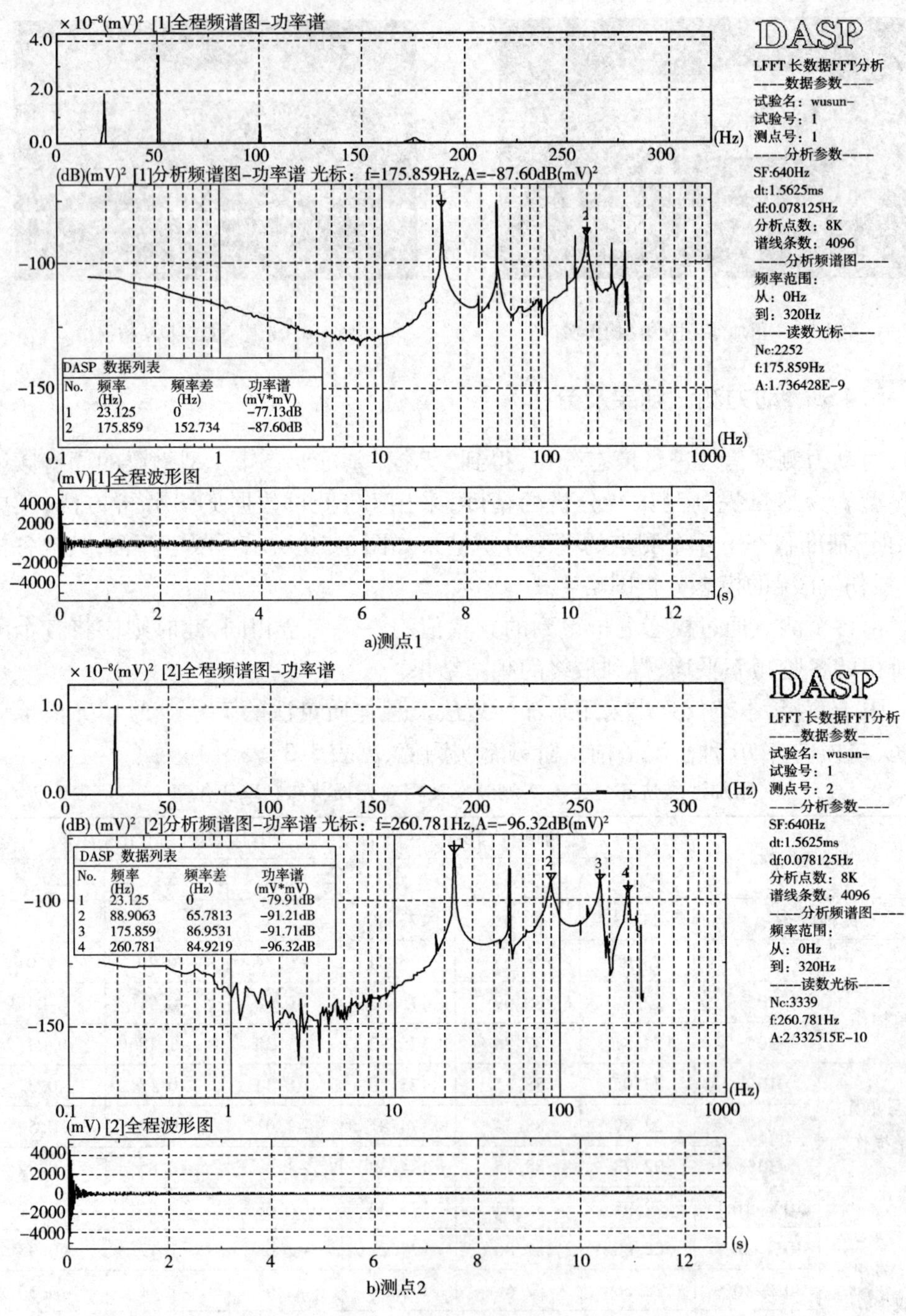

图 5-10

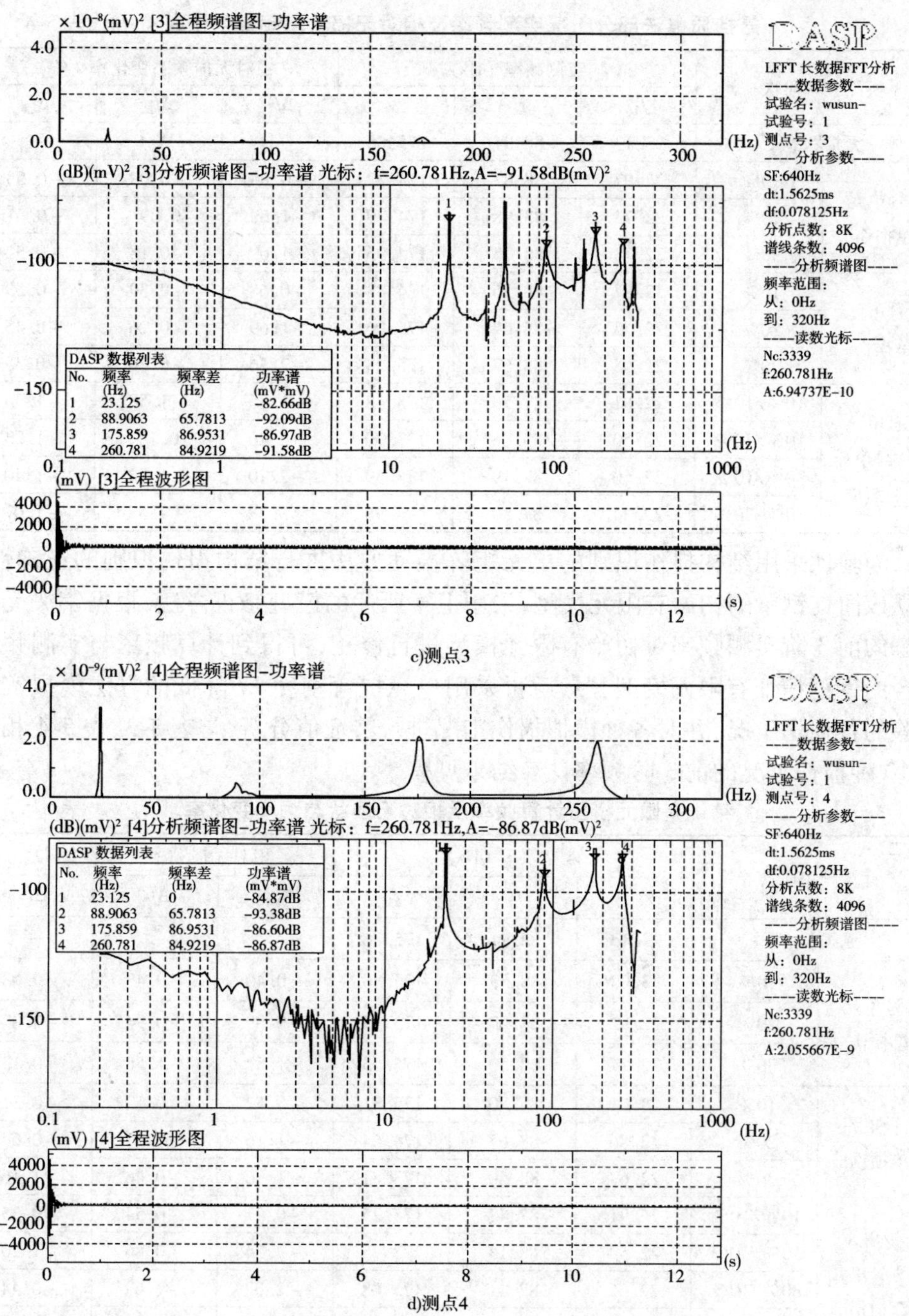

图5-10　无损基准状态 LFFT 长数据 FFT 分析结果

悬挂质量法部分工况实测频率及相对无损状态频率变化率　　表 5-4

实测频率阶次		实测频率（Hz）			相对无损频率变化率（%）		
		f_1	f_2	f_3	Δf_1	Δf_2	Δf_3
无损状态		23.13	88.91	175.86	—	—	—
7 号单元单损伤	10%	22.97	88.83	174.92	−0.68	−0.09	−0.53
	20%	22.73	88.98	174.79	−1.69	0.09	−0.61
	30%	22.73	88.75	174.95	−1.69	−0.18	−0.52
9 号单元单损伤	10%	22.97	88.56	174.83	−0.68	−0.39	−0.59
	20%	22.73	88.67	175.06	−1.69	−0.26	−0.45
	30%	22.58	88.67	175.24	−2.36	−0.26	−0.35
7 号单元与 9 号单元双损伤	10%/10%	22.81	87.50	173.48	−1.35	−1.58	−1.35
	10%/30%	22.50	89.06	173.70	−2.70	0.18	−1.23
	30%/10%	22.50	87.19	173.39	−2.70	−1.93	−1.40
	30%/30%	22.34	87.50	173.98	−3.38	−1.58	−1.07

为验证采用结构损伤识别的单元矩阵摄动方法进行结构损伤识别的正确性，建立该简支钢梁的初始有限元模型，采用上章所述的模型修正方法，根据钢梁无损状态的前 3 阶实测频率对初始有限元模型进行修正，可得到计算频率与实测频率吻合的钢梁精细有限元模型。然后再采用单元抗弯刚度 EI 降低的方法模拟实测实验的各损伤工况，并对各种模拟损伤工况进行特征值分析，与表 5-3、表 5-4 相应的 10 种损伤工况的前 3 阶频率计算结果见表 5-5。

精细有限元模型计算频率及相对无损状态频率变化率　　表 5-5

计算频率阶次		计算频率（Hz）			相对无损频率变化率（%）		
		f_1	f_2	f_3	Δf_1	Δf_2	Δf_3
无损状态		23.13	88.91	175.86	—	—	—
7 号单元单损伤	10%	23.03	88.53	175.80	−0.40	−0.43	−0.03
	20%	22.92	88.07	175.73	−0.89	−0.94	−0.07
	30%	22.77	87.50	175.63	−1.52	−1.58	−0.13
9 号单元单损伤	10%	23.01	88.80	175.31	−0.52	−0.12	−0.31
	20%	22.86	88.67	174.64	−1.16	−0.27	−0.69
	30%	22.67	88.50	173.81	−1.96	−0.46	−1.16
7 号单元与 9 号单元双损伤	10%/10%	22.91	88.42	175.25	−0.91	−0.54	−0.35
	10%/30%	22.59	88.14	173.75	−2.34	−0.86	−1.20
	30%/10%	22.66	87.41	175.08	−2.02	−1.69	−0.44
	30%/30%	22.34	87.16	173.57	−3.39	−1.97	−1.30

将表 5-3、表 5-4 中各损伤工况前 3 阶频率相对无损状态的频率变化率同表

5-5的对应数据进行对比分析,绘出直方图,如图5-11所示。

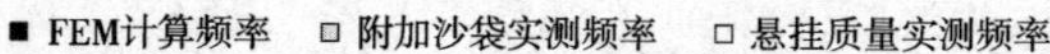

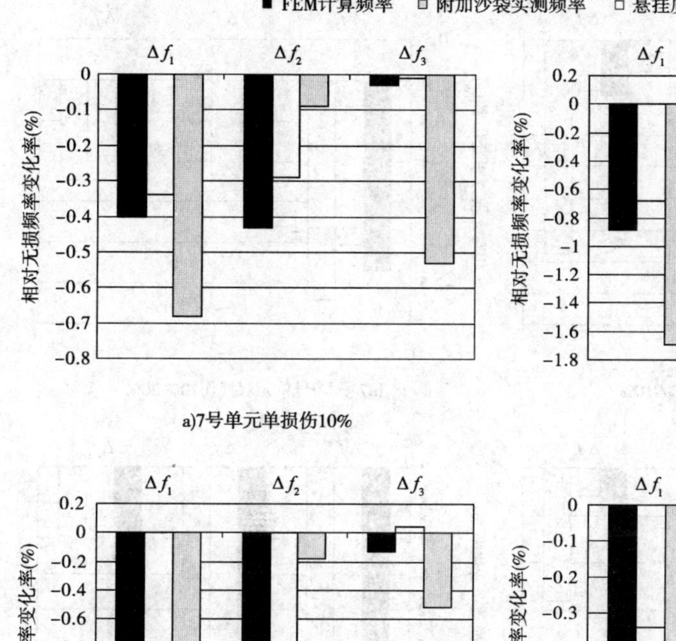

a)7号单元单损伤10%

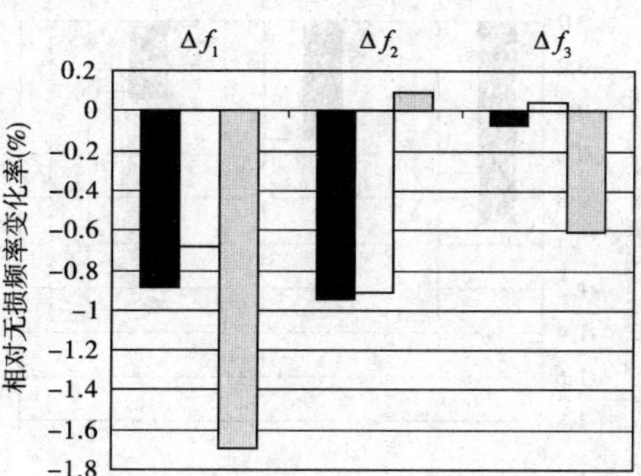

b)7号单元单损伤20%

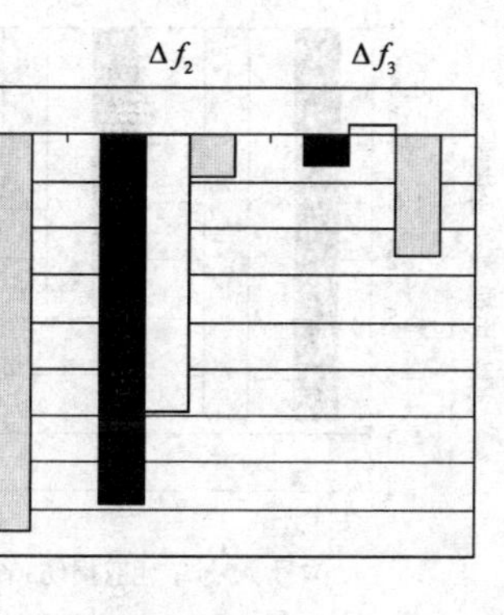

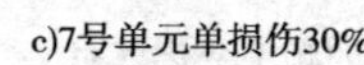
c)7号单元单损伤30%

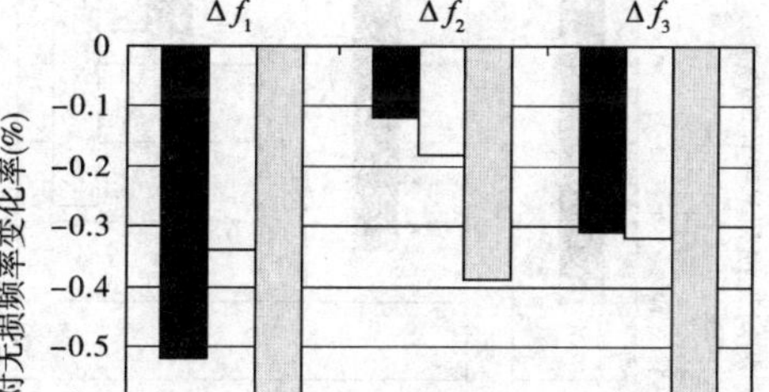

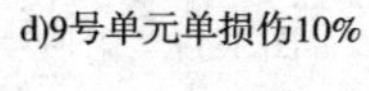
d)9号单元单损伤10%

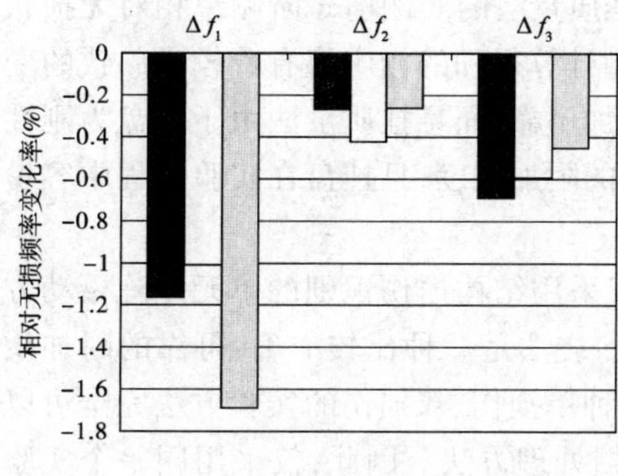

e)9号单元单损伤20%

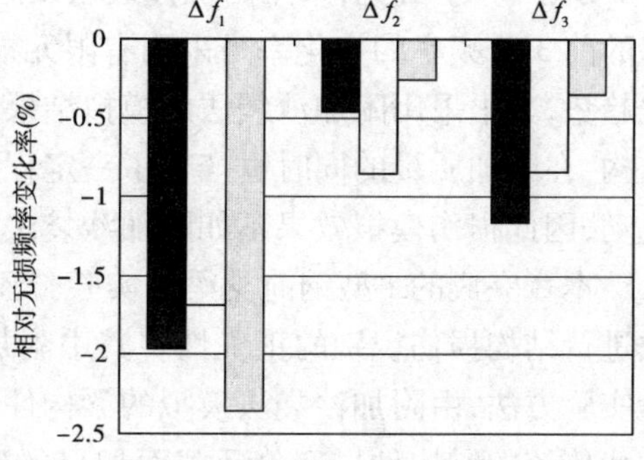

f)7号单元单损伤30%

图 5-11

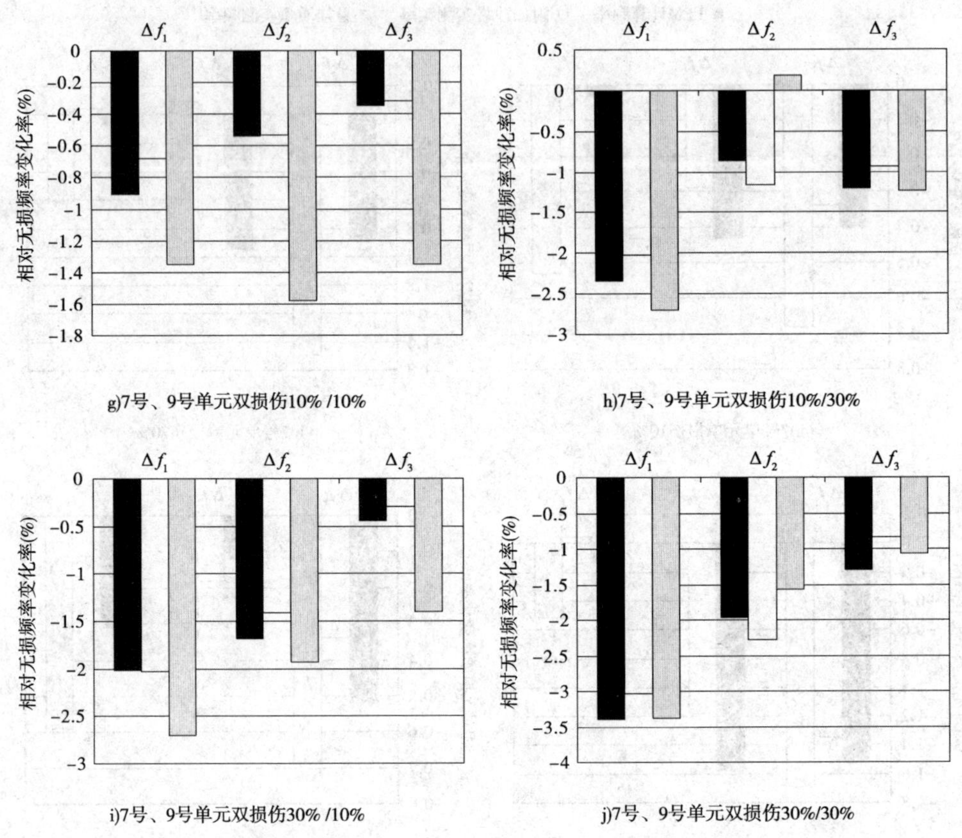

图 5-11　附加沙袋法、悬挂质量法同 FEM 计算模型的频率变化率对比

由图 5-11 可见，采用附加沙袋法及悬挂质量法的实测前 3 阶频率相对无损状态的前 3 阶频率的变化率与采用有限元模型计算得到的相应值有着较为一致的变化趋势，其中采用附加沙袋法的模拟结果更加可靠，而悬挂质量法由于挂盘为刚性结构，在附加质量的同时也产生了一定程度的附加刚度，且挂盘在实验过程中容易晃动，因此损伤模拟效果不如附加沙袋法好。

本章完成的 I 型钢简支梁的实验验证了采用结构损伤识别的单元矩阵摄动方法进行结构损伤识别的正确性。其中附加沙袋法是一种比较准确、可靠的附加质量实验方法，由附加沙袋法模拟的梁构件各种单损伤、双损伤的实验方法完全可以替代传统的梁构件局部单元截面切口的破损处理方法。因此，仅采用同一个实验构件，可模拟出梁式结构不同部位、不同程度的多种损伤，从而大大降低实验费用，提高了实验效率。为结构健康检测与损伤诊断的验证性实验研究开拓了一种思路,可供验证采用动力特性参数进行结构损伤识别理论方法正确性所用。

参考文献

[1] Sohn H, Farrar C R, Hemez F M. A review of structure health monitoring literature: 1996 ~ 2001 [R]. Technical Report LA-13976-MS, Los Alamos national laboratory, Los Alamos, NM, 2003.

[2] 孙增寿, 林友勤, 任伟新. 基于小波能量分布向量的结构损伤识别[J]. 地震工程与工程振动, 2007, 27(5): 103-109.

[3] 赵启林, 李志刚, 陈浩森. 混凝土桥梁损伤识别的理论与实验研究[J]. 工程力学, 2006, 23(增刊1): 136-141.

[4] 陈淮,李静斌,殷学纲. 一种新的结构损伤识别实验方法研究[J]. 实验力学, 2011,26(1):96-102.

[5] 李静斌. 中、下承式拱桥健康监测的整体方法研究[D]. 郑州:郑州大学,2010.

第6章 中、下承式拱桥损伤特点与有限元模型

6.1 中、下承式拱桥的损伤特点

中、下承式拱桥一般由拱肋、立柱或吊杆、横撑、行车道系和下部构造组成[1-3]。中、下承式拱桥中拱肋、立柱、横撑等一般为受压构件，只要合理设计，合格施工，及时维护，在使用中一般很少发生拱肋、立柱或横撑损伤事故。此外，中、下承式拱桥一般设计为由系杆梁承受水平推力，下部构造中墩台主要受压，因此墩台也较少破坏。所以，中、下承式拱桥的损伤主要发生在吊杆或行车道系。

中、下承式拱桥中吊杆是主要的传力(承力)构件，吊杆的安全状况关系到桥梁的健康状态。研究吊杆的安全对于保证桥梁的正常使用和安全运营非常重要。据统计，中、下承式拱桥的事故大多是由于吊杆的损伤引起的。这主要是由于吊杆长期受车辆荷载冲击和环境腐蚀等，易发生损伤。其主要的损伤包括(部分)钢丝断裂、钢丝锈蚀、锚固失效、钢丝屈服等。钢丝断裂主要由于吊杆受力过大或吊杆中钢丝受力不均导致部分钢丝受力过大而出现钢丝受机械性破坏断裂。钢丝锈蚀主要由于防水、防腐不当，钢丝长期暴露在外遭受雨淋、空气侵蚀等导致酸性腐蚀生锈。两者虽然成因不同，但均导致吊杆局部有效横截面积减小。锚固失效是指由于锚具松脱导致吊杆部分或全部钢丝回缩(张拉长度减小)，工作长度增加而导致张力减小。钢丝屈服是由于吊杆长时间受高强荷载作用而疲劳，部分钢丝受力超过弹性极限进入屈服阶段导致弹性模量降低。无论哪一种损伤，都会引起吊杆拉伸刚度的减小和该吊杆张力的降低，而拱桥行车道系可视为由吊杆弹性支承于拱肋上的一个超静定结构，部分吊杆刚度的变化必然引起吊杆系承受荷载的重新分配，因而必然引起吊杆系张力的变化，同时由于吊杆刚度的变化，行车道系位移也会发生改变。因此，可以通过吊杆系张力的变化或桥面节点位移的变化来识别吊杆的损伤。

中、下承式拱桥行车道系主要包括横梁、系杆梁和桥面板等。桥面板的损伤在日常维护中极易被发现，而且桥面板的损伤也是一个渐进的过程，局部的损伤一般不会引发交通事故，也不会对桥梁的结构产生大的影响。因此桥面板的损伤基本

不会影响拱桥的安全状态。系杆梁作为承受拱脚水平推力的构件，一般为预应力结构，主要通过张拉锚固于拱脚两端的高强钢丝或钢绞线来调整拱脚水平力的大小，系杆梁的损伤一般体现在水平拉力的减小，这样墩台受到拱脚的水平推力增大，并有可能造成墩台破坏，引发桥梁的垮塌。横梁一般作为主要受力构件，两端悬吊在吊杆上或固结在系杆梁上，横梁的损伤状况与桥梁的安全密切相关。当系杆梁或横梁损伤时将引起桥面刚度的变化，从而造成桥面振动频率和振型的改变，并引起吊杆张力的改变。因此可以通过研究桥面振动频率或振型的变化或吊杆系张力的变化来识别系杆梁及横梁的损伤。

从以上分析可以看出，吊杆张力是拱桥健康状况的敏感指标，无论吊杆、横梁或系杆梁的损伤均可能引起吊杆张力的变化，这样，在工程中可以根据吊杆系张力的实际测量值与拱桥健康档案中的张力值相比较，来诊断与评估中、下承式拱桥的健康状况。

根据中、下承式拱桥主要构件的损伤特征，可以把损伤划分为裂缝、锈蚀、破损、材料老化、松脱等，各损伤特征及对单元的影响见表6-1。

损伤分类与特点

表6-1

名称	特　征	单元几何尺寸变化	单元物理参数变化	单元刚度变化	单元质量变化
裂缝	构件开裂	—	减小	减小	不变或减小
锈蚀	构件表层生锈腐蚀	减小	不变	减小	减小
破损	机械性破坏引起	减小	不变	减小	减小
老化	材料老化、蠕变	增加	变小	减小	不变
松脱	锚具松脱，联结松动	不变	不变	减小	不变

根据构件开裂损伤的程度，可以把裂缝损伤划分为微损伤、小损伤、中损伤、大损伤、断裂等几种情况，各损伤对单元的影响见表6-2。

裂缝损伤程度与特点

表6-2

名称	程度	特　征	单元几何尺寸变化	单元物理参数变化	单元刚度变化	单元质量变化
微损伤	(0,5%)	浅表性微裂纹，不可见	微小	微小	微小	不变
小损伤	[5,15%)	小裂纹等，可见性差	小	减小	减小	不变
中损伤	[15,30%)	中等裂缝，可见	减小	减小	减小	不变或减小
大损伤	[30,50%)	裂缝较长或较深，可见	减小	减小	减小	不变或减小
断裂	≥50%	贯穿性裂缝，有断口，明显可见	减小	减小	减小	减小

从实际工程看，构件的锈蚀、破损、老化或松脱等损伤一般在构件的表面上均有所体现，通过常规的目测或检测即可发现，因此只要及时地采取控制措施，一般

不会造成结构安全事故。在裂缝损伤中，易产生安全事故的是大损伤和断裂，这两种损伤一般可见性强，从桥面外观上即可发现，通过常规检测也可以发现并处理。此外，一般情况下也很少发生这种大程度的损伤。反之，中、小程度损伤易发生，并对桥梁产生安全隐患，这些损伤是“隐性”的，通过桥面观测难以发现或常规检测无法判断损伤程度和损伤具体位置的，这也是目前损伤识别研究领域中的重点和难点。对于中、下承式拱桥来说，在横梁和系杆梁中可能发生这种中、小程度开裂损伤；在吊杆中可能会发生腐蚀、钢丝破断、锚具松脱等损伤，这些也是本书重点研究的内容。此外由于桥梁的损伤都是渐进式的，极少发生不同类型构件同时损伤的情况，因此研究中可以不考虑吊杆与横梁、系杆梁同时损伤的情况，仅考虑吊杆或横梁或系杆梁等同一类型构件发生损伤的情况。

6.2 郑州黄河二桥主桥有限元初始模型

郑州黄河二桥是位于京港澳高速公路上的一座特大桥[2]，全长 9 848.16 m，桥跨布置从北向南为 1 联(5 跨 35m 预应力混凝土 T 形梁) +16 联(7 跨 35m 预应力混凝土 T 形梁) +2 联(5 跨 35m 预应力混凝土 T 形梁) +13 联(5 跨 50m 预应力混凝土 T 形梁) +4 联(4 跨 50m 预应力混凝土 T 形梁) +4 联(5 跨 100m 系杆拱) +3 联(9 跨 20m 预应力混凝土空心板)。主桥为上下行分离的下承式钢管混凝土简支系杆拱，计算跨径为 95.5m，计算矢高 21.222m，计算矢跨比为1∶4.5，拱轴线为 $m=1.347$ 的悬链线。引、主桥桥面行车道宽度为 2 × 19.00m。每单幅采用 8 跨无推力下承式钢管混凝土系杆拱桥，单幅桥面净宽 21m，每跨桥墩中心距 100m。中央分隔带宽度为 6.16m。拱肋为两根 ϕ1000mm × 16mm 的钢管和腹板组成的高 2.4m、宽 1m 的哑铃形断面，拱肋钢管和支座与第一根吊杆之间的拱肋腹腔内灌注 C48 混凝土，其余部分腹腔内不灌注混凝土。为了加强拱肋的横向联系，保证桥梁的横向稳定性，两拱肋间设 3 道横撑，中间一道为一字撑，两边各一道 K 撑，横撑由 ϕ1500mm × 16mm 的钢管组成。桥面系端横梁采用预应力混凝土箱形截面梁，中横梁采用预应力混凝土变截面 T 形梁，间距 7.1m，两端与预应力混凝土箱形截面系杆梁整浇在一起，系杆梁通过吊杆悬吊在钢管混凝土拱肋上。吊杆间距 7.1m，主桥每跨设 12 对吊杆。桥面板采用预制钢筋混凝土 Π 形道板，上铺 80mm 厚钢筋混凝土现浇层。拱桥通过盆式橡胶支座支承在钢筋混凝土墩身上。下部为空心墩，群桩基础。主桥连接墩及中墩处设置 XF-160A1 型伸缩装置。引桥上部构造为 20m 跨径预应力混凝土空心板；桥台下部为三肋板式台身，钻孔灌注桩基础。桥墩为三柱式，钻孔灌注桩基础。桥面简易连续。桥台设 XF-80C 型伸缩装置，桥墩设 XF-160A1 型伸缩装置。支座采用球冠圆板式橡胶支座,桥头路基及锥坡铺砌采用 M7.5 砂浆砌片石,M10 水泥砂浆勾缝。桥位区地震基本烈度为 7 度,采用 8 度设防。通航净空 8m,净宽 50m[4-5]。该桥的设计荷载标准为:城 A 标准,同时满足汽超—20,挂—120,人群荷载 3.5kN/m^2。

图 6-1 为郑州黄河二桥实景,图 6-2 为郑州黄河二桥主桥标准跨桥型图,图6-3 为郑州黄河二桥主桥正断面图,图 6-4 为郑州黄河二桥主桥桥墩正断面图。

图 6-1 郑州黄河二桥

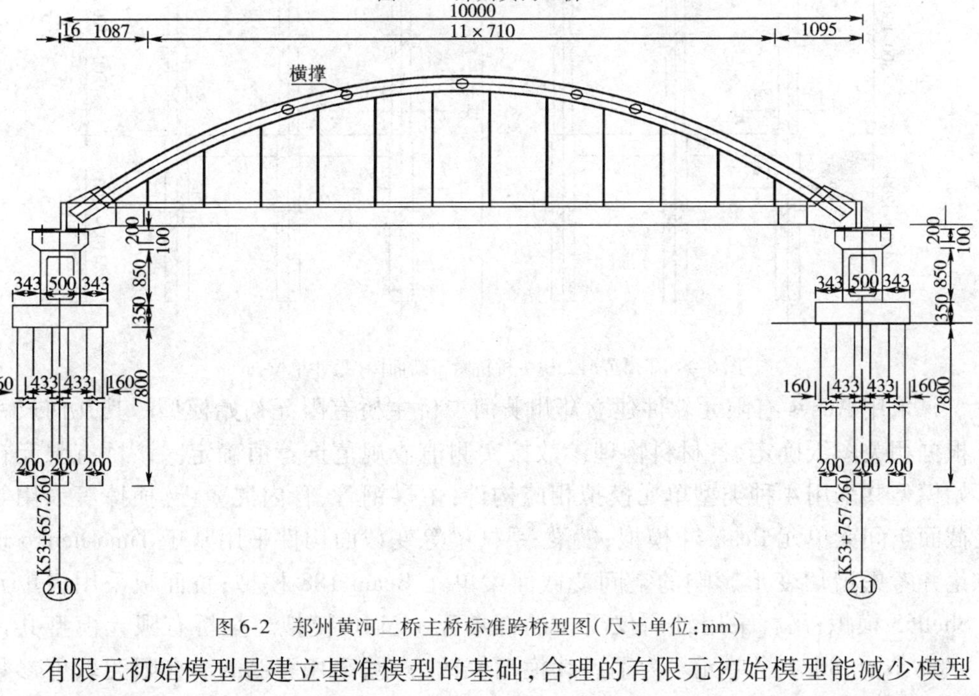

图 6-2 郑州黄河二桥主桥标准跨桥型图(尺寸单位:mm)

有限元初始模型是建立基准模型的基础,合理的有限元初始模型能减少模型修改时的工作量,提高基准模型精度,更加真实地反映原结构的结构特点和力学特性。因此有限元初始模型的建立是有模型损伤识别法后续工作的起点。

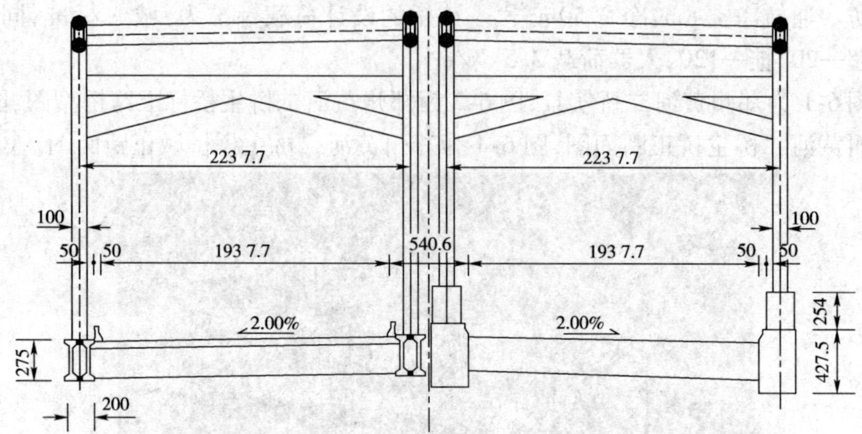

图 6-3　郑州黄河二桥主桥正断面图(尺寸单位:mm)

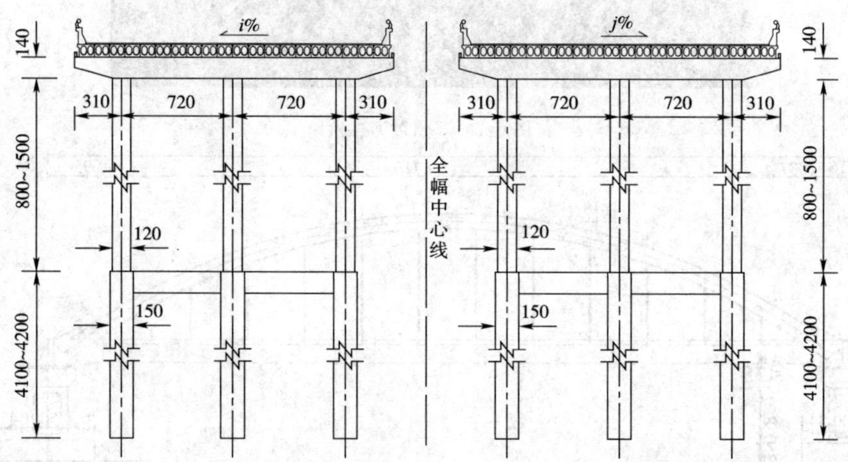

图 6-4　郑州黄河二桥主桥桥墩正断面图(尺寸单位:mm)

采用 Ansys 有限元软件建立郑州黄河二桥主桥有限元初始模型。其几何尺寸根据相关图纸确定,各材料物理参数按实测值或规范推荐值确定。该桥有限元初始模型共采用 4 种类型单元模拟相应构件:主拱钢管、管内混凝土、横撑等采用等截面空间梁单元 Beam44 模拟;横梁、系杆梁等变截面构件采用基于 Timoshenko 理论并考虑剪切变形影响的空间变截面梁单元 Beam 188 模拟;桥面板采用板单元 Shell63 模拟;吊杆采用轴向仅受拉的杆单元 Link10 模拟。全桥有限元模型共计 4786 节点,8621 个单元。为了后续模型修改方便,采用了 Ansys 有限元软件参数化建模技术,并编写了相应命令流;此外,各种不同类型构件均定义为独立的材料属性,在横梁与系杆梁变截面位置,截面编号也相互独立。为便于调整预应力大小,各吊杆实参编号也相互独立。

为了尽量真实地反映原结构的特点,对于主拱钢管和管内混凝土,采用“共点异面”法模拟,即分别采用自定义不同的截面、材料和单元,运用共同的节点模拟钢管和管内混凝土。横梁及系杆梁中的预应力按等效荷载法处理,吊杆中的预应力采用初应变方法模拟。

6.3 郑州黄河二桥主桥有限元基准模型

对于有模型损伤的识别方法,一般首先根据由图纸和原始资料确定的结构初始参数建立初始模型。由于初始参数与结构实际参数往往并不相等,因此初始模型不能真实地反映大桥当前特性。为了提高模型精度,可以通过检测成桥时桥梁静力特性和动力特性来反推大桥的实际参数,并将经反推得到的实际参数替换初始参数,代入初始模型得到修正模型。也可对初始模型中相关参数在一定的约束条件下直接修改,并计算修改后桥梁的静力特性或动力特性,当通过模型计算得到的理论值与实际桥梁测量值基本一致时,即可认为修改完成,而得到了基准模型。由于存在计算误差和模型误差等,往往需要经过多次修正才能得到精度较高的基准模型。

模型修正理论方法有多种,不同的修正方法其最终的目的都是相同的:即通过构建一定的目标函数并引入必要的约束条件,如保持刚度、质量矩阵的正交、对称等特性,将理论模型与实际结构之间的误差减小到最小。通常目标泛函数的形式为[6]:

$$F = P[v_A(\phi), v_m] + \sum_{i=1}^{m} \alpha_i \varepsilon_i \tag{6-1}$$

式中:F——目标泛函数;

P——偏差函数;

v_A, v_m——均为特征值,分别通过理论分析和结构实测得到;

α_i——权重;

ε_i——第 i 个约束方程产生的误差。

当构造好目标泛函数后,模型修正问题即变为约束优化问题,通过数学求解使目标泛函数相对达到最小值。根据求解过程中修正对象与数值算法选取的不同,可将模型修正方法分为矩阵型修改法、参数型修改法、基于神经网络修正法和基于优化设计修正法等[6]。

考虑到中、下承式拱桥的吊杆张力和桥面振动频率对桥梁的损伤敏感，结合郑州黄河二桥主桥健康监测是针对吊杆张力和桥面振动特性开展，在构建郑州黄河二桥主桥基准模型目标函数时，采用桥面振动特性和吊杆张力并重的原则，通过修正材料物理参数和几何参数，使模型特征值与桥梁实测值之间误差最小，同时避免过度修改导致模型参数与实际参数相差太大。据此构造如下形式目标函数：

$$F=\min\{\sum_{s=1}^{3}[\boldsymbol{\lambda}^{s}(x)-\boldsymbol{\lambda}_{\mathrm{T}}^{s}(x)]^{2}+\sum_{k=1}^{t}[\boldsymbol{T}_{k}(x)-\overline{\boldsymbol{T}}_{k}(x)]^{2}\} \tag{6-2}$$

根据摄动理论，上式可写成：

$$F=\min\{\sum_{s=1}^{3}[\boldsymbol{\lambda}_{0}^{s}(x)+\sum_{i=1}^{r}\boldsymbol{\lambda}_{0,i}^{s}\boldsymbol{\varepsilon}_{i}+\sum_{i=1}^{r}\boldsymbol{\lambda}_{0,ij}^{s}\boldsymbol{\varepsilon}_{i}\boldsymbol{\varepsilon}_{j}-\boldsymbol{\lambda}_{\mathrm{T}}^{s}(x)]^{2}+\sum_{k=1}^{t}[\boldsymbol{T}_{k}(x)-\overline{\boldsymbol{T}}_{k}(x)]^{2}\} \tag{6-3}$$

式中：$\boldsymbol{\lambda}^{s}$，$\boldsymbol{\lambda}_{\mathrm{T}}^{s}$——分别表示桥梁第 s 阶振动频率的模型理论值和实际测量值；

$\boldsymbol{T}_{k}$，$\boldsymbol{T}_{k}$——分别表示第 k 根吊杆张力理论值和实际测量值。

考虑到实际工程中，高阶动力特性难以测试，且测试误差随之增大，故振动特性选取前 3 阶振动频率参与目标函数。吊杆张力中可选取全部或部分吊杆张力参与目标函数。

设计变量为大桥物理参数和几何参数，取值范围：

$$x_{i}^{l}\leqslant x_{i}\leqslant x_{i}^{u}\qquad(i=1,2,\cdots,n) \tag{6-4}$$

式中：x_{i}^{u}，x_{i}^{l}——分别为参数 x_{i} 的上、下限。为了减小计算次数，防止模型过度修改，参数的上、下限初次可设定为规范值或图纸尺寸上、下变化10%的范围，当不能得到满意解时，可再适当浮动。

由于郑州黄河二桥主桥模型修改中采用了频率摄动，摄动是以灵敏度分析为基础的，因此求解采用 Levenberg- Marquardt 法迭代计算。模型的修正采用 Ansys 有限元软件参数化建模技术结合 Matlab 软件实现。经修正后的基准模型如图 6-5 所示。

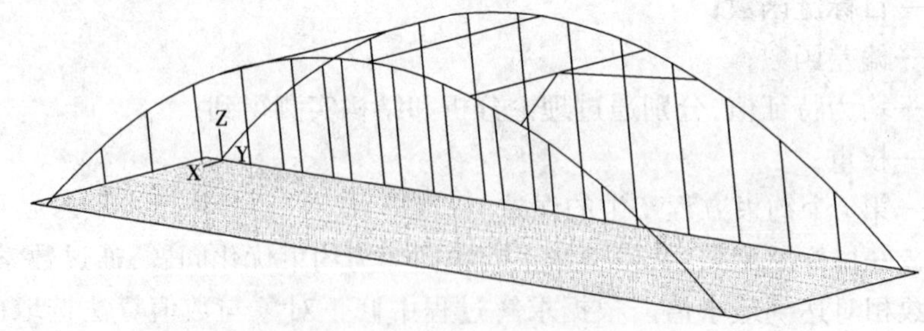

图 6-5　郑州黄河二桥主桥标准跨基准模型

模型修正后对郑州黄河二桥主桥基准模型进行重分析，修正前后前10阶振动频率计算值与大桥竣工后现场实验测试值比较结果见表6-3，基准模型中各吊杆张力计算值与设计值比较见表6-4。

基准模型频率计算值与测试值比较　　表6-3

阶次	测试值(Hz)	振型特征	频率计算值(Hz)		相对误差(%)	
			初始模型	基准模型	初始模型	基准模型
1	0.5802	拱肋1阶横弯	0.52351	0.5792	-9.8	-0.2
2	1.4237	拱肋2阶横弯	1.3169	1.4313	-7.5	0.5
3	1.5508	桥面1阶竖弯	1.3712	1.5406	-11.6	-0.7
4	2.2542	桥面2阶竖弯	2.3246	2.2728	3.1	0.8
5	2.9124	拱肋3阶横弯	2.7047	2.8863	-7.1	-0.9
6	2.9806	拱肋4阶横弯	2.732	2.9455	-8.3	-1.2
7	3.1864	桥梁1阶扭转	2.9392	3.2021	-7.8	0.5
8	3.4224	桥梁2阶扭转	3.0762	3.4708	-10.1	1.4
9	3.5643	拱肋高阶横弯	3.5536	3.5209	-0.3	-1.2
10	4.3809	拱肋高阶横弯	3.9289	4.4164	-10.3	0.8

基准模型吊杆张力计算值与设计值比较　　表6-4

吊杆编号	设计值(kN)	基准模型计算值(kN)	与设计值相对误差(%)	吊杆编号	设计值(kN)	基准模型计算值(kN)	与设计值相对误差(%)
1	1050	1055.25	0.5	13	1450	1449.28	-0.05
2	1050	1053.57	0.34	14	1450	1449.28	-0.05
3	1200	1201.68	0.14	15	1450	1449.71	-0.02
4	1200	1200.24	0.02	16	1450	1449.28	-0.05
5	1200	1200.24	0.02	17	1200	1200.72	0.06
6	1200	1201.32	0.11	18	1200	1200.24	0.02
7	1200	1201.08	0.09	19	1200	1200.72	0.06
8	1200	1201.08	0.09	20	1200	1200.60	0.05
9	1450	1448.99	-0.07	21	1200	1199.64	-0.03
10	1450	1449.57	-0.03	22	1200	1201.32	0.11
11	1450	1448.26	-0.12	23	1050	1054.20	0.4
12	1450	1448.26	-0.12	24	1050	1057.35	0.7

由表6-3可以看出，当采用初始模型时，除少数几阶振动频率与实测值相近

外,其他阶频率误差都较大,如桥面 1 阶竖弯时,初始模型计算值与实测值之间的相对误差达到 11.6%,而模型修改后,最大相对误差降至 1.2%,可见基准模型能更好地反映大桥实际动力特性。

此外,表 6-3 显示,初始模型频率值一般都小于实测值,这主要是由于如下原因造成的:初始模型按图纸几何尺寸建模,而成桥后构件横截面实际尺寸往往大于设计尺寸,因此增加了刚度;初始模型中部分材料参数采用了规范值,而规范值是统计值,桥梁实际材料参数往往不等于规范值;在郑州黄河二桥设计中,拱肋、横撑中添加了缀板,以加强拱肋的稳定性,而初始模型中无法模拟这一点。综合各方面的影响来看,实际桥梁的刚度大于模型刚度,从而实测频率值大于初始模型理论值。

由表 6-4 可以看出,经多次修正后基准模型吊杆张力理论值与设计值吻合性好,说明基准模型能比较真实地反映大桥的静力特性。综合基准模型振动频率和吊杆张力两方面来看,基准模型精度较高,能比较全面地体现原结构的动静力特性,因此可以通过基准模型得到桥梁健康档案中部分指标。

表中吊杆编号说明:如图 6-5 所示,近侧拱肋吊杆自右端向左端编号为 1,3,5,…,远侧拱肋吊杆自右端向左端编号为 2,4,6,…。

参 考 文 献

[1] 陈宝春. 钢管混凝土拱桥的设计与施工[M]. 北京:人民交通出版社,2000.

[2] 陈宝春. 钢管混凝土拱桥实例集(一)[M]. 北京:人民交通出版社,2002.

[3] 何伟. 中、下承式钢管混凝土拱桥损伤识别关键问题研究[D]. 郑州:郑州大学, 2010.

[4] 陈淮,董建华. 中、下承式拱桥吊索张力测定的振动法实用公式[J]. 中国公路学报,2007,20(3):66-70.

[5] 孙征. 郑州黄河钢管混凝土拱桥力学性能分析[D]. 郑州:郑州大学,2004.

[6] 王博,吕正勋,何伟. 结构动力模型修正方法研究与进展[J]. 水利与建筑工程学报,2009,7(1):16-19.

第7章　基于频率和振型摄动识别梁式构件损伤

对于中、下承式拱桥的损伤识别，需要识别横梁、系杆梁和吊杆的损伤。横梁和系杆梁虽然在桥梁结构中作用不同，但两者均为梁式构件，因此两者的识别原理相通。下面介绍采用频率和低阶振型进行梁式结构的损伤识别。

目前，基于结构动态特性变化进行结构损伤识别的研究主要是围绕模态参数展开的。模态参数中振型信息量丰富，但受测试自由度不足和测量噪声等的影响，导致直接利用振型进行结构损伤识别比较困难。频率测试方便，且测试精度较高[1-2]，它反映了结构的整体动力特性，所以通过频率变化进行结构损伤识别的研究较多，但是由于损伤识别为一逆过程，不同单元的损伤可能会导致相同的频率变化，根据频率变化进行损伤识别易产生识别结果不唯一的现象[3]。

本章提出基于频率和振型摄动的结构损伤识别方法，可以利用频率测试精度较高而振型信息量丰富的优点，识别时仅需测试结构多阶频率和低阶振型，根据振型变化建立损伤识别初定方程和确定方程，通过振型摄动求解损伤单元位置和损伤程度，再将识别结果代入基于频率摄动建立的损伤校核方程进行校核，以保证损伤识别结果的准确性和唯一性，提高损伤识别的精度和效率。

7.1　基于频率和振型摄动的结构损伤识别方法

假定进行模态测量时，测试环境、人员、设备及传感器布置、数据处理方法等均相同，此时，同阶模态在固定测点的单次测试误差为一定值[4-5]，即：

$$\lambda_T^s = \lambda^s + \alpha(s,x) \tag{7-1}$$

$$\phi_T^s = \phi^s + \beta(s,x) \tag{7-2}$$

式中：　λ_T^s, ϕ_T^s——分别为结构损伤后第 s 阶特征值和振型向量测量值；

λ^s, ϕ^s——分别为结构损伤后第 s 阶特征值和振型向量真实值；

$\alpha(s,x), \beta(s,x)$——分别为特征值和振型测量误差，与模态阶次 s 和测点位置 x 相关，当在同一测点两次测量同一阶模态时，α, β 均为较小值，且误差值均远小于真实值，即 $\alpha(s,x)\ll\lambda^s$，$\beta(s,x)\ll\phi^s$。

显然，两式对结构损伤前和损伤后都是适用的。

设 λ_{0T}^s，ϕ_{0T}^s分别为结构损伤前第 s 阶特征值和振型向量测量值；λ_0^s，ϕ_0^s 分别为结构损伤前第 s 阶特征值和振型向量真实值。根据式(7-1)和式(7-2)，结构损伤前后特征值与振型的变化为：

$$\Delta\lambda^s=\lambda^s-\lambda_0^s=\lambda_T^s-\lambda_{0T}^s \tag{7-3}$$

$$\Delta\phi^s=\phi^s-\phi_0^s=\phi_T^s-\phi_{0T} \tag{7-4}$$

两式显示即使考虑测量误差，结构损伤所引起的特征值和振型变化的测量值也等于或非常接近于真实值，因此当以特征值及振型向量的变化进行结构损伤识别时，测量误差对识别结果的影响极小。

当结构出现损伤时，将式(3-30)和式(3-31)分别代入式(7-3)和式(7-4)得：

$$\Delta\lambda^s=\lambda_T^s-\lambda_{0T}^s=\sum_{i=1}^{r}\lambda_{0,i}^s\varepsilon_i+\sum_{i=i}^{r}\sum_{j=1}^{i}\lambda_{0,ij}^s\varepsilon_i\varepsilon_j \tag{7-5}$$

$$\Delta\phi^s=\phi_T^s-\phi_{0T}^s=\sum_{i=1}^{r}\phi_{0,i}^s\varepsilon_i+\sum_{i=1}^{r}\sum_{j=1}^{i}\phi_{0,ij}^s\varepsilon_i\varepsilon_j \tag{7-6}$$

式(7-5)和式(7-6)分别为考虑了测试误差的损伤结构基于频率和振型变化的二阶摄动方程。当损伤程度较小时，可以略去式中 $\varepsilon_i\varepsilon_j$ 二阶项，即为一阶摄动方程。

当结构中有 r 个单元发生损伤，假定实际测试中仅能测试到第一阶振型和多阶低阶频率，且只有 $\boldsymbol{p}$ 个主要自由度是可测的。显然，仅采用式(7-5)得到基于频率摄动的识别方程是欠定的，不能同时识别损伤程度和位置[6-7]，此时至少需要测试到 $\boldsymbol{r}+2$ 阶频率，才能识别并验证损伤。当损伤单元较多，且模态测试阶数不足时，可联合式(7-5)和式(7-6)进行损伤识别，当求解出所有损伤参数 ε_i 时，即可确定损伤，因此该方法可称为基于频率和振型摄动的损伤识别法。

7.2 基于频率和振型摄动的结构损伤识别方程组的构成

当有 r 个单元发生损伤，仅测试第一阶振型时和多阶低阶频率，展开式(7-6)可得到 $\boldsymbol{n}$ 个识别方程，对于损伤参数 ε_i，此方程一般为超静定方程。假定 $\boldsymbol{p}\geqslant\boldsymbol{r}+1$，可在与 $\boldsymbol{p}$ 个可测自由度对应的方程中任意选取 $\boldsymbol{r}+1$ 个方程，先取其中的 $\boldsymbol{r}$ 个方程构成损伤初定方程组，该方程组为静定的，联合求解，可初定所有可能损伤单元位置与损伤程度，此时可能有多组解。再将第 $\boldsymbol{r}+1$ 个方程替换初定方程组中任一个方程，构成损伤确定方程组，求解得到新的损伤单元位置和损伤程度。显然只有真实的结构损伤才能同时满足损伤初定方程组和损伤确定方程组，因此若两次求解的同一单元的损伤程度基本一致时，可确定该单元损伤，由此确定损伤程度。

考虑到频率测试精度高于振型，可取式(7-5)作为损伤校核方程，将确定的损伤单元位置与损伤程度代入校核方程，计算 $\Delta\lambda$ 的"理论值"，由于测试误差和模型误差的存在，$\Delta\lambda$ 的"理论值"与通过测量得到的"实测值"一般不等，当两者相对误差小于一定的限值时，可认为通过校核，所求得的损伤即为真实解。经过损伤初定、损伤确定、损伤校核后，可以确保损伤识别结果的准确性和唯一性。

当 $\boldsymbol{p}<\boldsymbol{r}+1$ 时，可通过增加传感器数量或在不同位置分批测量再进行模态归总方法[8]，即可保证可测自由度数大于损伤单元数，其损伤识别方程的构成即类似于 $\boldsymbol{p}\geqslant\boldsymbol{r}+1$ 时的情况。

实际识别时，由于事先不知道损伤单元数目，可假设为单损伤，2 个单元损伤，依次求解，直至得到满意解为止。

7.3 计算实例

某简支梁，跨长 5.8m，横截面面积为 $4.8541\times10^{-3}\mathrm{m}^2$，惯性矩为 $5.02\times10^{-5}\mathrm{m}^4$，材料弹性模量为 206GPa，密度为 $7850\mathrm{kg/m}^3$。把该简支梁划分为 20 个平面梁单元，21 个节点，单元及节点编号如图 7-1 所示。由于简支梁以弯曲变形为主，因此选用弯曲位移识别损伤。单元的损伤通过弹性模量的折减来模拟，模态测试数据通过结构有限元模拟获得，假定仅测试得到第一阶振型和多阶低阶频率，考虑单损伤和损伤程度较小的多损伤工况。

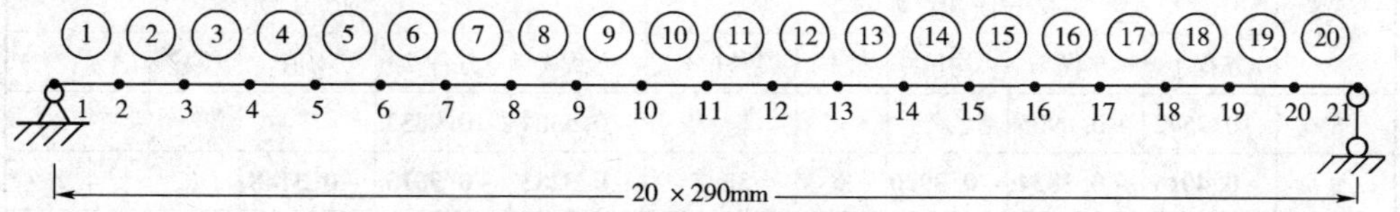

图 7-1 简支梁模型

注：1,2,3,…表示节点编号；①,②,…表示单元编号

7.3.1 单损伤

工况 1：单元 9 损伤 30%。采用第 1 阶模态进行损伤识别，选取式(7-6)中与节点 11 竖向自由度对应的方程作为损伤初定方程(方程 1)，以节点 6 竖向自

由度对应方程作为损伤确定方程(方程2),分别求解参数 ε_i;选取式(7-5)$s=1$ 时频率摄动方程作为损伤校核方程。计算结果见表7-1。可以看出,采用一阶摄动识别方程时,由方程1求解可初步确定单元8、9、10可能损伤;而由方程2求解时,单元8、9可能损伤,但两次计算只有单元9的损伤程度相近,故判定单元9损伤,且损伤程度为40.71%。将识别结果代入损伤校核方程,满足校核条件,说明结果即为所求解,但此时识别结果相对误差达到35.7%,显示损伤程度较大时,舍弃的二阶项会引起较大的误差。采用二阶摄动识别,计算过程同一阶摄动,其结果见表7-1。可以看出采用二阶摄动方程计算结果相对误差可降至1.18%,结果比较准确。

工况1计算结果 表7-1

单元	一阶摄动					二阶摄动				
	方程1	方程2	均值	校核	误差(%)	方程1	方程2	均值	校核	误差(%)
8	-0.7717	-0.0952				-0.5246	-0.0092			
9	**-0.4110**	**-0.4032**	**-0.4071**	※	**35.7**	**-0.3192**	**-0.2879**	**-0.3035**	※	1.18
10	-0.4305	—		×		-0.3318	—			
11	—	—		×		-0.6865	—		×	

注:表中标注"—"表示找不到满足约束条件 $-1\leqslant\varepsilon\leqslant 0$ 的解,即该单元不会发生损伤;×表示不能满足校核条件;※表示满足校核条件,下同。

工况2:损伤情况同工况1,但在频率中增加0.1%随机噪声,振型中增加5%随机噪声。自由度选择与计算方法同工况1。工况2计算结果见表7-2。可以看出误差对识别结果的影响较小。故在后面算例中不考虑随机误差的添加。

工况2计算结果 表7-2

单元	一阶摄动					二阶摄动				
	方程1	方程2	均值	校核	误差(%)	方程1	方程2	均值	校核	误差(%)
8	-0.7542	-0.0905		×		-0.5384	-0.0832			
9	**-0.4016**	**-0.3834**	**-0.3920**	※	**30.7**	**-0.3283**	**-0.3013**	**-0.3148**	※	4.9
10	-0.4207	—		×		-0.3412	—			
11	—	—		×		-0.7039	—		×	

工况3:单元19损伤10%,其他情况同工况1。与工况1相比,损伤单元靠近边界位置,对1阶振型不敏感,采用传统方法一般难以识别损伤。采用本章所述方法,损伤识别结果见表7-3。可以看出,采用一阶摄动时,识别结果相对误差达到11.1%,采用二阶摄动时,相对误差为0.9%。虽然损伤单元靠近边界,采用一阶模态依然可以有效地识别损伤。

工况3计算结果　表7-3

单元	一阶摄动			二阶摄动		
	方程1	方程2	均值	方程1	方程2	均值
12	-0.1090	-0.0120	×	-0.0994	-0.0119	×
19	**-0.1111**	**-0.1111**	**-0.1111**	**-0.1009**	**-0.1009**	**-0.1009**
20	-0.7479	-0.5756	×	-0.4989	-0.6031	×

7.3.2　多损伤

工况4:随机设定单元5损伤5%,单元15损伤10%。同样采用第1阶模态进行损伤识别。选用一阶摄动损伤识别方程,首先假定为单损伤,计算表明没有能同时满足损伤初定方程和确定方程的 ε_i,说明不可能是单损伤。假定为2个单元损伤,取式(7-6)中与节点6、11竖向自由度对应的方程构成损伤初定方程组(方程1);以节点11、15竖向自由度对应的方程构成损伤确定方程(方程2),校核方程同工况1。依次计算2个单元组合:(1,2),(1,3),(1,4),…,(4,20)等时,均无满意解。由方程1计算至单元5构成的组合时,根据各 ε_i 的取值范围,可以初步确定单元(5,14),(5,15),(5,16)或(5,17)可能损伤,各单元损伤程度见表7-4。如图7-2所示为单元5构成的各单元组合初步识别结果。采用方程2求解时,同样可以判断损伤单元组合可能为(5,14),(5,15),(5,16)或(5,17)。但两次求解只有组合(5,15)中单元的损伤程度接近,相差不超过1%,故判定单元5和15分别损伤5.24%,11.02%。将识别结果代入损伤校核方程,满足校核条件,故识别结果为真实解,两单元识别结果相对误差分别为4.8%和10.2%。当采用二阶摄动识别方程时,计算结果见表7-4,两单元识别结果相对误差分别为0.2%和2.1%。可以看出,对于损伤程度较小的多单元损伤,采用一阶或二阶摄动方程,均可完全识别损伤,且二阶摄动识别结果精度明显高于一阶摄动。

工况4识别结果　表7-4

单元组合	一阶摄动			二阶摄动		
	方程1	方程2	均值	方程1	方程2	均值
5和14	-0.0212; -0.0861	-0.0630; -0.1134	×	-0.0318; -0.0765	-0.0821; -0.2305	×
5和15	**-0.0525; -0.1100**	**-0.0522; -0.1103**	**-0.0524; -0.1102**	**-0.0502; -0.1010**	**-0.0499; -0.1032**	**-0.0501; -0.1021**
5和16	-0.1081; -0.1840	-0.0467; -0.1283	×	-0.1207; -0.1619	-0.0513; -0.1109	×
5和17	-0.2348; -0.4355	-0.0435; -0.1773	×	-0.2022; -0.4125	-0.0406; -0.1921	×

工况 5：损伤情况同工况 4，筛选两单元损伤时，但在自由度的选取上，取式(7-6)中与节点 2、8 竖向自由度对应的方程构成损伤初定方程组(方程 1)；以节点 8、14 竖向自由度对应的方程构成损伤确定方程(方程 2)，校核方程同工况 1。损伤识别计算过程同工况 4。当采用一阶和二阶摄动识别方程时，计算结果见表 7-5。

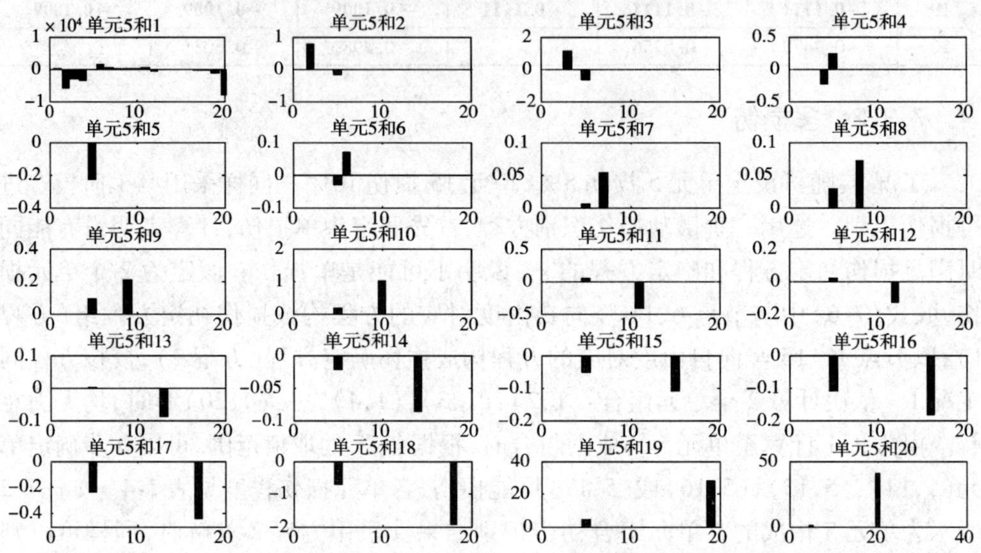

图 7-2　工况 4 初步识别结果

注：各图中横坐标为单元编号，纵坐标为损伤程度

工况 5 识别结果　　表 7-5

单元组合	一阶摄动			二阶摄动		
	方程 1	方程 2	均值	方程 1	方程 2	均值
5 和 14	-0.0605； -0.1103	—	×	-0.0826； -0.2276	—	×
5 和 15	**-0.0522； -0.1103**	**-0.0530； -0.1108**	**-0.0526； -0.1105**	**-0.0499； -0.1033**	**-0.0507； -0.1021**	**-0.0503； -0.1027**
5 和 16	-0.0474； -0.1332	—	×	-0.0522； -0.1079	—	×
5 和 17	-0.0445； -0.1882	—	×	-0.0452； -0.1732	—	×

可以看出，采用一阶摄动时两单元识别结果相对误差分别为 5.2% 和 10.5%；采用二阶摄动时两单元识别结果相对误差分别为 0.6% 和 2.7%。与工况 4 相比可以看出，选取不同自由度对应的方程构成损伤识别方程时，对识别结果不会有大的影响。因此在实际工程中可以选取易于测试的自由度构成损伤识别方程。

通过上述算例可以看出，对于小损伤而言，采用一阶摄动方程识别即可识别结构损伤，当损伤程度较大时，可采用二阶摄动方程，减小测量误差对识别结果的影响，提高损伤识别结果精度。

此外计算结果显示，即使结构出现损伤程度较小的多单元损伤，只需采用一阶模态，即可完全识别出结构损伤，避免工程中高阶模态难测而无法识别损伤的情况。

与传统损伤识别方法相比，基于频率和振型摄动的结构损伤识别方程为超静定方程，可任意选取与可测自由度对应的方程构成静定方程组进行求解，避免使用模型缩聚或振型扩展导致产生新的误差，可提高计算效率和精度，并保证识别结果的唯一性，有效地避免“伪损伤”的现象，识别结果更加可靠。

参考文献

[1] Friswell M I, Penny J E T. The practical limits of damage detection and location using vibration data [A]. 11th VPI& SU Symposium on Structural Dynamics and Control. Blacksburg, Virginia, USA: VPI & SU, 1997: 35-40.

[2] 谢峻，韩大建. 一种改进的基于频率测量的结构损伤识别方法[J]. 工程力学，2004，21(1)：21-25.

[3] Scott W D, Charles R F, Michael B P. A summary review of vibration based damage identification methods [J]. The Shock and Vibration Digest, 1998: 30 (2) :91-105.

[4] 何伟. 中、下承式钢管混凝土拱桥损伤识别关键问题研究[D]. 郑州：郑州大学，2010.

[5] 陈淮，何伟，王博，等. 基于频率和振型摄动的结构损伤识别方法研究[J]. 工程力学，2010，27(12)：244-249.

[6] Fabrizio V, Danilo C. Damage detection in beam structures based on frequency measurements [J]. Journal of Engineering Mechanics, 2000, 126 (7): 761-768.

[7] 杜思义，殷学纲，陈淮. 基于矩阵摄动理论识别结构损伤的筛选法[J]. 应用力学学报，2008，25(1)：75-78.

[8] 程远胜，汪刚，杨振宇. 基于受控结构动力特性和信息融合的损伤识别[J]. 振动、测试与诊断，2005，25(4)：268-271.

第8章 复杂边界条件下吊杆张力计算

吊杆张力是对中、下承式拱桥安全状况敏感的指标,桥梁损伤识别结果的精度与吊杆张力测试的精度密切相关,因此保证吊杆张力测试与计算的精度非常重要。

8.1 振动频率法测试吊杆张力的基本理论

吊杆张力测试方法[1],最早是从斜拉桥的拉索张力测试方法发展而来。常用的拉索张力测试方法可分为直接法和间接法两大类。直接法有压力表测定法、电阻应变法、拉索伸长量测定法等;间接法有压力传感器测定法、振动频率测试法等。随着信号处理技术和计算机软硬件水平的迅速发展,目前,以振动测试原理为基础,基于频率的索力测试方法在斜拉桥拉索张力测试中得到了广泛应用[2-6]。随着中、下承式拱桥在国内的大量建设,中、下承式拱桥吊杆张力测试与检测也受到了越来越多的重视,各种测试方法从斜拉桥中被移植过来,并结合中、下承式拱桥吊杆自身的特点得到了进一步研究和发展。下面分别说明目前常用的振动频率法测试拉索张力的基本理论。

8.1.1 计算模型

1)弦模型

一根水平张紧的吊杆如图8-1所示,当不考虑其弯曲刚度时,其力学模型可以简化为一根弦,弦的微小横向振动方程是数学物理方程中的波动方程,当弦两端固定时,由于弦没有弯曲刚度,弦边界条件为铰支。下面将采用两种不同的方法来推导弦的振动方程。

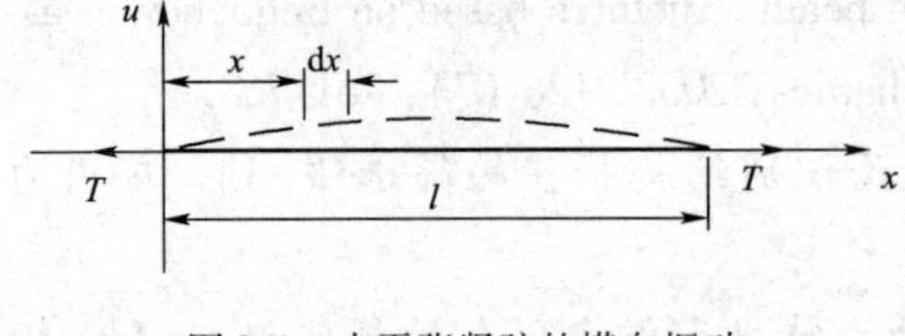

图8-1 水平张紧弦的横向振动

(1)弦的微小横向振动[7]

考虑一根长度为 l 的弦,平衡时沿着直线绷紧,在受到微小扰动后作微小横向振动。所谓弦,是指由弹性材料构成的细而长的柔软线,它可以自由弯曲,当承受一定的张力时,张力的方向总是沿着弦线的切线方向,张力的大小恒为常数 T。所谓横向振动，是指弦的运动发生在一个平面内，并且弦上各点的位移与弦的平衡位置垂直。所谓微小，不但是指弦上各点的振幅与弦长相比很小，而且还指弦在偏离平衡位置后，弦上任何一点的斜率远小于1。这里明确界定了"弦的微小横向振动"的含义，在应用由弦模型推导出的吊杆张力计算公式时，必须保证公式的适用条件得到满足。

为了推导弦的振动方程，取弦的平衡位置为 x 轴，以 $u(x,t)$ 表示弦上坐标为 x 的点在时刻 t 的横向位移。采用动量原理推导弦的横向振动方程：弦段 (x_1,x_2) 在 $\Delta t=t_2-t_1$ 时间内 u 轴方向动量的变化等于沿 u 轴方向的作用力的冲量和。

①u 轴方向作用力的冲量和

弦段 (x_1,x_2) 所受的力有外力和作用在两个端点的张力 T，如图8-2所示。按照弦横向振动的假设，外力的方向是平行于 u 轴的，假定这个外力的线密度为 $F(x,t)$，则其冲量为：

$$Q_1=\int_{x_1}^{x_2}\int_{t_1}^{t_2}F(x,t)\,\mathrm{d}t\mathrm{d}x \quad (8\text{-}1)$$

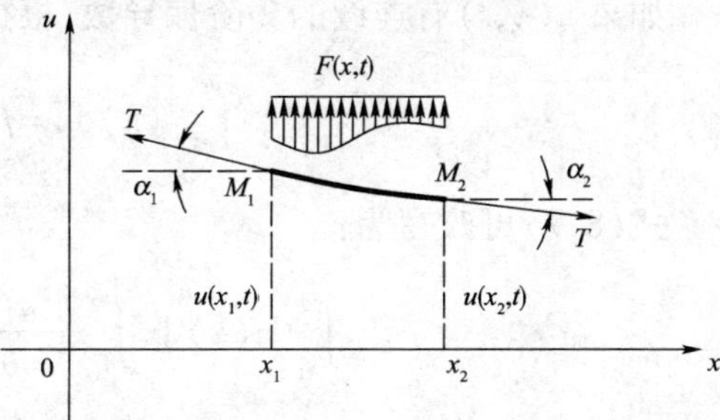

图8-2 弦段受力示意图

根据 $|u'_x|\ll 1$ 的假定可推出，x_1 和 x_2 点处张力 T 在 u 方向的投影分别为：

$$T\sin\alpha_1=\frac{T\tan\alpha_1}{\sqrt{1+\tan^2\alpha_1}}=\frac{T\dfrac{\partial u(x_1,t)}{\partial x}}{\sqrt{1+\left(\dfrac{\partial u(x_1,t)}{\partial x}\right)^2}}\approx T\frac{\partial u(x_1,t)}{\partial x} \tag{8-2}$$

$$T\sin\alpha_2=\frac{T\tan\alpha_2}{\sqrt{1+\tan^2\alpha_2}}=\frac{T\dfrac{\partial u(x_2,t)}{\partial x}}{\sqrt{1+\left(\dfrac{\partial u(x_2,t)}{\partial x}\right)^2}}\approx T\frac{\partial u(x_2,t)}{\partial x} \tag{8-3}$$

故张力 T 的冲量沿 u 轴方向的分量为：

$$Q_2=T\int_{t_1}^{t_2}\left[\frac{\partial u(x_2,t)}{\partial x}-\frac{\partial u(x_1,t)}{\partial x}\right]\mathrm{d}t \tag{8-4}$$

②u 轴方向的动量变化

设弦的线质量为 $m(x)$，则弦段 (x_1,x_2) 沿 u 轴方向的动量变化为：

$$Q_3=\int_{x_1}^{x_2}m(x)\left[\frac{\partial u(x,t_2)}{\partial t}-\frac{\partial u(x,t_1)}{\partial t}\right]\mathrm{d}x \tag{8-5}$$

根据动量原理：

$$Q_3 = Q_1 + Q_2 \tag{8-6}$$

即：

$$\begin{aligned}&\int_{x_1}^{x_2} m(x)\left[\frac{\partial u(x,t_2)}{\partial t}-\frac{\partial u(x,t_1)}{\partial t}\right]\mathrm{d}x\\&=T\int_{t_1}^{t_2}\left[\frac{\partial u(x_2,t)}{\partial x}-\frac{\partial u(x_1,t)}{\partial x}\right]\mathrm{d}t+\int_{x_1}^{x_2}\int_{t_1}^{t_2}F(x,t)\,\mathrm{d}t\mathrm{d}x\end{aligned} \tag{8-7}$$

上式称为积分形式的弦振动方程。

如果 $u(x,t)$ 有连续的 2 阶偏导数，根据 Newton-Leibniz 公式：

$$\int_a^b f'(x)\,\mathrm{d}x = f(b) - f(a) \tag{8-8}$$

式(8-7)可改写为：

$$\begin{aligned}&\int_{x_1}^{x_2} m(x)\,\mathrm{d}x\int_{t_1}^{t_2}\frac{\partial^2 u(x,t)}{\partial t^2}\mathrm{d}t\\&=T\int_{t_1}^{t_2}\mathrm{d}t\int_{x_1}^{x_2}\frac{\partial^2 u(x,t)}{\partial x^2}\mathrm{d}x+\int_{x_1}^{x_2}\int_{t_1}^{t_2}F(x,t)\,\mathrm{d}t\mathrm{d}x\end{aligned} \tag{8-9}$$

移项并交换积分顺序，有：

$$\int_{x_1}^{x_2}\int_{t_1}^{t_2}\left[m(x)\frac{\partial^2 u(x,t)}{\partial t^2}-T\frac{\partial^2 u(x,t)}{\partial x^2}-F(x,t)\right]\mathrm{d}t\mathrm{d}x=0 \tag{8-10}$$

因为上式对任意的 x_1,x_2 及 t_1,t_2 都成立，且被积函数是 (x,t) 的连续函数，所以由连续函数的性质可以推出被积函数恒为零。

$$m(x)\frac{\partial^2 u(x,t)}{\partial t^2}=T\frac{\partial^2 u(x,t)}{\partial x^2}+F(x,t) \tag{8-11}$$

这是微分形式的弦振动方程，在线质量 $m(x)=c$（c 为常数）的情况下，上式可写成：

$$\frac{\partial^2 u(x,t)}{\partial t^2}=c^2\frac{\partial^2 u(x,t)}{\partial x^2}+f(x,t) \tag{8-12}$$

式中，$c^2=\frac{T}{m}$，$f(x,t)=\frac{1}{m}F(x,t)$ 是单位质量的弦所受的外力。

当没有外力时，弦的自由振动方程是齐次方程：

$$\frac{\partial^2 u(x,t)}{\partial t^2}=c^2\frac{\partial^2 u(x,t)}{\partial x^2} \tag{8-13}$$

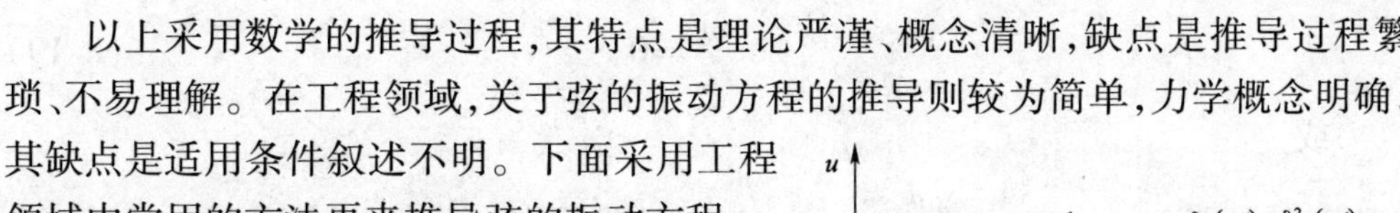

以上采用数学的推导过程，其特点是理论严谨、概念清晰，缺点是推导过程繁琐、不易理解。在工程领域，关于弦的振动方程的推导则较为简单，力学概念明确，其缺点是适用条件叙述不明。下面采用工程领域中常用的方法再来推导弦的振动方程。

(2)水平张紧弦的横向振动[8]

设有一水平张紧的弦，当受到外界干扰时产生振动。

在无外力作用时，弦做自由振动，取出微小一段弦做受力分析，如图8-3所示。由D'Alembert原理可得弦的动力平衡方程：

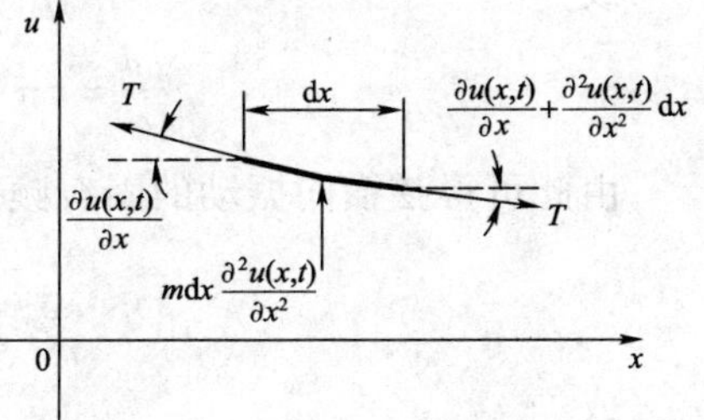

图8-3 水平张紧弦的横向振动

$$-T\left(\frac{\partial u(x,t)}{\partial x}+\frac{\partial^2 u(x,t)}{\partial x^2}\mathrm{d}x\right)+T\frac{\partial u(x,t)}{\partial x}+m\mathrm{d}x\,\frac{\partial^2 u(x,t)}{\partial t^2}=0 \tag{8-14}$$

或

$$-T\frac{\partial^2 u(x,t)}{\partial x^2}+m\frac{\partial^2 u(x,t)}{\partial t^2}=0$$

令$c^2=\frac{T}{m}$，上式可改写为：

$$\frac{\partial^2 u(x,t)}{\partial t^2}=c^2\frac{\partial^2 u(x,t)}{\partial x^2} \tag{8-15}$$

式(8-15)与采用动量原理推导的方程相同，但是在该方程的推导过程中并没有将公式的适用条件叙述清楚，往往会造成公式滥用、错用。

(3)弦振动方程的求解[8]

采用分离变量法，弦的自由振动方程可分解成：

$$u(x,t)=\phi(x)\cdot\eta(t) \tag{8-16}$$

式中：$\phi(x)$——振型函数。

将上式代入弦振动微分方程，分离变量后可得到两个独立的常微分方程：

$$\phi''(x)+\frac{\omega^2}{c^2}\varphi(x)=0 \tag{8-17}$$

$$\ddot{\eta}(t)+\omega^2\eta(t)=0$$

振型函数可由式(8-17)解出，得：

$$\phi(x)=C\cos\left(\frac{\omega x}{c}\right)+D\sin\left(\frac{\omega x}{c}\right) \tag{8-18}$$

由于弦两端是固定不动的，有几何边界条件：$\phi(x)\big|_{x=0}=0$，$\phi(x)\big|_{x=l}=0$，于是：

$$\sin\frac{\omega l}{c}=0 \tag{8-19}$$

或

$$\frac{\omega l}{c}=n\pi \qquad (n=1,2,3,\cdots)$$

由此可得弦横向振动的固有频率 ω_n 或振动频率 f_n：

$$\omega_n=\frac{cn\pi}{l}=\frac{n\pi}{l}\sqrt{\frac{T}{m}}$$

或

$$f_n=\frac{n}{2l}\sqrt{\frac{T}{m}} \tag{8-20}$$

相应的振型为：

$$\phi_n(x)=D_n\sin\frac{n\pi x}{l} \tag{8-21}$$

由式(8-20)，可得弦的张力：

$$T=4ml^2\left(\frac{f_n}{n}\right)^2 \tag{8-22}$$

式中：f_n——弦各阶振动频率，$f_n=\dfrac{\omega_n}{2\pi}$。

2）梁模型

对于静荷载作用下的等截面梁，其静力弹性平衡微分方程为：

$$EI\cdot y_0''''=q \tag{8-23}$$

当梁在静平衡位置 y_0 发生振幅为 y 的振动时，运用 D' Alembert 原理，添加惯性力 $-m\ddot{y}$，写出动力平衡方程为：

$$EI(y_0+y)''''=q-m\ddot{y} \tag{8-24}$$

式中：m、q、I——分别表示梁单位长度质量、荷载以及截面惯性矩。

梁自由振动的基本方程为：

$$EIy''''+m\ddot{y}=0 \tag{8-25}$$

这是一个常系数的线性齐次偏微分方程，可用分离变量法求解。令

$$y(x,t)=\phi(x)\cdot\eta(t) \tag{8-26}$$

代入式(8-25)后，得：

$$\frac{EI\phi''''}{m\varphi}=-\frac{\ddot{\eta}}{\eta}=\text{const}=\omega^2 \tag{8-27}$$

由此可得到两个独立的线性齐次常微分方程：

$$EI\phi'''' - \omega^2 m\phi = 0 \tag{8-28}$$

$$\ddot{\eta} + \omega^2 \eta = 0 \tag{8-29}$$

解式(8-29),得:

$$\eta(t) = A\sin(\omega t) + B\cos(\omega t) = a\sin(\omega t + \theta) \tag{8-30}$$

可见该梁的振动是简谐振动,频率为 ω,它的振幅 a 及相位差 θ 由初始条件确定。

解式(8-28)得振型函数为:

$$\phi(x) = C_1\sin(kx) + C_2\cos(kx) + C_3\sinh(kx) + C_4\cosh(kx) \tag{8-31}$$

式中:$k = \sqrt[4]{\dfrac{\omega^2 m}{EI}}$;4 个积分常数 $C_1 \sim C_4$ 由边界条件确定。

(1)梁的边界条件为两端简支

由 $\phi(0) = \phi''(0) = 0$,得:

$$C_2 = C_4 = 0 \tag{8-32}$$

由 $\phi(l) = \phi''(l) = 0$ 及上式,得:

$$C_1\sin(kl) + C_3\sinh(kl) = 0 \tag{8-33}$$

$$-C_1\sin(kl) + C_3\sinh(kl) = 0 \tag{8-34}$$

解上述联立方程得:$C_3 = 0, 2C_1\sin(kl) = 0$,要使 $C_1 \sim C_4$ 不全为零,即 $C_1 \neq 0$,必须 $\sin(kl) = 0$,即:

$$kl = n\pi \qquad (n = 1,2,3,\cdots) \tag{8-35}$$

将 k 代入上式,可得满足边界条件的固有频率为:

$$\omega_n = \left(\frac{n\pi}{l}\right)^2\sqrt{\frac{EI}{m}} \quad f_n = \frac{n^2\pi}{2l^2}\sqrt{\frac{EI}{m}} \tag{8-36}$$

式中:f_n——梁的第 n 阶振动频率,$f_n = \omega_n/2\pi$。

(2) 梁的边界条件为两端固定

由 $\phi(0) = \phi'(0) = 0$,得:

$$C_1 = -C_3, C_2 = -C_4 \tag{8-37}$$

由 $\phi(l) = \phi'(l) = 0$ 及上式,得:

$$C_3[\sinh(kl) - \sin(kl)] + C_4[\cosh(kl) - \cos(kl)] = 0 \tag{8-38}$$

$$C_3[\cosh(kl) - \cos(kl)] + C_4[\sinh(kl) + \sin(kl)] = 0 \tag{8-39}$$

当 $kl > 0$ 时,$[\cosh(kl) - \cos(kl)] > 0$,由式(8-39),得:

$$C_3 = -C_4\frac{[\sinh(kl) + \sin(kl)]}{[\cos(kl) - \cos(kl)]} \tag{8-40}$$

将上式代入式(8-38),得:

$$C_4\left\{[\cosh(kl)-\cos(kl)]-\frac{[\sinh(kl)+\sin(kl)]}{[\cosh(kl)-\cos(kl)]}[\sinh(kl)-\sin(kl)]\right\}=0 \tag{8-41}$$

要使 $C_1\sim C_4$ 不全为零,只有:

$$[\cosh(kl)-\cos(kl)]-\frac{[\sinh(kl)+\sin(kl)]}{\cosh(kl)-\cos(kl)}[\sinh(kl)-\sin(kl)]=0 \tag{8-42}$$

化简可得两端固定梁的频率方程为:

$$1-\cosh(kl)\cos(kl)=0 \tag{8-43}$$

此时,频率方程为超越方程,通过数值算法可求解得:

$$kl=\alpha_n \tag{8-44}$$

由上式可得两端固定梁的频率:

$$\omega_n=\left(\frac{\alpha_n}{l}\right)^2\sqrt{\frac{EI}{m}}\quad f_n=\frac{{a_n}^2}{2\pi l^2}\sqrt{\frac{EI}{m}} \tag{8-45}$$

式中,$\alpha_1=4.7300$,$\alpha_2=7.8532$,$\alpha_3=10.9956$。

令 $C_4=1$,将 $C_1\sim C_3$ 代入振型函数,可以得到两端固定梁自由振动的第 n 阶振型为:

$$\phi(x)=\left[\cosh(\frac{\alpha_n}{l}x)-\cos(\frac{\alpha_n}{l}x)\right]-E_n\left[\sinh(\frac{\alpha_n}{l}x)-\sin(\frac{\alpha_n}{l}x)\right] \tag{8-46}$$

式中:$E_n=\dfrac{\sin\alpha_n+\sin\ \alpha_n}{\cos\alpha_n-\cos\alpha_n}$。

上述即为目前国内外常用的振动频率法测试拉索张力的基本理论。在实际工程中,国内外学者针对斜拉索及拱桥吊杆的实际情况,分别在考虑索垂度、弹性边界条件、环境影响等方面开展研究,提出了多种不同的索力实用计算公式[9-12]。限于篇幅,本书不作详细介绍,读者可查询相关文献。

8.1.2 模态分析相关理论

振动法测定吊杆张力需要用到模态分析理论,下面简介有关的模态分析理论[13]。

傅里叶级数及傅里叶变换是实现动态信号时—频变换的基本方法,是动态信号分析的基础。随着计算机技术的发展,特别是快速离散傅里叶变换算法的提出,大大推进了现代模态分析技术的发展。

1)采样定理

当进行离散傅里叶分析时,只能分析出原信号中谐波最高次的一半,更高次的谐波不能分析出来,实际上它是被混叠于低次谐波中,这一现象称为混频。因此,为了保证将信号中的最高频率 f_m 的谐波都能分析出来,使傅里叶逆变换能复现原信号,采样频率 f_s 应满足:

$$f_s \geqslant 2f_m \tag{8-47}$$

式(8-47)即为山农(Shannon)采样定理。以 f_s 采样时,当信号频谱超过 $\frac{f_s}{2}$ 时,高阶频谱将会以 $f_c=\frac{f_s}{2}$ 为对称轴折叠回来,造成频谱重叠,因此称 f_c 为折叠频率。由采样定理,在模态实验中设置的采样频率应该是感兴趣的系统最高频率的2倍。

2)抗混滤波

在实际工程中,进行傅里叶分析的阶数总是有限的,我们更加关心如何把低阶频谱准确地分析出来。为了这一目的,可将信号先经过一个低通滤波器,将信号中不需要分析的高频部分滤掉,然后再按照山农定理的要求采样分析,这一技术称为抗混滤波。20世纪80年代以来,动态数据采集系统采用实时数字滤波器实现抗混滤波。数字滤波器有更高的性能指标,并且可以实现频率细化FFT分析功能,但是数字滤波必须在数据采集后进行。在采样环节以前仍需要一个固定频率的模拟抗混滤波器,其截止频率应等于系统的最大分析频率。

3)加窗和泄漏问题

离散傅里叶变换和离散功率谱密度估计是对信号的有限长样本进行的,这意味着对无限长信号进行了截断处理,这种截断从数学的角度上说是将信号 $x(t)$ 和一个矩形函数 $w_r(t)$ 相乘,得到有限长函数 $\hat{x}(t)$:

$$\hat{x}(t)=x(t)w_r(t) \tag{8-48}$$

对 $\hat{x}(t)$ 进行的傅里叶分析与对原始信号的分析结果所产生的误差,称为泄漏。

为了避免泄漏,对于有限带宽的周期函数 $x(t)$,窗函数 $w(t)$ 的窗长必须等于 $x(t)$ 的一个周期或整数倍周期。保证整周期截断,实质上是保证将窗中函数的拓本依次连接后能保证在连接处连续,从而能恢复函数的原样。这一点对于随机函数,是不可能做到的。因为严格来说,随机函数的周期无限长。对于随机信号,为了抑制泄漏,应采用特别设计的窗函数,用于消除函数截断的始末端的不连续性。为了抑制泄漏而设计的窗函数多达数10种,但只要加窗就有泄漏。好的窗函数可使泄漏得到比较好的抑制,并不能消除泄漏。复杂的窗函数在应用中也有不便之处。所以常用的窗函数并不是很多。模态试验经常用到的窗函数有矩形窗、汉宁窗(Hanning window)、汉明窗(Hamming window)、平顶窗(flat top window)和指数窗等。

随机信号乘以汉宁窗函数后，截断信号两端为零，保证了始末端的连续性，从而抑制了频谱的泄漏。汉宁窗的频谱主谱窗（主瓣）瓣高与最大旁瓣瓣高之比为1∶0.027，而矩形窗的主瓣和最大旁瓣瓣高之比为1∶0.22，可见汉宁窗比矩形窗能更有效地抑制泄漏。但是汉宁窗比矩形窗频谱的主瓣有所加宽，其后果为导致频率分辨率下降。汉明窗与汉宁窗的函数形式相同，仅系数不同，它比汉宁窗在消除旁瓣效应方面效果更好。平顶窗是一种能保持窗的频谱主瓣顶部较为平直的窗，其抑制旁瓣的能力在 -70dB 以上。对于瞬态响应，为抑制末端的噪声，可采用指数窗，但是由于指数窗是一衰减函数，其效果为增加了信号的阻尼。因此，在信号处理后，应将因加窗而引入的附加阻尼减去。

4）选带傅里叶分析

在一般的 FFT 中，其分析频带总是由 0Hz 到某一最高频率 f_{max}，这种分析方法称为基带分析法。在基带分析中，为了提高分辨率，而不降低最高分析频率只有增加 N，即增大变换规模。当 N 一定时，为了提高高频信号的分辨率，必须舍弃基带分析法。

一种能够不增加变换规模而能够提高高频信号分辨率的方法，是所谓选带傅里叶分析法，通常称为 Zoom-FFT。该方法可以对信号的某一频段进行分析。

在进行现场试验数据记录时，一般总要考虑：

（1）信号的最高频率 f_{max} 的取值。

（2）是否要进行 Zoom-FFT。

前者可估计得到基带分析频段（BW），后者应估计得到选带宽（BW'）。假定已知信号分析仪的显示频谱线段为 n，则数据记录长度应根据 Zoom-FFT 考虑，即数据记录长度应大于 T'：

$$T' = \frac{n}{(BW)'} = \frac{(BW)}{(BW)'}T = MT \tag{8-49}$$

式中：T——基带分析所需记录长度，$T = \dfrac{n}{(BW)}$，考虑分析时多段平均的需要，实际记录长度应大于（5~10）T'。

5）平均技术

在模态试验中，噪声是指非正常激励及响应。无论激励信号还是响应信号，都有不同程度的噪声污染问题。噪声可能来自试验结构本身、测试仪器及导线、电源或环境影响等。通常在信号测试阶段就已设法减少噪声污染，如采用良好的接地技术等措施。即使如此，测试信号中噪声仍然会存在。在信号处理阶段，通过平均技术可降低噪声的影响。采用平均技术的前提是认为噪声为随机信号，对于周期

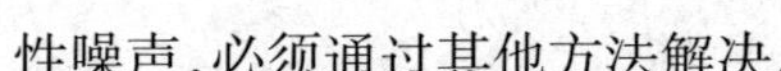

性噪声,必须通过其他方法解决。

不同类型信号所用平均方法是不同的。对于确定性信号,可采用时域平均技术。取多个等长度时域信号样本,采样后对应数据进行平均,可得到噪声较小的有效信号。时域平均的限制条件很严格,如对周期信号,时域平均必须满足两个条件之一:①样本长度为信号周期的正整数倍;②样本初始相位相同。否则,时域平均的结果可能为零。时域平均不仅可消除噪声的偏差,也能消除噪声信号的均值,即在足够多次平均后可完全消除噪声影响,提高信噪比。

使用更为普遍的平均技术是频域平均,即对某些频谱做平均。由于傅里叶谱中包括幅值和相位两种特性,而相位在各次测量中具有随机性,故一般不对傅里叶谱进行平均,而是对进一步得到的功率谱进行平均,再进一步估算频响函数、相干函数、相关函数或其他谱。进行频域平均的问题是,这种平均只能降低噪声的偏差,而不能减少噪声的均值,即不能提高信噪比。因此,平均后的谱曲线只是趋于光滑,仍包含噪声谱的均值。

按照样本截取方式的不同,平均技术有顺序平均和叠盖平均;按照平均时样本权重不同,平均技术有线性平均(稳态平均)和指数平均(衰减平均或动态平均)。

与顺序平均相比,叠盖平均不仅速度快,而且所得谱特性好。这是因为叠盖平均各样本之间的相关程度比顺序平均大,因此所得谱拟合曲线更加光滑。在模态分析的频响函数估计中,线性平均较指数平均更加常用。

8.1.3 吊杆张力测试技术

1)激励方式[14]

根据激励方式的不同,可以将振动法分为共振法和随机振动法两种。

共振法测量吊杆振动频率时,需要人工激振,使吊杆做单一的基频振动,然后用频率计(传感器)测出吊杆的基频。该方法的局限性在于测量结果的准确性与操作者的经验有关。在现场试验时,需要专门的激励设备,一般情况下这些装置比较昂贵,往往影响使用,甚至有时受现场条件所限而无法使用。

随机振动法测量吊杆振动频率,不用对吊杆进行人工激振,而是利用风、桥面振动等环境随机激振源对吊杆进行激振。在环境随机激振源的激励下,吊杆的振动也是一种随机振动,利用频谱分析仪器对吊杆的随机信号进行频谱分析,可以得到吊杆前几阶的自振频率。这种方法无需昂贵的激振装置,也不影响结构的正常使用,只需测量相应数据,操作简单方便,是振动法的首选方案。

2)振动信号的采集[5]

在振动信号采集时,相关参数的设置和时机的选择也是很重要的。

(1)滤波频率、采样频率

滤波频率是根据吊杆的最大关心频率确定的。一般可以根据每根吊杆的张拉力初步计算它们的自振频率,取最大频率的5倍作为滤波频率,再根据采样实例,确定采样频率。如采样频率为20Hz时,滤波频率可以用100Hz。本文试验取用的采样频率为200Hz。

(2)采样时间

利用环境振动作为激励源时,由于无法测量环境的振动信号,往往假设输入信号为零均值的白噪声。通常信号都不能完全满足各态历经性,为了使分析结果满足一定的置信度,必须选择合理的采样时间。由于吊杆的构造比较简单,振动信号一般都属于强平稳信号,所以采样时间不需要太长。通常采样时间可以选10~20min,并采用平均技术提高统计精度,如果遇到信号噪声比较大时可适当延长采样时间。

(3)测量时机的确定

由于吊杆是整个桥梁结构中的一部分,结构容易受到温度的影响而发生变形,从而导致索力的改变,如果索力测量时不希望受温度的影响,必须选择适当的测量时机,一般取结构温度场局部温差较小时测量,如晚上后半夜或清晨。另外,为了使实际振动信号不受吊杆两端边界运动的影响,采用基于阵风激励下的吊杆振动信号比使用大地脉动或车辆激振效果好。

3)频率提取方法[6]

目前采用的环境激励模态分析方法有多种,例如最大熵法(MEM)、随机减量法(ITD)、功率谱峰值法、最小平方曲线拟合法以及ARMA模型等。

功率谱峰值法最初基于结构自振频率,在其频率响应函数上会出现峰值,而峰值就是特征频率的良好估计。对于环境振动,由于没有输入信号,将由环境振动响应的自谱来取代频率响应函数。此时,特征频率仅由平均正则化了的功率谱密度(ANPSDs)曲线上的峰值来确定,故称之为峰值法。功率谱密度是用离散的傅里叶变换(DFT)将实测的加速度数据转换到频域后直接求得。峰值法是一种频域识别方法,由于频域法简单和处理速度快,该方法在实际工程中已经得到了广泛的应用。

8.1.4 吊杆张力测试仪器

本章试验所用数据采集系统是北京振动和噪声技术研究所生产的INV306型智能信号采集处理分析系统。DASP(达世普)数据大容量自动采集与信号处理系统(Data Acquisition and Signal Processing System)是INV303/306型智能信号采集处理分析系统的一个重要大型软件包。

1)传感器

压电式加速度传感器是一种常用的加速度计,它具有结构简单、体积小、质量小、使用寿命长等优异的特点。压电式传感器的工作原理是以某些物质的压电效应为基础的,这些物质在沿一定方向受到压力或拉力作用而发生变形时,其表面上会产生电荷;若将外力移去时,又重新回到不带电的状态,这种现象就称为压电效应。具有这种压电效应的物体称为压电材料或压电元件。在压电元件的受力变形形式中,常见的有厚度变形、长度变形、体积变形和厚度剪切变形4种。对应压电元件的以上4种变形方式,也相应地有4种结构形式的压电式传感器,但目前最常见的是基于厚度变形的压缩式和基于剪切变形的剪切式2种,相比较前者使用更为普遍。

本次试验采用了北京东方振动和噪声技术研究所生产的INV9818型压电式加速度传感器,如图8-4所示,其有效工作范围是0.1~2000Hz,可以保证测到全部吊杆的第1阶~第3阶自振频率,传感器在测试时的安装情况参如图8-5所示。

图8-4 INV9818型压电式加速度传感器

图8-5 传感器的安装

2)滤波放大器

电荷放大器是一个具有深度电容负反馈、高开环增益的运算放大器。它把压电类型传感器的高输出阻抗转变为低输出阻抗,把输入电荷量转变为输出电压量,把传感器的微弱信号放大到一个适当的规一化数值。电荷放大器主要应用于测量振动、冲击、压力等参数。

本次试验采用北京东方振动和噪声技术研究所生产的DLF-6型四合一放大器(图8-6),可以连接电荷和电压两种信号输入,同时具有放大、衰减、滤波、积分功能,集多种仪器于一体,灵巧方便。

3)数据采集仪

本次试验使用 INV306D(F)盒式采集仪(图 8-7),具有 16 通道,并行口方式,可连笔记本计算机,又可连台式计算机,连接很方便,适用于现场野外使用。

图 8-6　DLF－6 型四合一放大器

图 8-7　INV306D(F)盒式采集仪

4)计算机和数据采集、分析软件

INV306 系统采用便携式配置,适用于野外和现场的测试。采用便携式计算机,数据采集和分析软件为 DASP(达世普)数据大容量自动采集与信号处理系统(图 8-8)。

图 8-8　计算机和 DASP 软件

振动法测定吊杆张力的流程图如图 8-9 所示。

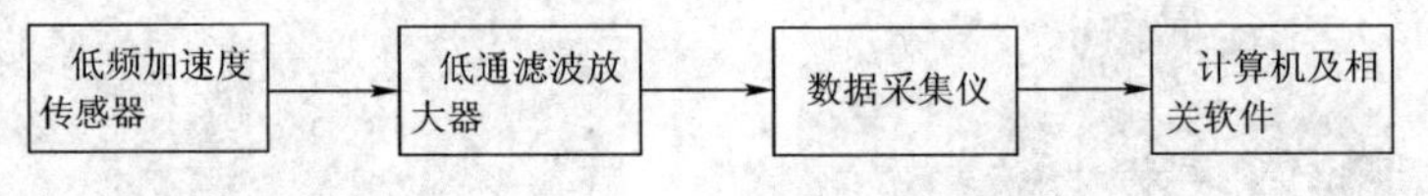

图 8-9　吊杆张力测定流程图

8.2　复杂边界条件下吊杆张力与横向振动频率关系的隐式表达式

当考虑吊杆两端有弹性支承,并考虑拱肋、系杆梁里的减振垫减振作用效应,同时考虑拱肋及系杆梁附加质量的影响时,吊杆张力计算模型如图 8-10 所示。

由于减振垫位于拱肋或系杆梁内,减振垫与拱肋或系杆梁端部距离较近,为研究简便,可将拱肋或系杆梁对吊杆横向等效刚度与减振垫对吊杆轴向等效刚度相叠加,等效刚度记为 K'_g,K'_X。如拱肋和系杆梁高度较小,远小于吊杆长度,可以认为减振垫位于拱肋或系杆梁的端部,此时吊杆长度可取两端锚垫板之间的净距;如拱肋和系杆梁高度较大,吊杆计算长度应取为两端减震器之间的净距加上拱肋和系杆梁高度的一半。现统一称为等效长度 L。

以吊杆静力平衡位置为坐标原点,建立如图 8-10 所示坐标系。假定轴向力 T 以受拉为正,且沿杆长大小和方向都不变,也不随时间变化。由结构动力学理论[15],Euler-Benoulli 的振动方程为:

$$m(x)\frac{\partial^2 u(x,t)}{\partial t^2}-T\frac{\partial^2 u(x,t)}{\partial x^2}+EI\frac{\partial^4 u(x,t)}{\partial x^4}=0 \tag{8-50}$$

令：

$$a^4=\frac{\omega^2 m}{EI},g^2=\frac{T}{EI},\delta\sqrt{\sqrt{a^4+\frac{g^4}{4}}-\frac{g^2}{2}},\varepsilon=\sqrt{\sqrt{a^4+\frac{g^4}{4}}+\frac{g^2}{2}} \tag{8-51}$$

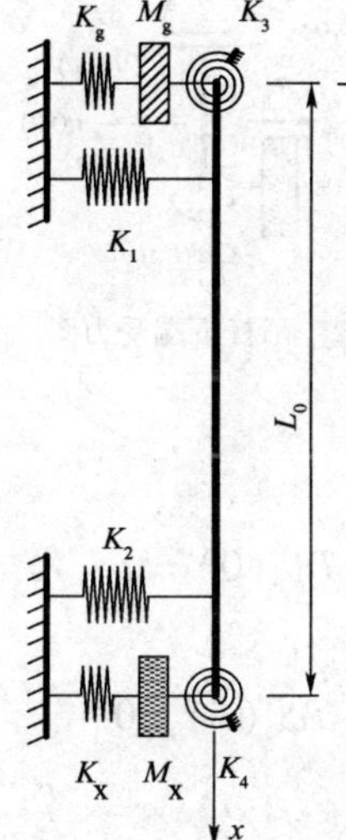

u

L_0

M_g、M_X—— 拱肋与系杆梁的等效质量;
K_g、K_X—— 拱肋与系杆梁对吊杆横向等效刚度;
K_1、K_2—— 拱肋与系杆梁中减振垫对吊杆横向等效刚度;
K_3、K_4—— 拱肋与系杆梁对吊杆转动等效刚度;
L_0—— 吊杆长度

图 8-10 吊杆张力计算模型图

并设形状函数为 $\phi(x)$，横向振动位移 $u(x,t)$ 可以通过广义坐标 $Z(t)$ 表示，则：

$$u(x,t)=\phi(x)Z(t) \tag{8-52}$$

其中形状函数 $\phi(x)$ 可表达为[15]：

$$\phi(x)=D_1\cos(\delta x)+D_2\sin(\delta x)+D_3\cosh(\varepsilon x)+D_4\sinh(\varepsilon x) \tag{8-53}$$

根据图 8-10 可得吊杆上端与下端隔离体受力简图，分别如图 8-11 和图 8-12 所示。

根据作用在吊杆端部上力和力矩的平衡条件，由图 8-11 和图 8-12 可推导出吊杆上端与下端应满足的边界条件为：

$$M(0,t)+K_3u'(0,t)=0 \tag{8-54}$$

$$Q(0,t)+F_s(0,t)+F_{\mathrm{I}}-Tu'(0,t)=0 \tag{8-55}$$

$$M(L,t)+K_4u'(L,t)=0 \tag{8-56}$$

$$Q(L,t)-F_s(L,t)-F_{\mathrm{II}}+Tu'(L,t)=0 \tag{8-57}$$

式中：$M(0,t)=EIu''(0,t)$；$Q(0,t)=EIu'''(0,t)$；$F_s(0,t)=K'_g u(0,t)$。

在自由振动情况下，$u''(x,t)=-\omega^2 u(x,t)$，$F_{\mathrm{I}}=-M_g\omega^2 u(0,t)$；$M(L,t)=EIu''(L,t)$；$Q(L,t)=EIu'''(L,t)$；$F_s(L,t)=K'_X u(L,t)$；$F_{\mathrm{II}}=-M_X\omega^2 u(L,t)$。为书写方便，令 $K'_g=K_g+k_1$，$K'_X=K_X+K_2$。

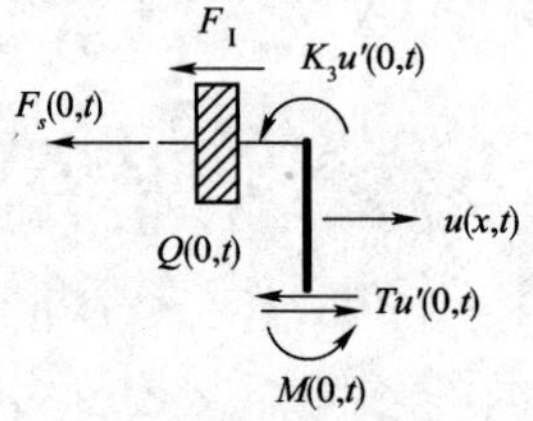

图 8-11　吊杆上端受力图

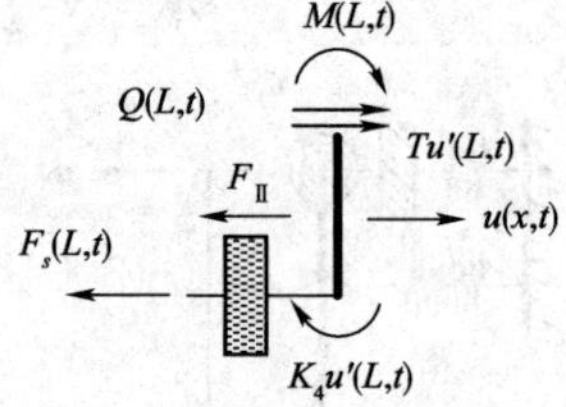

图 8-12　吊杆下端受力图

分别代入式(8-54)～式(8-57)，化简可得：

$$EI\phi''(0)+K_3\phi'(0)=0 \tag{8-58}$$

$$EI\phi'''(0)+K'_g\phi(0)-M_g\omega^2\phi(0)-T\phi'(0)=0 \tag{8-59}$$

$$EI\phi''(L)+K_4\phi'(L)=0 \tag{8-60}$$

$$EI\phi'''(L)-K'_X\phi(L)+M_X\omega^2\phi(L)+T\phi'(L)=0 \tag{8-61}$$

由式(8-53)有：

$$\phi'(x)=-D_1\delta\sin(\delta x)+D_2\delta\cos(\delta x)+D_3\varepsilon\sinh(\varepsilon x)+D_4\varepsilon\cosh(\varepsilon x) \tag{8-62}$$

$$\phi''(x)=-D_1\delta^2\cos(\delta x)-D_2\delta^2\sin(\delta x)+D_3\varepsilon^2\cosh(\varepsilon x)+D_4\varepsilon^2\sinh(\varepsilon x) \tag{8-63}$$

$$\phi'''(x)=D_1\delta^3\sin(\delta x)-D_2\delta^3\cos(\delta x)+D_3\varepsilon^3\sinh(\varepsilon x)+D_4\varepsilon^3\cosh(\varepsilon x) \tag{8-64}$$

分别将 $x=0$ 及 $x=L$ 代入式(8-53)及式(8-62)～式(8-64)，可得：

$$\phi(0)=D_1+D_3 \tag{8-65}$$

$$\phi(L)=D_1\cos(\delta L)+D_2\sin(\delta L)+D_3\cosh(\varepsilon L)+D_4\sinh(\varepsilon L) \tag{8-66}$$

$$\phi'(0)=D_2\delta+D_4\varepsilon \tag{8-67}$$

$$\phi'(L)=-D_1\delta\sin(\delta L)+D_2\delta\cos(\delta L)+D_3\varepsilon\sinh(\varepsilon L)+D_4\cosh(\varepsilon L) \tag{8-68}$$

$$\phi''(0)=-D_1\delta^2+D_3\varepsilon^2 \tag{8-69}$$

$$\phi''(L)=-D_1\delta^2\cos(\delta L)-D_2\delta^2\sin(\delta L)+D_3\varepsilon^2\cosh(\varepsilon L)+D_4\varepsilon^2\sinh(\varepsilon L) \tag{8-70}$$

$$\phi'''(0) = -D_2\delta^3 + D_4\varepsilon^3 \tag{8-71}$$

$$\phi'''(L) = D_1\delta^3\sin(\delta L) - D_2\delta^3\cos(\delta L) + D_3\varepsilon^3\sinh(\varepsilon L) + D_4\varepsilon^3\cosh(\varepsilon L) \tag{8-72}$$

将式(8-65)~式(8-72)代入式(8-54)~式(8-57),合并同类项,可得:

$$-EI\delta^2 D_1 + K_3\delta D_2 + EI\varepsilon^2 D_3 + K_3\varepsilon D_4 = 0 \tag{8-73}$$

$$(\omega^2 M_g - K'_g)D_1 + (T\delta + EI\delta^3)D_2 + (\omega^2 M_g - K'_g)D_3 + (T\varepsilon - EI\varepsilon^3)D_4 = 0 \tag{8-74}$$

$$[-EI\delta^2\cos(\delta L) - K_4\sin(\delta L)]D_1 + [-EI\delta^2\sin(\delta L) + K_4\delta\cos(\delta L)]D_2 + [EI\varepsilon^2\cosh(\varepsilon L) + K_4\varepsilon\sinh(\varepsilon L)]D_3 + [EI\varepsilon^2\sinh(\varepsilon L) + K_4\varepsilon\cosh(\varepsilon L)]D_4 = 0 \tag{8-75}$$

$$\begin{aligned}&[EI\delta^3\sin(\delta L) - (K'_X - \omega^2 M_X)\cos(\delta L) - T\delta\sin(\delta L)]D_1 + \\ &[-EI\delta^3\cos(\delta L) - (K'_X - \omega^2 M_X)\sin(\delta L) + T\delta\cos(\delta L)]D_2 + \\ &[EI\varepsilon^3\sinh(\varepsilon L) - (K'_X - \omega^2 M_X)\cosh(\varepsilon L) + T\varepsilon\sinh(\varepsilon L)]D_3 + \\ &[EI\varepsilon^3\cosh(\varepsilon L) - (K'_X - \omega^2 M_X)\sinh(\varepsilon L) + T\varepsilon\cos(\varepsilon L)]D_4 = 0\end{aligned} \tag{8-76}$$

式(8-73)~式(8-76)构成以 D_1、D_2、D_3、D_4 为基本未知量的方程组,要使方程有非零解,则其 D_1、D_2、D_3、D_4 系数所构成的行列式值应为0。

$$\begin{Vmatrix} -EI\delta^2 & K_3\delta \\ \omega^2 M_g - K'_g & T\delta + EI\delta^3 \\ -EI\delta^2\cos(\delta L) - K_4\delta\sin(\delta L) & -EI\delta^2\sin(\delta L) + K_4\delta\cos(\delta L) \\ EI\delta^3\sin(\delta L) - (K'_X - \omega^2 M_X)\cos(\delta L) - T\delta\sin(\delta L) & -EI\delta^3\cos(\delta L) - (K'_X - \omega^2 M_X)\sin(\delta L) + T\delta\cos(\delta L) \\ EI\varepsilon^2 & K_3\varepsilon \\ \omega^2 M_g - K'_g & T\varepsilon - EI\varepsilon^3 \\ EI\varepsilon^2\cosh(\varepsilon L) + K_4\varepsilon\sinh(\varepsilon L) & EI\varepsilon^2\sinh(\varepsilon L) + K_4\cosh(\varepsilon L) \\ EI\varepsilon^3\sinh(\varepsilon L) - (K'_X - \omega^2 M_X)\cosh(\varepsilon L) + T\varepsilon\sinh(\varepsilon L) & EI\varepsilon^3\cosh(\varepsilon L) - (K'_X - \omega^2 M_X)\sinh(\varepsilon L) + T\varepsilon\cosh(\varepsilon L) \end{Vmatrix} = 0 \tag{8-77}$$

由式(8-77)即可得到复杂边界条件下吊杆张力 T 与振动频率 ω 之间的解析表达式[16],该式为隐式形式。当已知吊杆物理参数和边界条件各参数时,由测试吊杆振动频率,通过上式即可得到索力。上式在推导过程中,比较全面地考虑了边界条件的影响,因此适用于长吊杆和短吊杆张力测定。

8.3 吊杆参数的确定

中、下承式拱桥一般具有多根吊杆,各根吊杆对应的物理常数并不完全一致。利用振动法测定吊杆张拉力的精度在很大程度上取决于吊杆本身参数的可靠性,例如吊杆的弯曲刚度 EI、吊杆的计算长度 l、吊杆的线质量密度 m、吊杆的边界参数等。

(1)吊杆单位长度质量

在吊杆张力测试中,吊杆单位长度的质量应该包括护套的质量,在实际工程中,如果需要提高测试精度,应该在施工现场进行标定。郑州黄河二桥吊杆采用PES C7-091型成品索,吊杆单位长度质量标准值可按国家标准《斜拉桥热挤聚乙烯高强钢丝拉索技术条件》(GB/T 18365—2001)中规定取 $m = 30.4\text{kg/m}$。

(2)吊杆抗弯刚度

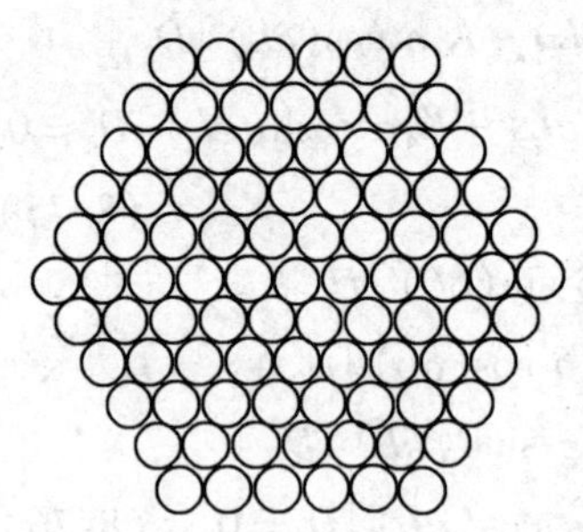

图8-13 PES C7-091型成品索截面示意

吊杆弯曲刚度与吊杆的断面构造有关,国家标准《斜拉桥热挤聚乙烯高强钢丝拉索技术条件》(GB/T 18365—2001)中吊杆截面如图8-13所示。钢丝束断面呈六边形或缺角六边形,钢丝紧密排列后经左旋轻度扭绞而成,扭绞角为2°~4°。

如果吊杆的钢丝之间是完全不黏结的,则吊杆的惯性矩为全部钢丝对自身惯性矩之和,如果是完全黏结,则吊杆的惯性矩为全部钢丝对断面形心的惯性矩之和。吊杆的实际抗弯刚度应该介于完全不黏结与完全黏结之间,有文献报道吊杆的弯曲刚度接近完全黏结时的弯曲刚度。对于钢丝间有黏结吊杆,在工程应用中,其弯曲刚度一般按全黏结时选取。

(3)吊杆计算长度

吊杆两端采用冷铸镦头锚,吊杆实际长度为两端锚垫板之间的净距,但中、下承式拱桥拱肋和系梁高度竖向尺寸一般较大,预留的索道管较长,而设置在索道管口的橡胶减振器对吊杆的约束作用显著,已有的现场测试表明,减振器的存在对吊杆尤其是拱肋两端的短吊杆的低阶频率影响较大,所以在计算中吊杆计算长度可取为两端减振器之间的净距加上拱肋和系杆梁高度的一半。

(4)吊杆边界参数

计算某根吊杆对应的 K'_g 时,可在该吊杆与拱肋连接处沿拱肋横向作用一个单位力 F_g,拱肋产生的横向位移为 Δ_g,则 $K_g = \dfrac{F_g}{\Delta_g}$,此时 K_g 为考虑了拱肋、吊杆等因素贡献的等效刚度;对于减振垫,可以通过试验确定拱肋中减振垫对吊杆横向支承的刚度 K_l。确定 K_g 和 K_l 后,K'_g 也即可确定。计算某根吊杆对应的 M_g 时,可测试拱肋横向第1阶振动频率 f_g,根据振动频率公式 $f_g = \dfrac{1}{2\pi}\sqrt{\dfrac{K'_g}{M_g}}$,可得该吊杆对应的拱肋

等效质量 $M_g = \dfrac{K'_g}{4\pi^2 f_g{}^2}$。同理可得到 K'_X, M_X。

8.4 吊杆边界参数灵敏度分析

式(8-77)中与边界条件相关的参数有 $K'_g, K'_X, M_g, M_X, K_3, K_4$ 共6个，记：

$$\boldsymbol{X} = [X_1\ X_2\ X_3\ X_4\ X_5\ X_6]^T = [K'_g\ K'_X\ M_g\ M_X\ K_3\ K_4]^T \tag{8-78}$$

显然各参数 X_i 对吊杆张力 T 的影响不同，下面分别研究吊杆张力 T 对各边界参数的灵敏度。

根据摄动理论，不计高阶无穷小量，当参数 ε_i 由于某种因素有一微小摄动时，吊杆张力 T 可近似表示为：

$$T = T_0 + \sum_{i=1}^{6} \varepsilon_i T_{1,i} + \sum_{i=1}^{6} \varepsilon_i \varepsilon_j T_{2,ij} \tag{8-79}$$

式中：T_0——参数 $\boldsymbol{X}$ 取初值 $\boldsymbol{X}_0$ 时吊杆张力取值；

T——$\boldsymbol{X}$ 取 $\boldsymbol{X}_1$ 时吊杆张力取值；

ε_i——小参数；

$T_{1,i}, T_2, ij$——分别为吊杆张力的一阶摄动和二阶摄动。

根据灵敏度定义有：

$$T = T_0 + \boldsymbol{S}(\boldsymbol{X}_1 - \boldsymbol{X}_0) \tag{8-80}$$

式中：$\boldsymbol{S}$——吊杆张力对边界条件相关参数的灵敏度矩阵，为 1×6 阶矩阵。

显然吊杆张力 T 对边界参数 X_i 的灵敏度为 $S(T/X_i)$ 为：

$$S(T/X_i) = \frac{\partial T}{\partial X_i} \tag{8-81}$$

式中：当 $i=1,2,3,4,5,6$ 时，X_i 分别为 $K'_g, K'_X, M_g, M_X, K_3, K_4$。

对于简单的显式表达式，式(8-81)易于计算。而当表达式为隐式时，如不考虑边界条件参数间的相关性，只考虑一阶摄动时，可按下述方法计算。

$$S(T/X_i) = \frac{\Delta T}{\Delta X_i} = \frac{T - T_0}{\varepsilon_i x_{0i}} = \frac{T_{1,i}}{X_{0i}} \tag{8-82}$$

式中：X_{0i}——初值 $\boldsymbol{X}_0$ 中第 i 个参数。

当考虑二阶摄动时，可按下式计算：

$$S(T/X_i) = \frac{T_{1,i} + \varepsilon_i T_{2,i}}{X_{0i}} \tag{8-83}$$

根据式(8-82)可得到吊杆张力对参数 $K'_g, K'_X, M_g, M_X, K_3, K_4$ 的灵敏度，为便于计算，各参数标准值分别取值为：1.0×10^6，1.0×10^6，5.0×10^5，1.0×10^6，$5\times$

10^8，1×10^9。其他参数均按郑州黄河二桥吊杆实际值取值。

经分析，K'_g、K'_X对吊杆张力的变化影响最小；M_g、M_X 对吊杆张力的变化影响居中；K_3、K_4 对张力的变化影响最大。图 8-14、图 8-15 为吊杆张力相对于 K_3、K_4 变化的灵敏度。从图 8-14 中可以看出，随着 K_3 的增大，即随着拱肋转动约束的增强，吊杆的张力变化趋势减缓，由于灵敏度小于 0，说明随着 K_3 的增大，吊杆的张力减小，这与同等条件下，两端铰支吊杆张力大于两端固支吊杆张力的趋势一致。当转动刚度 K_3 增大到一定程度，超过 5000kN · m/rad 时，灵敏度趋于 0，即吊杆张力不会发生明显的变化。图 8-15 为吊杆张力相对于 K_4 变化的灵敏度曲线，其趋势与相对于 K_3 变化的灵敏度曲线趋势基本一致，两者的差异主要是由于考虑到拱肋与系杆梁对吊杆的转动约束刚度不同，因此两者的标准值取值不同。由于式(8-77)中吊杆张力对 K_3、K_4 灵敏度变化最大，因此后面对该式的简化主要是针对吊杆两端的转动约束进行的。

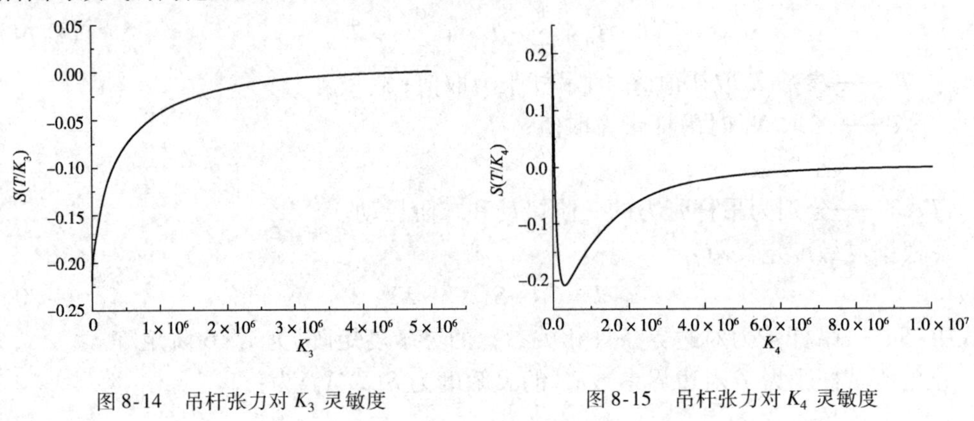

图 8-14 吊杆张力对 K_3 灵敏度

图 8-15 吊杆张力对 K_4 灵敏度

8.5 简单边界条件时吊杆张力计算

中、下承式拱桥吊杆实际的边界条件可看成简单边界条件的叠加，因此下面研究几种基本简单边界条件时吊杆张力的确定。

8.5.1 简单边界条件时吊杆张力解析表达式

简单边界条件时，不考虑附加质量，$M_g=0$，$M_X=0$，此时计算模型可简化为图 8-16 的形式。当不考虑弹性支承时，可进一步简化为：

1) 两端简支：K'_g、$K'_X\to\infty$，K_3、$K_4=0$

此时：

$$\phi(0)=0,\phi''(0)=0 \tag{8-84}$$

$$\phi(L)=0,\phi''(L)=0 \tag{8-85}$$

将式(8-65)、式(8-69)分别代入式(8-84),可得:

$$D_1=D_3=0 \tag{8-86}$$

将式(8-66)、式(8-70)、式(8-86)分别代入式(8-85),可得:

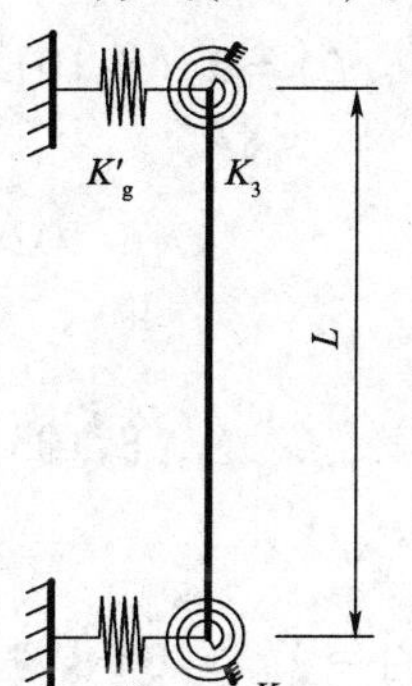

图8-16 吊杆简化计算模型(1)

$$D_2\sin(\delta L)+D_4\sinh(\varepsilon L)=0 \tag{8-87}$$

$$-D_2\delta\sin(\delta L)+D_4\varepsilon^2\sinh(\varepsilon L)=0 \tag{8-88}$$

可解得:

$$D_4=0 \tag{8-89}$$

$$D_2\sin(\delta L)=0 \tag{8-90}$$

显然,$D_2\neq 0$,故:

$$\sin(\delta L)=0 \tag{8-91}$$

所以:

$$\delta L=n\pi \tag{8-92}$$

即:

$$\delta=\frac{n\pi}{L}\qquad(n=1,2,3,\cdots) \tag{8-93}$$

由式(8-51),$a^4=\dfrac{\omega^2 m}{EI}$,$g^2=\dfrac{T}{EI}$,$\delta=\sqrt{\sqrt{a^4+\dfrac{g^4}{4}}-\dfrac{g^2}{2}}$,故:

$$\omega_n{}^2=\left(\frac{n\pi}{L}\right)^2\cdot\frac{T}{m}+\frac{EI}{m}\cdot\left(\frac{n\pi}{L}\right)^4 \tag{8-94}$$

记吊杆振动第 n 阶频率为 f_n,且 $f_n=\dfrac{\omega_n}{2\pi}$,代入上式,则:

$$T=4m\left(\frac{f_n}{n}\right)^2\cdot L^2-EI\cdot\left(\frac{n\pi}{L}\right)^2 \tag{8-95}$$

式(8-95)即为考虑吊杆抗弯刚度而不考虑附加质量和弹性支承时,吊杆张力与横向振动频率的关系式。式中未出现附加质量 M_g、M_X,也可以理解为不考虑弹性支承时,K'_g、$K'_X\to\infty$,附加质量 M_g、M_X 相当于固定在固定支座上,吊杆系统自振时,附加质量 M_g、M_X 对其没有影响。

2)两端固定: K'_g、$K'_X\to\infty$,K_3、$K_4\to\infty$

此时:

$$\phi(0)=0,\phi'(0)=0 \tag{8-96}$$

$$\phi(L)=0,\phi'(L)=0 \tag{8-97}$$

将式(8-65)~式(8-68)分别代入式(8-96),可得:

$$D_1 + D_3 = 0 \tag{8-98}$$

$$D_2\delta + D_4\varepsilon = 0 \tag{8-99}$$

将式(8-65)~式(8-68)分别代入式(8-97),可得:

$$D_1\cos(\delta L) + D_2\sin(\delta L) + D_3\cosh(\varepsilon L) + D_4\sinh(\varepsilon L) = 0 \tag{8-100}$$

$$-D_1\delta\sin(\delta L) + D_2\delta\cos(\delta L) + D_3\varepsilon\sinh(\varepsilon L) + D_4\varepsilon\cosh(\varepsilon L) = 0 \tag{8-101}$$

由式(8-98)可得:

$$D_1 = -D_3 \tag{8-102}$$

由式(8-99)可得:

$$D_2 = -\frac{\varepsilon}{\delta}D_4 \tag{8-103}$$

将式(8-102)、式(8-103)分别代入式(8-101),可得:

$$D_3[\delta\sin(\delta L) + \varepsilon\sinh(\varepsilon L)] + D_4[-\varepsilon\cos(\delta L) + \varepsilon\cosh(\varepsilon L)] = 0 \tag{8-104}$$

$$D_3 = -\frac{D_4[-\varepsilon\cos(\delta L) + \varepsilon\cosh(\varepsilon L)]}{\delta\sin(\delta L) + \varepsilon\sinh(\varepsilon L)} \tag{8-105}$$

将式(8-103)和式(8-105)分别代入式(8-100),可得:

$$D_3[-\cos(\delta L) + \cosh(\varepsilon L)] + D_4\left[-\frac{\varepsilon}{\delta}\sin(\delta L) + \sinh(\varepsilon L)\right] = 0 \tag{8-106}$$

$$-\frac{D_4[-\varepsilon\cos(\delta L) + \varepsilon\cosh(\varepsilon L)]}{\delta\sin(\delta L) + \varepsilon\sinh(\varepsilon L)}[-\cos(\delta L) + \cosh(\varepsilon L)] + D_4\left[-\frac{\varepsilon}{\delta}\sin(\delta L) + \sinh(\varepsilon L)\right] = 0 \tag{8-107}$$

显然 $D_4 \neq 0$,故上式可变为:

$$-\frac{-\varepsilon\cos(\delta L) + \varepsilon\cosh(\varepsilon L)}{\delta\sin(\delta L) + \varepsilon\sinh(\varepsilon L)}[-\cos(\delta L) + \cosh(\varepsilon L)] + \left[-\frac{\varepsilon}{\delta}\sin(\delta L) + \sinh(\varepsilon L)\right] = 0 \tag{8-108}$$

$$-\frac{\varepsilon\delta[\cosh(\varepsilon L) - \cos(\delta L)]^2}{\delta\sin(\delta L) + \varepsilon\sinh(\varepsilon L)} + [\delta\sinh(\varepsilon L) - \varepsilon\sin(\delta L)] = 0 \tag{8-109}$$

$$\varepsilon\delta[\cosh(\varepsilon L) - \cos(\delta L)]^2 - [\delta\sinh(\varepsilon L) - \varepsilon\sin(\delta L)][\delta\sin(\delta L) + \varepsilon\sinh(\varepsilon L)] = 0 \tag{8-110}$$

上式展开后整理,有:

$$\varepsilon\delta[\cosh^2(\varepsilon L) - \sinh^2(\varepsilon L)] + \varepsilon\delta[\cos^2(\delta L) + \sin^2(\delta L)] - 2\varepsilon\delta\cosh(\varepsilon L)\cos(\delta L) - \delta^2\sinh(\varepsilon L)\sin(\delta L) + \varepsilon^2\sin(\delta L)\sinh(\varepsilon L) = 0 \tag{8-111}$$

$$2\varepsilon\delta - 2\varepsilon\delta\cosh(\varepsilon L)\cos(\delta L) - \delta^2\sinh(\varepsilon L)\sin(\delta L) +$$

$$\varepsilon^2 \sin(\delta L)\sinh(\varepsilon L)=0 \tag{8-112}$$

$$2\varepsilon\delta[1-\cosh(\varepsilon L)\cos(\delta L)]+(\varepsilon^2-\delta^2)\sinh(\varepsilon L)\sin(\delta L)=0 \tag{8-113}$$

将 $a^4=\frac{\omega^2 m}{EI}, g^2=\frac{T}{EI}, \delta=\sqrt{\sqrt{a^4+\frac{g^4}{4}}-\frac{g^2}{2}}, \varepsilon=\sqrt{\sqrt{a^4+\frac{g^4}{4}}+\frac{g^2}{2}}$代入上式,得:

$$2a^2[1-\cosh(\varepsilon L)\cos(\delta L)]+g^2\sin(\delta L)\sinh(\varepsilon L)=0 \tag{8-114}$$

$$2\omega\sqrt{\frac{m}{EI}}[1-\cosh(\varepsilon L)\cos(\delta L)]+\frac{T}{EI}\sin(\delta L)\sinh(\varepsilon L)=0 \tag{8-115}$$

可以看出,式(8-115)是一个关于吊杆张力 T 与吊杆横向振动频率 ω、吊杆质量密度 m 和吊杆抗弯刚度 EI 有关的超越方程,对于具体吊杆,当其质量密度 m 和抗弯刚度 EI 一定时,由于式(8-115)中存在三角函数和双曲函数,由该方程不能推出吊杆横向振动频率与吊杆张力之间的显式关系式,且由于 ω, T 定义域区间过大,不便于求解。为便于求解,下面对其进行无量化处理[1,10]:

首先定义参数 ξ,令:

$$\xi=l\sqrt{\frac{T}{EI}} \tag{8-116}$$

该参数为 IRVINE 参数。下面依据吊杆刚度情况和参数 ξ 的变化范围分别求解。

(1)当吊杆刚度较小时,吊杆作近似于张紧弦振动,此时 ξ 较大。定义参数 β_n:

$$\beta_n=\frac{f_n}{f_n^s} \tag{8-117}$$

式中:f_n——两端固定吊杆第 n 阶振动频率 $f_n=\frac{\omega_n}{2\pi}$;

f_n^s——理想张紧弦第 n 阶振动频率理论值,$f_n^s=\frac{n}{2l}\sqrt{\frac{T}{m}}$。

将式(8-116)、式(8-117)代入式(8-51)中,δ, ε 表达式有

$$\delta=\frac{\xi}{\sqrt{2}l}\sqrt{\sqrt{1+(\frac{2n\pi\beta_n}{\xi})^2}-1} \tag{8-118}$$

$$\varepsilon=\frac{\xi}{\sqrt{2}l}\sqrt{\sqrt{1+(\frac{2n\pi\beta_n}{\xi})^2}+1} \tag{8-119}$$

将式(8-118)、式(8-119)代入式(8-113)或式(8-115),方程可以变为:

$$2n\pi\beta_n[1-\cosh(\varepsilon L)\cos(\delta L)]+\xi\sinh(\varepsilon L)\sin(\delta L)=0 \tag{8-120}$$

上式仅为 ξ, β_n 的函数,虽然仍为超越方程,但是由于式(8-120)中 β_n 的定义

域与式(8-115)中ω,T的定义域相比,减小了很多,对于给定的ξ,可以方便地采用迭代法计算对应的β_n值。

董建华,陈淮[1,9]和李冬生等[10]采用了 Newton 迭代法进行求解。运用 Newton 迭代法求解存在的主要问题是其收敛与初值的选取有较大关系。当给定的初值$\beta_n(0)$与实际值相差较远时,计算可能发散。本章采用 Newton – Raphson 法进行求解,该方法可利用 Raphson 法保证迭代过程中单调下降,利用 Newton 法提高收敛速度。下面给出简要计算过程:

①给定ξ和n值;由于测试中一般仅能测试吊杆振动的前几阶低阶频率,因此n一般取值 1 ~ 5 之间。

②给定$\beta_n(0)$初值,如$\beta_1(0)=1$。令:

$$\beta_n(i+1)=\beta_n(i)-\lambda\frac{f[\beta_n(i)]}{f'[\beta_n(i)]} \tag{8-121}$$

式中:λ——Raphson 因子,$0<\lambda\leqslant1$,可通过依次减半试算确定。

当计算中$\beta_n(i+1)=\beta_n(i)$时,可认为原方程的一组解为$[\xi,\beta_n(i)]$。

由于方程中包含三角函数和双曲线函数,确定$\beta_n(0)$初值时,该值应尽量接近真实解。为确定真实解的大致范围,可以令:

$$F(\beta_n)=2n\pi\beta_n[1-\cosh(\varepsilon L)\cos(\delta L)]+\xi\sinh(\varepsilon L)\sin(\delta L) \tag{8-122}$$

对于任意给定的ξ和n值,作出函数$F(\beta_n)$关于β_n函数变化的曲线,即可确定真实解的大致范围。如当$n=2,\xi=30$时,$F(\beta_2)$在区间$0\leqslant\beta_2\leqslant2$的曲线如图 8-17 所示。

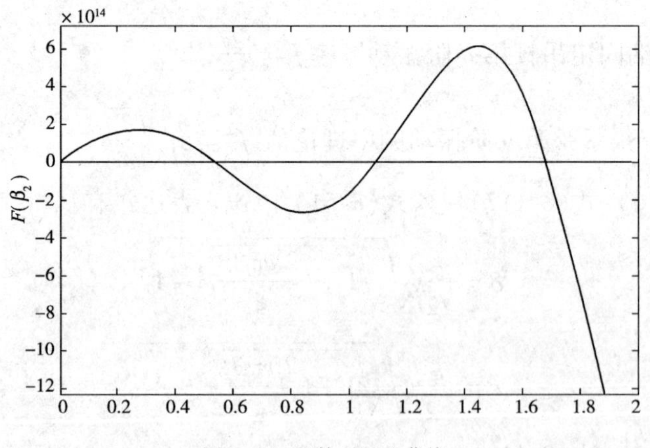

图 8-17　函数$F(\beta_n)$曲线

由图 8-17 可以看出,函数$F(\beta_2)$与$F=0$在区间$0\leqslant\beta_2\leqslant2$有 3 个交点(不计原点处),由于使用第 2 阶频率,故采用第 2 个交点处对应的β_2值 1.1 作为初值,即$\beta_2(0)=1.1$，按式(8-121)求解可得真实解为1.0949。当计算第n阶频率时，对应取函数$F(\beta_2)$曲线与$F=0$的第n个交点处对应横坐标值作为$\beta_n(0)$初值。

例如：当$\xi=100$时，$n=1$时，$\beta_1=1.0209$。对于$n=1,2,3,4$时，ξ-β_n关系曲线如图8-18所示。

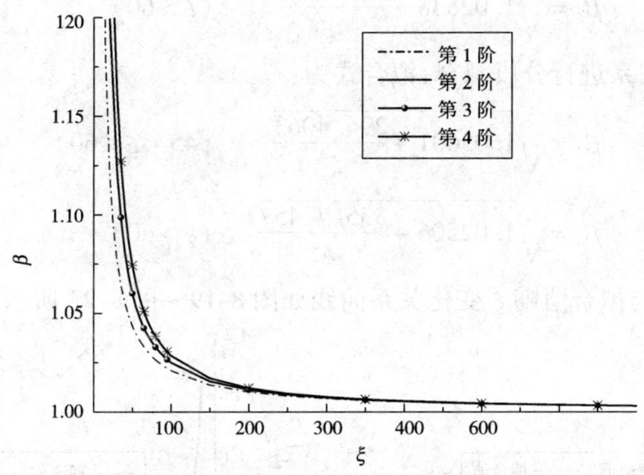

图8-18 ξ-β_n关系曲线图

从图8-18中可以看出，当ξ较大(刚度较小)时，曲线坡度平缓，β_n收敛于1，说明β_n变化率低，体现了吊杆作类似于张紧弦振动。在ξ较小(刚度较大)时，曲线坡度较大，说明β_n变化率高，体现了吊杆振动频率对刚度敏感。当ξ受较小扰动时，β_n也会产生较大的变化，此时β_n的鲁棒性差。实际上当吊杆刚度较大时，吊杆不再作类似于张紧弦振动，故按弦振动理论计算时，误差可能较大。故对曲线进行拟合时，必须略去ξ较小(刚度较大)部分。

为便于计算，各曲线分段化简时均采用类似的函数形式。根据图8-18对ξ-β_1关系进行分段拟合，拟合式为：

$$\beta_1=\sqrt{1.12447+\frac{58.03561}{\xi^2}}\qquad(10<\xi\leqslant 20)\tag{8-123a}$$

$$\beta_1=\sqrt{1.05113+\frac{96.23818}{\xi^2}}\qquad(\xi>20)\tag{8-123b}$$

对ξ-β_2关系进行分段拟合，拟合式为：

$$\beta_2=\sqrt{1.05475+\frac{123.58398}{\xi^2}}\qquad(20<\xi\leqslant 60)\tag{8-124a}$$

$$\beta_2=\sqrt{1.0256+\frac{206.48219}{\xi^2}}\qquad(\xi>60)\tag{8-124b}$$

对 $\xi-\beta_3$ 关系进行分段拟合，拟合式为：

$$\beta_3=\sqrt{1.03908+\frac{210.58887}{\xi^2}} \quad (40<\xi\leqslant 60) \tag{8-125a}$$

$$\beta_3=\sqrt{1.02538+\frac{260.36805}{\xi^2}} \quad (\xi>60) \tag{8-125b}$$

对 $\xi-\beta_4$ 关系进行分段拟合，拟合式为：

$$\beta_4=\sqrt{1.03601+\frac{294.4063}{\xi^2}} \quad (45<\xi\leqslant 60) \tag{8-126a}$$

$$\beta_4=\sqrt{1.02506+\frac{335.77457}{\xi^2}} \quad (\xi>60) \tag{8-126b}$$

β_n 各阶理论解与拟合值随 ξ 变化关系曲线如图 8-19 ~ 图 8-22 所示。

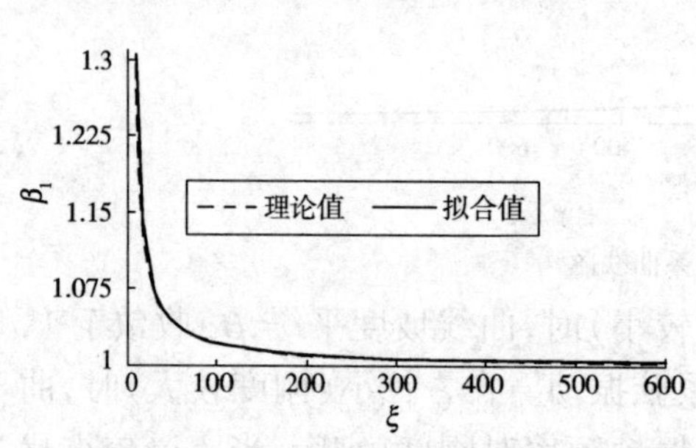

图 8-19　$\xi-\beta_1$ 计算值与拟合值关系曲线

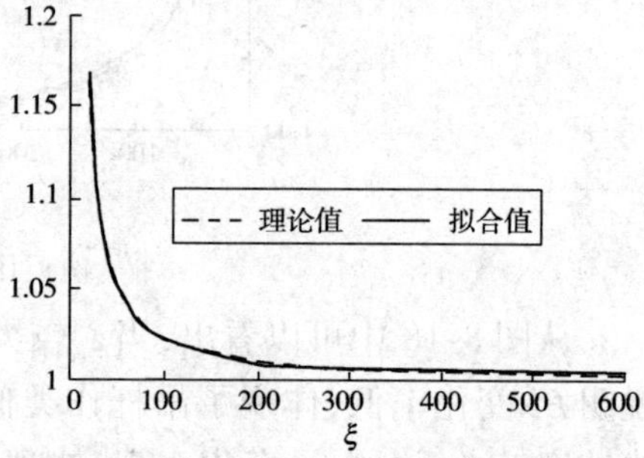

图 8-20　$\xi-\beta_2$ 计算值与拟合值关系曲线

（2）当吊杆抗弯刚度较大时，吊杆作近似于梁横向振动，此时 ξ 较小。类似于 β_n，定义无量纲参数 X_n：

$$X_n=\frac{f_n}{f_n^B} \tag{8-127}$$

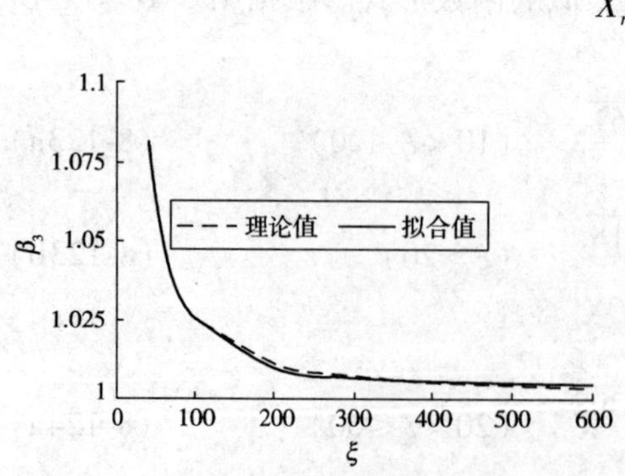

图 8-21　$\xi-\beta_3$ 计算值与拟合值关系曲线

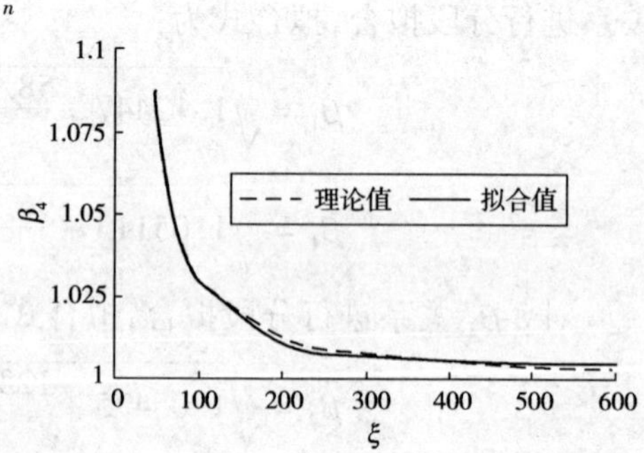

图 8-22　$\xi-\beta_4$ 计算值与拟合值关系曲线

式中：f_n——两端固定吊杆第 n 阶振动频率，$f_n=\dfrac{\omega_n}{2\pi}$；

f_n^B——两端固定梁第 n 阶振动频率理论值，$f_n^B=\dfrac{\varphi_n^2}{2\pi l^2}\sqrt{\dfrac{EI}{m}}$。

根据参数 ξ 的定义式式(8-116)与参数 x_n 的定义式式(8-127)，式(8-51)中 δ,ε 表达式为：

$$\delta=\frac{\xi}{\sqrt{2}l}\sqrt{\sqrt{1+(\frac{2\varphi_n^2\chi_n}{\xi^2})^2}-1} \tag{8-128}$$

$$\varepsilon=\frac{\xi}{\sqrt{2}l}\sqrt{\sqrt{1+(\frac{2\varphi_n^2\chi_n}{\xi^2})^2}+1} \tag{8-129}$$

将上式代入式(8-113)或式(8-115)中，方程变为：

$$2\varphi_n^2\chi_n[1-\cosh(\varepsilon L)\cos(\delta L)]+\xi^2\sinh(\varepsilon L)\sin(\delta L)=0 \tag{8-130}$$

式(8-130)为超越方程，求解时首先确定 n 和 φ_n。根据两端固定梁的振动频率方程可知，关于 φ_n 的方程为：

$$1-\cosh(\varphi_n)\cos(\varphi_n)=0 \tag{8-131}$$

可得到该方程的前 5 个解为：$\varphi_1=4.730$；$\varphi_2=7.8352$；$\varphi_3=10.9956$；$\varphi_4=14.1371655$；$\varphi_5=17.278759657$。

当确定了 φ_n 后，式(8-130)的求解方法与式(8-120)的求解方法相同。采用 Newton-Raphson 法进行求解。例如，对于 $n=1\sim4$ 时，ξ-χ_n 关系曲线如图 8-23 所示。

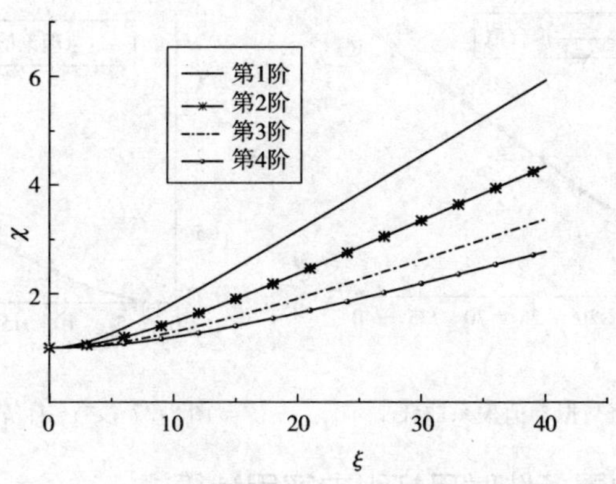

图 8-23 ξ-χ_n 关系曲线图

为便于化简，各曲线化简采用类似的函数形式。根据图 8-23 对 ξ-χ_1 关系进行分段拟合，拟合式为：

$$\chi_1=\sqrt{1+\frac{\xi^2}{42.02098}}\quad (0<\xi\leqslant 10) \tag{8-132}$$

对 ξ-χ_2 关系进行分段拟合，拟合式为：

$$\chi_2=\sqrt{1+\frac{\xi^2}{85.50065}}\quad (0<\xi\leqslant 20) \tag{8-133}$$

对 ξ-χ_3 关系进行分段拟合，拟合式为：

$$\chi_3=\sqrt{1+\frac{\xi^2}{152.69022}}\quad (0<\xi\leqslant 40) \tag{8-134}$$

对 ξ-χ_4 关系进行分段拟合，拟合式为：

$$\chi_4=\sqrt{1+\frac{\xi^2}{237.07164}}\quad (0<\xi\leqslant 45) \tag{8-135}$$

β_n 各阶理论解与模拟值随 ξ 变化关系曲线如图 8-24 ~ 图 8-27 所示。

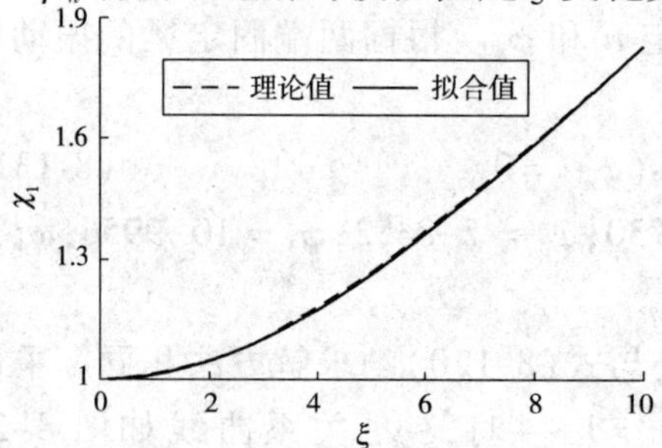

图 8-24　ξ-χ_1 计算值与拟合值关系曲线

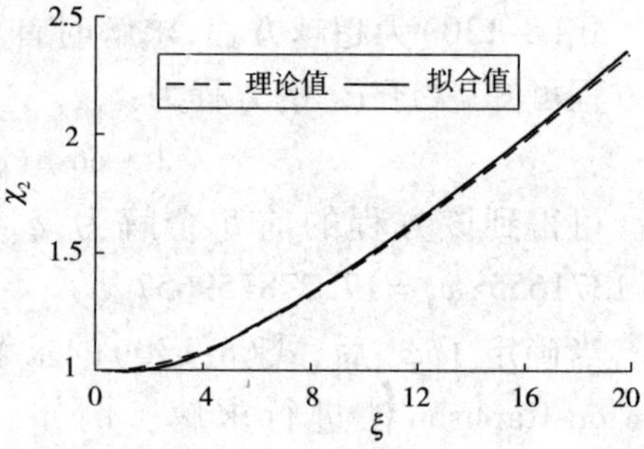

图 8-25　ξ-χ_2 计算值与拟合值关系曲线

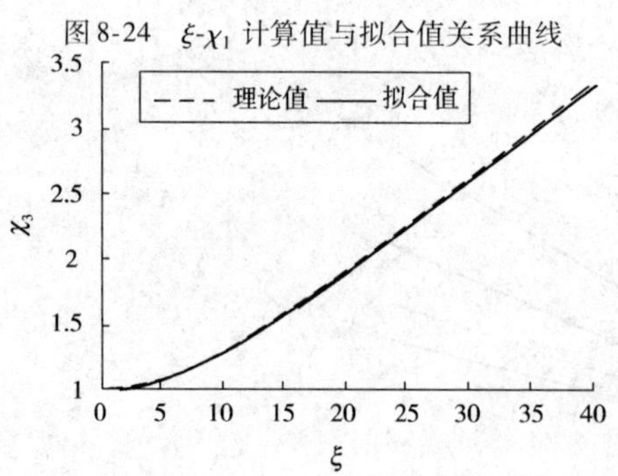

图 8-26　ξ-χ_3 计算值与拟合值关系曲线

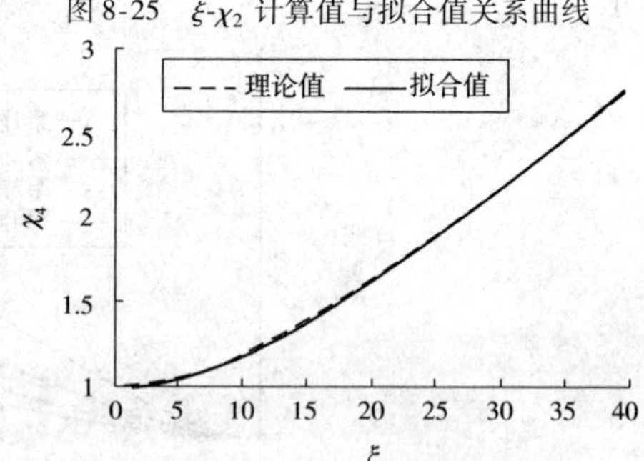

图 8-27　ξ-χ_4 计算值与拟合值关系曲线

8.5.2　简单边界条件时吊杆张力实用计算式

根据式(8-123) ~ 式(8-126)可以看出，可采用统一的函数形式为：

$$\beta_n = \sqrt{A + \frac{B}{\xi^2}} \tag{8-136}$$

令：

$$C = \sqrt{\frac{EI}{ml^4}} \tag{8-137}$$

将上式及式(8-116)、式(8-117)代入式(8-136)中，展开可得 ξ 较大时吊杆张力 T 的计算式：

$$T = 4m(f_n l)^2\left[\frac{1}{An^2} - \frac{B}{4A}\left(\frac{C}{f_n}\right)^2\right] \tag{8-138}$$

同理式(8-132)～式(8-135)采用了统一的函数形式为：

$$\chi_n = \sqrt{1 + \frac{\xi^2}{D}} \tag{8-139}$$

将上式及式(8-116)与式(8-127)代入式(8-139)中，展开可得 ξ 较小时吊杆张力 T 的计算式：

$$T = 4m(f_n l)^2\left[\frac{D\pi^2}{\varphi_n^4} - \frac{D}{4}\left(\frac{C}{f_n}\right)^2\right] \tag{8-140}$$

将式(8-123)～式(8-126)分别代入式(8-138)中，式(8-132)～式(8-135)分别代入式(8-140)中，可以建立吊杆横向振动时前4阶频率与吊杆张力之间的实用公式。

当采用第1阶频率时，吊杆张力实用计算公式为：

$$\begin{cases} T = 4m(f_1 L)^2\left[0.82856 - 10.50525\left(\dfrac{C}{f_1}\right)^2\right] & (0 < \xi \leqslant 10) \\ T = 4m(f_1 L)^2\left[0.88931 - 12.90288\left(\dfrac{C}{f_1}\right)^2\right] & (10 < \xi \leqslant 20) \\ T = 4m(f_1 L)^2\left[0.95136 - 22.88922\left(\dfrac{C}{f_1}\right)^2\right] & (\xi > 20) \end{cases} \tag{8-141}$$

当采用第2阶频率时，吊杆张力实用计算公式为：

$$\begin{cases} T = 4m(f_2 L)^2\left[0.22186 - 21.37516\left(\dfrac{C}{f_2}\right)^2\right] & (0 < \xi \leqslant 20) \\ T = 4m(f_2 L)^2\left[0.23702 - 29.29224\left(\dfrac{C}{f_2}\right)^2\right] & (20 < \xi \leqslant 60) \\ T = 4m(f_2 L)^2\left[0.24376 - 50.33205\left(\dfrac{C}{f_2}\right)^2\right] & (\xi > 60) \end{cases} \tag{8-142}$$

当采用第3阶频率时，吊杆张力实用计算公式为：

$$\begin{cases} T=4m(f_3L)^2\left[0.10309-38.17256\left(\dfrac{C}{f_3}\right)^2\right] & (0<\xi\leqslant 40) \\ T=4m(f_3L)^2\left[0.10693-50.66715\left(\dfrac{C}{f_3}\right)^2\right] & (40<\xi\leqslant 60) \\ T=4m(f_3L)^2\left[0.10836-63.48087\left(\dfrac{C}{f_3}\right)^2\right] & (\xi>60) \end{cases} \quad (8\text{-}143)$$

当采用第 4 阶频率时,吊杆张力实用计算公式为:

$$\begin{cases} T=4m(f_4L)^2\left[0.05858\text{-}59.26791\left(\dfrac{C}{f_4}\right)^2\right] & (0<\xi\leqslant 45) \\ T=4m(f_4L)^2\left[0.06033-71.04331\left(\dfrac{C}{f_4}\right)^2\right] & (45<\xi\leqslant 60) \\ T=4m(f_4L)^2\left[0.06097-81.89144\left(\dfrac{C}{f_4}\right)^2\right] & (\xi>60) \end{cases} \quad (8\text{-}144)$$

可以看出,虽然以上实用计算公式是分段给出的,但由于其表达形式统一,且均为显式表达,因此在实际工程中应用方便。

8.6 复杂边界条件下吊杆张力与横向振动频率关系的显式表达式

8.6.1 基于 Rayleigh 法吊杆张力与基频关系的解析表达式

考虑附加质量,M_g、$M_X\neq 0$,且考虑弹性支承,此时吊杆计算模型可简化为如图 8-28 所示。为便于研究,同样分别研究简支和固支条件下吊杆张力的计算。

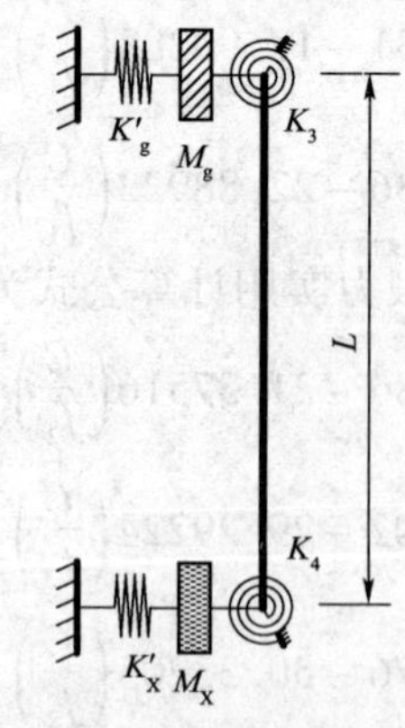

图 8-28 吊杆简化计算模型(2)

1）两端铰接：此时 K_3、$K_4=0$

可将 K_3、K_4 代入式(6－27)，得：

$$\begin{Vmatrix} -EI\delta^2 & 0 & EI\varepsilon^2 & 0 \\ \omega^2 M_g - K'_g & T\delta + EI\delta^3 & \omega^2 M_g - K'_g & T\varepsilon - EI\varepsilon^3 \\ -EI\delta^2\cos(\delta L) & -EI\delta^2\sin(\delta L) & EI\varepsilon^2\cosh(\varepsilon L) & EI\varepsilon^2\sinh(\varepsilon L) \\ EI\delta^3\sin(\delta L) - (K'_X - \omega^2 M_X)\cos(\delta L) - T\delta\sin(\delta L) & -EI\delta^3\cos(\delta L) - (K'_X - \omega^2 M_X)\sin(\delta L) + T\delta\cos(\delta L) & EI\varepsilon^3\sinh(\varepsilon L) - (K'_X - \omega^2 M_X)\cos(\varepsilon L) + T\varepsilon\sinh(\varepsilon L) & EI\varepsilon^3\cosh(\varepsilon L) - (K'_X - \omega^2 M_X)\sinh(\varepsilon L) + T\varepsilon\cosh(\varepsilon L) \end{Vmatrix} = 0 \tag{8-145}$$

展开上式，即可得到吊杆张力 T 与吊杆横向振动频率 ω 之间的解析表达式，但展开式比较繁琐，不利于工程应用。

下面采用 Rayleigh 法给出吊杆横向振动频率与吊杆张力之间的关系。

假定吊杆的振型函数为：

$$U(x,t) = y(x)\cos(\omega t + \theta) \tag{8-146}$$

不考虑弹性支承时，在均布荷载 q 作用下，两端铰支梁的挠度方程为：

$$y_1(x) = \frac{ql^4}{24EI}\left[-\left(\frac{x}{L}\right)^4 + 2\left(\frac{x}{L}\right)^3 - \frac{x}{L}\right] \tag{8-147}$$

考虑弹性支承时，在均布荷载 q 作用下，拱肋端和系杆梁端弹性支承产生的位移分别为：

$$y_g = -\frac{qL}{2K'_g} \tag{8-148}$$

$$y_X = -\frac{qL}{2K'_X} \tag{8-149}$$

则弹性支承所引起吊杆的位移为：

$$y_2(x) = y_g + \frac{y_g - y_X}{L}x \tag{8-150}$$

故考虑弹性支承时，两端铰支梁的振型函数中：

$$\begin{aligned} y(x) &= y_1(x) + y_2(x) \\ &= \frac{ql^4}{24EI}\left[-\left(\frac{x}{L}\right)^4 + 2\left(\frac{x}{L}\right)^3 - \frac{x}{L}\right] + \left(y_g + \frac{y_g - y_X}{L}x\right) \end{aligned} \tag{8-151}$$

假定吊杆及弹性支承等为弹性材料，如考虑吊杆振动时剪切变形和转动惯量的影响，任一时刻 t 时，吊杆的动能 E_1 为：

$$E_1 = \frac{1}{2}\int_0^L m[\dot{U}(x,t)]^2 \mathrm{d}x + \frac{1}{2}\int_0^L \frac{m}{A} I[\dot{\alpha}(x,t)]^2 \mathrm{d}x \tag{8-152}$$

其中,第一部分为吊杆平移引起的动能,第二部分为吊杆转动惯量项。

式中:m——吊杆单位长度质量,$\dot{U}(x,t)=\frac{\partial U(x,t)}{\partial t}$;

A——吊杆横截面积;

I——吊杆横截面惯性矩;

α——截面转角,$\dot{\alpha}(x,t)=\frac{\partial a(x,t)}{\partial t}$。

拱肋和系杆梁等效质量对应的动能为:

$$E_2 = \frac{1}{2}M_g[\dot{U}_g(t)]^2 + \frac{1}{2}M_X[\dot{U}_X(t)]^2 \tag{8-153}$$

式中:$U_g(t)$、$U_X(t)$——分别表示拱肋端部和系杆梁端部弹性支承引起的位移,其中,$U_g(t)=y_g\cos(\omega t+\theta)$,$U_X(t)=y_X\cos(\omega t+\theta)$;

$\dot{U}_g(t)$、$\dot{U}_X(t)$——分别表示拱肋和系杆梁上弹性支承在 t 时刻所对应的速度,$\dot{U}_g(t)=\frac{\partial, U_g(t)}{\partial t}$,$\dot{U}_X(t)=\frac{\partial U_X(t)}{\partial t}$。

吊杆的势能为:

$$V_1 = \underset{\text{弯曲应变能}}{\frac{1}{2}\int_0^L EI[U''(x,t)]^2 \mathrm{d}x} + \underset{\text{外荷位能}}{\frac{1}{2}\int_0^L T[U'(x,t)]^2 \mathrm{d}x} + \underset{\text{剪切应变能}}{\frac{1}{2}\int_0^L kGA\gamma^2 \mathrm{d}x} \tag{8-154}$$

其中,$U''(x,t)=\frac{\partial^2 U(x,t)}{\partial x^2}$;$U'(x,t)=\frac{\partial U(x,t)}{\partial x}$。

$$\gamma = \varphi - \frac{\partial U(x,t)}{\partial x} = \frac{1}{kGA}\int[q - m\ddot{U}(x,t)]\mathrm{d}x \tag{8-155}$$

$$\ddot{U}(x,t) = \frac{\partial^2 U(x,t)}{\partial t^2}$$

以上两式中:T——吊杆张力;

k——剪切系数;

G——剪切弹性模量;

γ——由于剪切变形引起截面的转角;

φ——截面的转角;

q——横向荷载;

弹性支承对应的应变能:

$$V_2 = \frac{1}{2}K'_g y_g^2 + \frac{1}{2}K'_X Y_X^2 \tag{8-156}$$

根据 Rayleigh 法,系统能量守恒,因此系统最大动能等于最大位能,即:

$$(E_1 + E_2)_{\max} = (V_1 + V_2)_{\max} \tag{8-157}$$

将吊杆几何尺寸、弹性常数等依次代入式(8-157),即可得到基于 Timoshenko 梁理论并考虑复合边界条件的吊杆横向振动频率—吊杆张力方程。

当不考虑吊杆剪切变形和转动惯量影响时,系统振动频率可以表示为:

$$\omega^2 = \frac{EI\int_0^L y''(x)^2\mathrm{d}x + T\int_0^L y'(x)^2\mathrm{d}x + K'_g y_g^2 + K'_X y_X^2}{m\int_0^L y(x)^2\mathrm{d}x + M_g {y_g}^2 + M_X {y_X}^2} \tag{8-158}$$

将式(8-151)代入上式,可得:

$$EI\int_0^l y''(x)^2\mathrm{d}x = \frac{1}{120}\frac{q^2L^5}{EI} \tag{8-159a}$$

$$T\int_0^L y'(x)^2\mathrm{d}x = \frac{17}{20160}\frac{Tq^2L^7}{E^2I^2} + \frac{Tq^2(K_g - K_X)^2L}{4K_g^2K_X^2} \tag{8-159b}$$

$$K'_g y_g^2 + K'_X {Y_X}^2 = \frac{q^2L^2}{4}\left(\frac{1}{K_g} + \frac{1}{K_X}\right) \tag{8-159c}$$

$$m\int_0^L y(x)^2\mathrm{d}x = \frac{31mq^2L^9}{362880E^2I^2} + \frac{1}{240}\frac{mq^2L^6}{EI}\left(\frac{1}{K_g} + \frac{1}{K_X}\right) + \frac{mq^2L^3}{12}\left(\frac{1}{K_g^2} + \frac{1}{K_gK_X} + \frac{1}{K_X^2}\right) \tag{8-159d}$$

$$M_g y_g^2 + M_X {y_X}^2 = \frac{q^2L^2}{4}\left(\frac{M_g}{K_g^2} + \frac{M_X}{K_X^2}\right) \tag{8-159e}$$

故:

$$\begin{aligned}\omega^2 = &\{90720E^2I^2[T(K_g - K_X)^2 + LK_gK_x(K_g + K_X)] + 3024EIL^4K_g^2K_X^2 + 306TL^6K_g^2K_X^2\}/ \\ &\{E^2I^2[3024mL^2(K_g^2 + K_gK_X + K_X^2) + 90720L(M_XK_g^2 + M_gK_X^2)] + \\ &1512EImL^5(K_XK_g^2 + K_g + K_X^2) + 31mL^8K_g^2K_X^2\}\end{aligned} \tag{8-160}$$

上式即为考虑了吊杆两端弹性支承和附加质量影响时,两端简支边界条件对应的吊杆系统横向第 1 阶振动频率与吊杆张力关系的计算式。通过上式还可得到吊杆张力与横向振动第 1 阶频率关系的计算式:

$$\begin{aligned}T = &\{4\pi^2f^2\{E^2I^2[30240mL^2(K_g^2 + K_gK_X + K_X^2) + 90720L(M_XK_g^2 + M_gK_X^2)] + \\ &1512EI\,mL^5(K_XK_g^2 + K_gK_X^2) + 31mL^8K_g^2K_X^2\} - 90720E^2I^2LK_gK_X(K_g + K_X) + \\ &3024EIL^4K_g^2K_X^2\}/[90720E^2I^2(K_g - K_X)^2 + 306L^6K_g^2K_X^2]\end{aligned} \tag{8-161}$$

当不计附加质量和弹性支承时,式(8-160)可简化为:

$$\omega^2 = \frac{3024EI + 306TL^2}{31mL^4} \tag{8-162}$$

不计附加质量和弹性支承时，式(8-161)可简化为吊杆张力和横向第1阶振动频率关系公式：

$$T = \frac{62\pi^2 mL^2 f^2}{153} - \frac{1512EI}{153L^2} \tag{8-163}$$

可以看出，与 $n=1$ 时的公式(8-95)相比，式(8-163)所得结果略小。根据 Rayleigh 法特点可知，式(8-151)所给出的振型函数是逼近于挠曲线真实形状的合适的函数。

2)两端固定时：K_3、$K_4 \to \infty$

与吊杆两端铰接边界条件类似，不考虑弹性支承时，在均布荷载 q 作用下，两端固支梁的挠度方程可取：

$$y_1(x) = \frac{ql^4}{24EI}\left[-\left(\frac{x}{L}\right)^4 + 2\left(\frac{x}{L}\right)^3 - \left(\frac{x}{L}\right)^2\right] \tag{8-164}$$

故考虑吊杆两端弹性支承时，两端固支梁的振型函数为：

$$y(x) = \frac{ql^4}{24EI}\left[-\left(\frac{x}{L}\right)^4 + 2\left(\frac{x}{L}\right)^3 - \left(\frac{x}{L}\right)^2\right] + \left(y_g + \frac{y_g - y_X}{L}x\right) \tag{8-165}$$

将式(8-165)代入式(8-158)中，可得：

$$EI\int_0^L y''(x)^2 \mathrm{d}x = \frac{1}{720}\frac{q^2L^5}{EI} \tag{8-166a}$$

$$T\int_0^L y'(x)^2 \mathrm{d}x = \frac{1}{30240}\frac{Tq^2L^7}{E^2I^2} + \frac{Tq^2(K_g - K_X)^2 L}{4K_g^2K_X^2} \tag{8-166b}$$

$$K'_g y_g^2 + K'_X y_X^2 = \frac{q^2L^2}{4}\left(\frac{1}{K_g} + \frac{1}{K_X}\right) \tag{8-166c}$$

$$m\int_0^L y(x)^2 \mathrm{d}x = \frac{mq^2L^9}{362880E^2I^2} + \frac{1}{1440}\frac{mq^2L^6}{EI}\left(\frac{1}{K_g} + \frac{1}{K_X}\right) + \frac{mq^2L^3}{12}\left(\frac{1}{K_g^2} + \frac{1}{K_gK_X} + \frac{1}{K_X^2}\right) \tag{8-166d}$$

$$M_g y_g^2 + M_X {y_X}^2 = \frac{q^2L^2}{4}\left(\frac{M_g}{K_g^2} + \frac{M_X}{K_X^2}\right) \tag{8-167}$$

故：

$$\omega^2 = \frac{90720E^2I^2[T(K_g - K_X)^2 + LK_gK_X(K_g - K_X)] + 504EIL^4K_g^2K_X^2 + 12TL^6K_g^2K_X^2}{E^2I^2[30240mL^2(K_g^2 + k_gk_X + k_X^2) + 90720L(M_XK_g^2 + M_gK_X^2)] + 252EImL^5({K_g}^2K_X + K_gK_X^2) + mL^8K_g^2K_X^2} \tag{8-168}$$

上式即为考虑了吊杆两端弹性支承和附加质量影响时，两端固支吊杆系统横向第 1 阶振动频率与吊杆张力关系的计算式。由上式还可求出吊杆张力与横向第 1 阶振动频率关系计算式：

$$\begin{aligned}T = \{&4\pi^2 f^2\{E^2I^2[30240mL^2(K_g^2+K_gK_X+K_X^2)+90720L(M_XK_g^2+M_gK_X^2)]+\\&252EImL^5(K_XK_g^2+K_gK_X^2)+mL^8K_g^2K_X^2\}-90720E^2I^2LK_gK_X(K_g+K_X)+\\&504EIL^4K_g^2K_X^2\}/[90720E^2I^2(K_g-K_X)^2+12L^6K_g^2K_X^2]\end{aligned} \tag{8-169}$$

当不计附加质量和弹性支承时，式(8-168)可简化为：

$$\omega^2 = \frac{504EI+12TL^2}{mL^4} \tag{8-170}$$

不计附加质量和弹性支承时，式(8-169)可简化为吊杆张力和横向第 1 阶振动频率关系公式：

$$T = \frac{\pi^2 mL^2 f^2}{3} - \frac{42EI}{L^2} \tag{8-171}$$

上式与式(8-87)相近。

8.6.2 基于 Rayleigh 法吊杆张力与 n 阶振动频率关系的解析表达式

运用式(8-160)、式(8-161)或式(8-168)、式(8-169)时只能通过测试吊杆第 1 阶振动频率来计算吊杆张力。而当运用其他阶振动频率时，该公式将失效。

在中、下承式拱桥吊杆张力测试中，限于现场测试条件，传感器的位置距桥面约 2 ~ 3m，对于靠近拱脚侧的短吊杆，传感器位置靠近吊杆中间，对第 1 阶振型敏感，精度较高，因此对于短吊杆可以采用第 1 阶振动频率计算吊杆张力。而对于长吊杆来说，传感器的安置位置偏下，与吊杆下侧杆端距离约为吊杆长度的 $L/4$ ~ $L/3$处在第 3 阶振型最大位置附近，对第 3 阶振型敏感，因此一般中长吊杆张力测试时常用第 3 阶振型。下面通过调整振型函数为三角函数来推导吊杆第 n 阶振动频率与张力关系解析式。

对于中长吊杆，杆端的转动约束影响降低，因此近似为铰接。不考虑弹性支承时，两端简支梁挠度方程式(8-147)可变为：

$$\tilde{y}_1(x) = \sin\frac{n\pi x}{L} \tag{8-172}$$

根据剪力与挠度函数间的关系表达式，吊杆上端杆端剪力 $F_Q(0)$ 和下端杆端剪力 $F_Q(L)$ 分别为：

$$F_Q(0) = EI\tilde{y}_1'''(x)|_{x=0} = -EI\left(\frac{n\pi}{L}\right)^3 \tag{8-173a}$$

$$F_Q(L)=EI\tilde{y}_1'''(x)|_{x=L}=-EI\left(\frac{n\pi}{L}\right)^3\cos n\pi \tag{8-173b}$$

考虑两端弹性支承时，吊杆振动时，弹性支承对吊杆的作用力大小等于吊杆杆端剪力，根据作用力与反作用力关系，可知拱肋端和系杆梁端弹性支承产生的位移分别为：

$$\tilde{y}_g=\frac{EI}{K'_g}\left(\frac{n\pi}{L}\right)^3 \tag{8-174a}$$

$$\tilde{y}_X=-\frac{EI}{K'_X}\left(\frac{n\pi}{L}\right)^3\cos n\pi \tag{8-174b}$$

则考虑弹性支承时弹性支承所引起的吊杆位移为：

$$\tilde{y}_2(x)=\tilde{y}_g+\frac{\tilde{y}_g-\tilde{y}_X}{L}x \tag{8-175}$$

故考虑弹性支承时，形函数 $\tilde{y}(x)$ 为：

$$\begin{aligned}\tilde{y}(x)&=\tilde{y}_1(x)+\tilde{y}_2(x)\\&=\sin\frac{n\pi x}{L}+\left(\tilde{y}_g+\frac{\tilde{y}_g-\tilde{y}_X}{L}x\right)\end{aligned} \tag{8-176}$$

同理，根据 Rayleigh 法系统振动频率可以表示为：

$$\omega^2=\frac{EI\int_0^L\tilde{y}''(x)^2\mathrm{d}x+T\int_0^L\tilde{y}'(x)^2\mathrm{d}x+K'_g\tilde{y}_g^2+K'_X\tilde{y}_X^2}{m\int_0^L\tilde{y}(x)^2\mathrm{d}x+M_g\tilde{y}_g^2+M_X\tilde{y}_X^2} \tag{8-177}$$

根据式(8-174)~式(8-176)，式(8-177)中：

$$EI\int_0^L\tilde{y}''(x)^2\mathrm{d}x=\frac{EIL}{2}\left(\frac{n\pi}{L}\right)^4 \tag{8-178a}$$

$$T\int_0^L\tilde{y}'(x)^2\mathrm{d}x=\frac{T(n\pi)^2}{2L}+\frac{T(n\pi)^6(EI)^2}{L^7}\left(\frac{1}{K_X^2}+\frac{2\cos n\pi}{K_XK_g}+\frac{1}{K_g^2}\right) \tag{8-178b}$$

$$K'_g\tilde{y}_g^2+K'_X\tilde{y}_X^2=(EI)^2\left(\frac{n\pi}{L}\right)^6\left(\frac{1}{K_g}+\frac{1}{K_x}\right) \tag{8-178c}$$

$$\begin{aligned}m\int_0^L\tilde{y}(x)^2\mathrm{d}x=&\frac{2mEI}{K_g}\left(\frac{n\pi}{L}\right)^2+\frac{mL}{2}-2\left(\frac{n\pi}{L}\right)^2mEI\left(\frac{1}{K_X}+\frac{2\cos n\pi}{K_g}\right)+\\&\frac{m(EI)^2(n\pi)^6}{3L^5}\left(\frac{7}{K_g^2}+\frac{1}{K_X^2}+\frac{5\cos n\pi}{K_XK_g}\right)\end{aligned} \tag{8-178d}$$

$$M_g\tilde{y}_g^2+M_X\tilde{y}_X^2=(EI)^2\left(\frac{n\pi}{L}\right)^6\left(\frac{M_g}{K_g^2}+\frac{M_X}{K_X^2}\right) \tag{8-178e}$$

故：

$$\omega_{\mathrm{n}}^2=\left[\frac{EIL}{2}\left(\frac{n\pi}{L}\right)^4+\frac{T(n\pi)^2}{2L}+\frac{T(n\pi)^6(EI)^2}{L^7}\left(\frac{1}{K_{\mathrm{X}}^2}+\frac{2\cos n\pi}{K_{\mathrm{X}}K_{\mathrm{g}}}+\frac{1}{K_{\mathrm{g}}^2}\right)+\right.$$

$$\left.(EI)^2\left(\frac{n\pi}{L}\right)^6\left(\frac{1}{K_{\mathrm{g}}}+\frac{1}{K_{\mathrm{X}}}\right)\right]\Big/\left[\frac{2mEI}{K_{\mathrm{g}}}\left(\frac{n\pi}{L}\right)^2+\right.$$

$$\frac{mL}{2}-2\left(\frac{n\pi}{L}\right)^2 mEI\left(\frac{1}{K_{\mathrm{X}}}+\frac{2\cos n\pi}{K_{\mathrm{g}}}\right)+\frac{m(EI)^2(n\pi)^6}{3L^5}\left(\frac{7}{K_{\mathrm{g}}^2}+\frac{1}{K_{\mathrm{X}}^2}+\frac{5\cos n\pi}{K_{\mathrm{X}}K_{\mathrm{g}}}\right)+$$

$$\left.(EI)^2\left(\frac{n\pi}{L}\right)^6\left(\frac{M_{\mathrm{g}}}{K_{\mathrm{g}}^2}+\frac{M_{\mathrm{X}}}{K_{\mathrm{X}}^2}\right)\right] \tag{8-179}$$

通过上式可得到吊杆张力与横向振动第 n 阶频率关系的计算式：

$$T=4\pi^2 f^2\left[\frac{\frac{2mEI}{K_g}\left(\frac{n\pi}{L}\right)^2+\frac{mL}{2}-2\left(\frac{n\pi}{L}\right)^2 mEI\left(\frac{1}{K_X}+\frac{2\cos n\pi}{K_g}\right)+\frac{m(EI)^2(n\pi)^6}{3L^5}\left(\frac{7}{K_g^2}+\frac{1}{K_X^2}+\frac{5\cos n\pi}{K_X K_g}\right)}{\frac{(n\pi)^2}{2L}+\frac{(n\pi)^6(EI)^2}{L^7}\left(\frac{1}{K_X^2}+\frac{2\cos n\pi}{K_X K_g}+\frac{1}{K_g^2}\right)}+\right.$$

$$\left.\frac{(EI)^2\left(\frac{n\pi}{L}\right)^6\left(\frac{M_g}{K_g^2}+\frac{M_X}{K_X^2}\right)-\frac{EIL}{2}\left(\frac{n\pi}{L}\right)^4-(EI)^2\left(\frac{n\pi}{L}\right)^6\left(\frac{1}{K_g}+\frac{1}{K_X}\right)}{\frac{(n\pi)^2}{2L}+\frac{(n\pi)^6(EI)^2}{L^7}\left(\frac{1}{K_X^2}+\frac{2\cos n\pi}{K_X K_g}+\frac{1}{K_g^2}\right)}\right] \tag{8-180}$$

当不计附加质量和弹性支承时，式(8-179)经简化得到：

$$\omega^2=\frac{EI}{m}\left(\frac{n\pi}{L}\right)^4+\frac{T}{m}\left(\frac{n\pi}{L}\right)^2 \tag{8-181}$$

不计附加质量和弹性支承时，式(8-180)经简化得到吊杆张力和其横向第 n 阶振动频率关系式：

$$T=4mL^2\left(\frac{f_n}{n}\right)^2-EI\left(\frac{n\pi}{L}\right)^2 \tag{8-182}$$

式(8-181)与式(8-182)分别与式(8-94)、式(8-95)一致。

式(8-179)与式(8-180)分别与式(8-160)、式(8-161)相比，可以看出它可以通过测试吊杆任意一阶横向振动频率来计算吊杆张力，因此适用性更广。当运用吊杆第1阶横向振动频率来计算其张力时，两式均可运用。

8.7 计算实例

本章推导了复杂边界条件下吊杆张力的计算公式及其简化表达式。下面通过实例比较说明各公式计算精度。

试验数据主要来源于郑州黄河二桥主桥现场施工数据。该桥吊杆相关参数为[1,9,11]吊杆型号 PESC7-091；钢索公称面积 35.02cm^2；钢索单位长度质量 27.5kg/m；钢索密度 7850kg/m^3。护套总厚 8mm；吊杆外径 93mm；吊杆单位长度质量 30.4kg/m。郑州黄河二桥主桥一共采用了 6 种不同长度吊杆，各吊杆长度与横向振动频率如表 8-1 所示。索力的实测值来源于现场吊杆第一次张拉施工记录。拱肋和系杆梁等效刚度与附加质量由有限元模型按本章所述方法确定。分别根据式(1-1)、式(1-2)和式(8-77)、式(8-77)简支[即为式(8-145)]、式(8-77)固支、式(8-140)、式(8-161)、式(8-769)计算吊杆张力的大小，各公式计算所得到的张力值与施工测量值相对误差如表 8-2。

郑州黄河二桥吊杆第一次张拉张力与振动频率 表 8-1

吊杆编号	长度(m)	张力(kN)	频率(Hz)	圆频率(rad/s)
1	23.458	500	2.9297	18.407848
2	22.585	500	3.0256	19.010405
3	20.827	500	3.3203	20.862060
4	18.157	550	4.0316	25.331289
5	14.537	550	5.0781	31.906643
6	9.914	550	7.9452	49.921163

由表 8-2 可以看出，所有吊杆张力计算值中，运用式(1-1)和式(1-2)计算所得的结果精度最差。说明对于郑州黄河二桥主桥来说，计算吊杆张力时，不能把吊杆作为“弦”进行计算。图 8-29 表明，式(8-77)与式(8-140)计算结果精度最高，稳定性最好。式(8-77)考虑了吊杆附加质量和弹性支承等周边约束，比较真实地模拟了实际情况，尽管形式复杂，但无论对短吊杆或者长吊杆，计算结果都较准确；而当不考虑拱肋或系杆梁对吊杆的弹性转动约束、吊杆两端作为简支或者固定端时，计算结果会产生一定的误差，特别对于短吊杆误差更大，吊杆两端按简支时计算结果大于测量值，而按固定端时计算结果小于测量值，但此时相对误差小于简支时的相对误差，因此对于短吊杆来说，其边界条件更接近于固支情况。此外，对于弹性支承来说，吊杆张力可以看成是简支与固支时各自张力的组合。式(8-140)即为按两端固定时吊杆张力与振动频率间的分段拟合，由于该式分段考虑了吊杆刚度较小和刚度较大的形式，计算结果比较准确，但由于未考虑弹性支承和附加质量影响，故计算精度略低于式(8-77)。此外式(8-77)为隐式，优点在于精度高，但计算复杂。相比而言式(8-140)在工程中应用更方便。

郑州黄河二桥吊杆张力计算值与相对误差 表 8-2

吊杆张力计算值(kN)								
吊杆编号	式(1-1)	相对误差	式(1-2)	相对误差	式(8-77)简支	相对误差	式(8-77)固支	相对误差
1	574.33	14.9	570.44	14.1	556.8	11.4	460.5	-7.9
2	567.80	13.6	563.60	12.7	503.6	0.7	497.5	-0.5
3	581.49	16.3	576.55	15.3	592.9	18.6	481.7	-3.7
4	651.59	18.5	645.09	17.3	643.5	17.0	508.5	-7.5
5	662.65	20.5	652.51	18.6	638.6	16.1	467.1	-15.1
6	754.47	37.2	732.67	33.2	763.9	38.9	477.8	-13.1
吊杆编号	式(8-77)弹性	相对误差	式(8-140)	相对误差	式(8-161)	相对误差	式(8-169)	相对误差
1	509.6	1.9	510.3	2.1	578.1	15.6	489.0	-2.2
2	505.4	1.1	501.2	0.2	571.9	14.4	484.9	-3.0
3	507.2	1.4	507.4	1.5	586.4	17.3	499.3	-0.1
4	550.4	0.1	559.6	1.7	658.0	19.6	563.6	2.5
5	554.5	0.8	536.4	-2.5	672.7	22.3	588.2	6.9
6	556.2	1.1	556.9	1.3	776.2	41.1	713.8	29.8

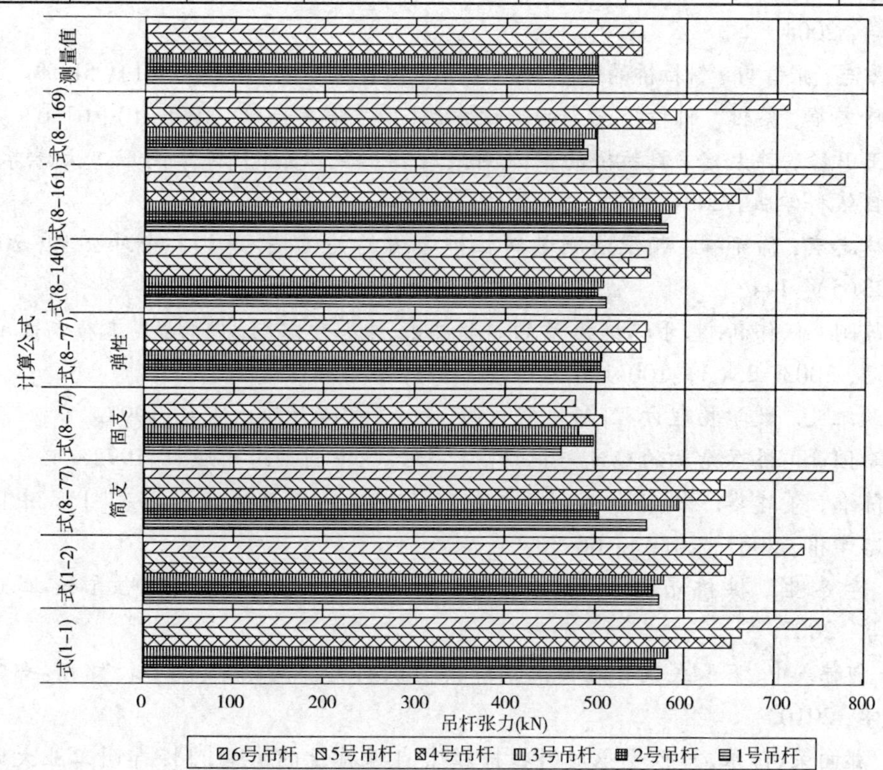

图 8-29 各公式吊杆张力计算值与试验值比较

基于 Rayleigh 法,采用均布荷载作用在弹性支承且两端铰支梁的挠度方程作为振型函数,得到了吊杆横向第 1 阶振动频率与吊杆张力之间的显式关系式(8-161),与式(8-77)相比,该式形式直观,但由于采用的振型函数并非其真实的变形形式,因此计算值大于实测值,特别是对于短吊杆,变形形式与采用的振型函数差异较大,故计算结果误差增大。同样,基于 Rayleigh 法采用均布荷载作用在弹性支承且两端固支梁的挠度方程作为振型函数,得到了吊杆横向第 1 阶振动频率与吊杆张力之间的显式关系式(8-74)。郑州黄河二桥主桥由于其属于刚性系杆刚性拱,因此吊杆边界约束条件更接近于固支,所以式(8-169)的计算结果精度高于式(8-161)。式(8-161)与式(8-169)均只适用于采用吊杆第 1 阶振动频率计算吊杆张力。对于中长吊杆采用高阶频率时,可采用式(8-180)计算。由于其基本原理与式(8-161)、式(8-169)一致,故在计算精度上基本一致。

参考文献

[1] 董建华. 中、下承式拱桥吊索的摸态分析和张力测定[D]. 郑州:郑州大学, 2004.

[2] 方志, 张智勇. 斜拉桥的索力测试[J]. 中国公路学报, 1997, 10(1): 51-58.

[3] 陈文革, 蔡键. 斜拉桥索力的测试方法[J]. 华东公路, 1998(1): 61-63.

[4] 王卫锋, 韩大建. 斜拉桥的索力测试及其参数识别[J]. 华南理工大学学报:自然科学版, 2001,(1): 18-21.

[5] 林志宏, 徐郁峰. 频率法测量斜拉桥索力的关键技术[J]. 中外公路, 2003, 23(5): 1-4.

[6] 陈刚, 任伟新. 基于环境振动的斜拉桥拉索基频识别[J]. 地震工程与工程振动, 2003, 23(3):100-106.

[7] 欧维义. 数学物理方程[M]. 修订版. 长春:吉林大学出版社,1997.

[8] 李国豪. 桥梁结构的稳定与振动[M]. 北京:中国铁道出版社,1992.

[9] 陈淮, 董建华. 中、下承式拱桥吊杆张力测定的振动法实用公式[J]. 中国公路学报, 2007, 20(3): 66-70.

[10] 李冬生. 拱桥吊杆损伤监测与健康诊断[D]. 哈尔滨: 哈尔滨工业大学, 2007.

[11] 何伟. 中、下承式钢管混凝土拱桥损伤识别关键问题研究[D]. 郑州:郑州大学, 2010.

[12] 郭向荣,陈淮. 弹性支承对斜拉桥拉索自振特性的影响[J]. 郑州工业大学学报,2000,21(1):34-36.

[13] 曹树谦，张文德，萧龙翔. 振动结构模态分析：理论、实验与应用[M]. 天津：天津大学出版社，2001.

[14] 任伟新. 环境振动系统识别方法的比较分析[J]. 福州大学学报：自然科学版，2001，29(6)：80-86.

[15] Clough R W, Penzien J. Dynamics of Structure (Second Edition) [M]. Computers and Structures, Inc., California, 1995.

[16] 何伟，陈淮，王博，等. 复杂边界条件下基于频率法的吊杆张力测定研究[J]. 土木工程学报，2012，45(3)：93-98.

第9章　中、下承式拱桥吊杆损伤识别

第4章研究了基于频率变化与单元矩阵摄动理论的结构损伤识别方法，第7章研究了基于频率和振型摄动的结构损伤识别方法，这些方法适用于梁式结构的损伤识别。对于中、下承式拱桥，这些方法可以用来识别系杆梁和横梁的损伤。但是对于吊杆的损伤识别，可以根据吊杆的结构特点，研究更直观、更简捷的损伤识别方法。

如前所述，吊杆的损伤包括钢丝断裂、钢丝锈蚀、锚固失效、钢丝屈服等情况。钢丝断裂和钢丝锈蚀可看成吊杆横截面面积的减小；锚固失效可看成吊杆长度的增加；而钢丝屈服可看成吊杆弹性模量的降低。虽然吊杆损伤情况不同，但均引起吊杆轴向刚度的减小。通常情况下，中、下承式拱桥都是通过对吊杆施加张力来调整桥面线形。由于吊杆只能承受拉力，因此当吊杆损伤后，吊杆张力的变化将导致桥梁的受力状态和位移发生改变，情况严重时甚至会危及桥梁的安全。因此了解吊杆的损伤及开展损伤识别研究具有重要的意义。

吊杆损伤对中、下承式拱桥影响最直观的表现是吊杆张力和桥面位移的变化。本章基于摄动理论，采用空间有限元模型研究吊杆钢丝断裂、钢丝锈蚀、锚固失效、钢丝屈服等损伤对吊杆张力和桥面位移的影响，并以郑州黄河二桥主桥为背景，提出采用吊杆张力及节点位移变化来识别吊杆损伤的方法[1]。

9.1　吊杆损伤对吊杆系内力和桥梁位移的影响

中、下承式拱桥上部结构分为拱肋、吊杆系、系杆梁、桥面板（包括桥面板和桥面铺装）、横梁等部分，其有限元模型中整体刚度矩阵的构成为：

$$\boldsymbol{K}=\boldsymbol{K}_A\oplus\boldsymbol{K}_B\oplus\boldsymbol{K}_C\oplus\boldsymbol{K}_D\oplus\boldsymbol{K}_E \tag{9-1}$$

式中：$\boldsymbol{K}$——桥梁结构总体刚度矩阵；

$\boldsymbol{K}_A$——拱肋刚度矩阵；

$\boldsymbol{K}_B$——吊杆系刚度矩阵；

$\boldsymbol{K}_C$——系杆梁刚度矩阵；

K_D——桥面板刚度矩阵；

K_E——横梁刚度矩阵；

$\oplus$——按直接刚度法组集有限元刚度矩阵。

当用空间杆单元模拟吊杆时，单元刚度矩阵为：

$$K_B^e=\frac{EA}{L}\begin{bmatrix}1&0&0&-1&0&0\\0&0&0&0&0&0\\0&0&0&0&0&0\\-1&0&0&1&0&0\\0&0&0&0&0&0\\0&0&0&0&0&0\end{bmatrix} \tag{9-2}$$

式中：E——吊杆弹性模量；

A——吊杆横截面面积；

L——吊杆长度。

当吊杆钢丝锈蚀或断裂时，吊杆横截面积变小，记吊杆损伤后横截面积为A_1，有：

$$A_1=A(1-\varepsilon)\qquad 0\leqslant\varepsilon\leqslant1 \tag{9-3}$$

此时吊杆单元刚度矩阵为：

$$K_{B1}^e=\frac{EA_1}{L}\begin{bmatrix}1&0&0&-1&0&0\\0&0&0&0&0&0\\0&0&0&0&0&0\\-1&0&0&1&0&0\\0&0&0&0&0&0\\0&0&0&0&0&0\end{bmatrix}=\frac{EA(1-\varepsilon)}{L}\begin{bmatrix}1&0&0&-1&0&0\\0&0&0&0&0&0\\0&0&0&0&0&0\\-1&0&0&1&0&0\\0&0&0&0&0&0\\0&0&0&0&0&0\end{bmatrix}=K_{B0}^e-\varepsilon K_{B0}^e \tag{9-4}$$

式中：K_{B1}^e——吊杆损伤后吊杆单元刚度矩阵；

K_{B0}^e——吊杆损伤前吊杆单元刚度矩阵；

ε——吊杆损伤程度。

当吊杆锚固失效时，吊杆长度增大，记吊杆损伤后长度为L_1。记：

$$L_1=L(1+\delta) \tag{9-5}$$

由于吊杆只能承受拉应力，设成桥状态吊杆调平后其轴力为T，则上式中$0\leqslant\delta\leqslant\frac{T}{EA}\leqslant1$。一般情况下$\delta$为一无穷小量时，$(1+\delta)^{-1}=1-\delta+\delta^2+\cdots$，略去二阶及以上无穷小量时，锚固失效时吊杆单元刚度矩阵可记为：

$$K_{B2}^{e}=\frac{EA}{L_1}\begin{bmatrix}1&0&0&-1&0&0\\0&0&0&0&0&0\\0&0&0&0&0&0\\-1&0&0&1&0&0\\0&0&0&0&0&0\\0&0&0&0&0&0\end{bmatrix}=\frac{EA}{L(1+\delta)}\begin{bmatrix}1&0&0&-1&0&0\\0&0&0&0&0&0\\0&0&0&0&0&0\\-1&0&0&1&0&0\\0&0&0&0&0&0\\0&0&0&0&0&0\end{bmatrix}=K_{B0}^{e}-\delta K_{B0}^{e} \tag{9-6}$$

当钢丝屈服时，记吊杆损伤后弹性模量为 E_1。记：

$$E_1=E(1-\theta)\qquad(0\leqslant\theta\leqslant1) \tag{9-7}$$

此时吊杆单元刚度矩阵可记为：

$$K_{B3}^{e}=\frac{E_1A}{L}\begin{bmatrix}1&0&0&-1&0&0\\0&0&0&0&0&0\\0&0&0&0&0&0\\-1&0&0&1&0&0\\0&0&0&0&0&0\\0&0&0&0&0&0\end{bmatrix}=\frac{(1-\theta)EA}{L}\begin{bmatrix}1&0&0&-1&0&0\\0&0&0&0&0&0\\0&0&0&0&0&0\\-1&0&0&1&0&0\\0&0&0&0&0&0\\0&0&0&0&0&0\end{bmatrix}=K_{B0}^{e}-\theta K_{B0}^{e} \tag{9-8}$$

由式(9-4)、式(9-6)和式(9-8)可以看出，$\varepsilon,\delta,\theta$ 均表示吊杆损伤度。当吊杆发生钢丝断裂、钢丝锈蚀、锚固失效、钢丝屈服等损伤时，吊杆刚度矩阵的表达形式相似，可统一用式(9-4)表示。易知对于吊杆的损伤，不能通过有限元刚度矩阵的变化来区分是钢丝断裂、钢丝锈蚀、锚固失效或钢丝屈服。实际工程中可通过外观检查来区分各个具体吊杆的损伤类型和损伤程度。

单根吊杆可用一个杆单元模拟，当吊杆系中有 m 根吊杆同时损伤时，式(9-1)可表示为：

$$K=K_A\oplus(K_{B0}-\sum_{i=1}^{m}\varepsilon_i\hat{K}_{Bi})\oplus K_C\oplus K_D\oplus E_E=K_0-\sum_{i=1}^{m}\varepsilon_i\hat{K}_{Bi}=K_0-\Delta K \tag{9-9}$$

式中：$\varepsilon_i\hat{K}_{Bi}$——扩阶后的由于第 i 根吊杆损伤所引起的吊杆系有限元刚度矩阵一阶摄动；

$\sum$——按有限元法组集刚度矩阵；

K_0——初始状况下各构件状态完好时构成的桥梁有限元基准模型刚度矩阵。

当 m 根吊杆同时损伤时，节点位移列阵可表示为[2]：

$$X=X_0+\sum_{i=1}^{m}\varepsilon_i\hat{X}_{Bi} \tag{9-10}$$

式中：$\boldsymbol{X}$——中、下承式拱桥有限元模型节点位移列阵；

$\boldsymbol{X}_0$——中、下承式拱桥初始状态在荷载作用下有限元基准模型节点位移列阵；

$\varepsilon_i\hat{\boldsymbol{X}}_{Bi}$——由于第 i 根吊杆损伤 ε_i 时引起的吊杆系位移列阵的一阶摄动。

根据有限元理论，结构平衡时：

$$\boldsymbol{KX}=\boldsymbol{F} \tag{9-11}$$

式中：$\boldsymbol{F}$——中、下承式拱桥所受荷载列阵。

将式(9-9)和式(9-10)代入式(9-11)，可得：

$$(\boldsymbol{K}_0-\sum_{i=1}^{m}\varepsilon_i\hat{\boldsymbol{K}}_{Bi})(X_0+\sum_{i=1}^{m}\varepsilon_i\hat{\boldsymbol{X}}_{Bi})=\boldsymbol{F} \tag{9-12}$$

将上式展开，可得：

$$\boldsymbol{K}_0\boldsymbol{X}_0+\sum_{i=1}^{m}\varepsilon_i\boldsymbol{K}_0\hat{\boldsymbol{X}}_{Bi}-\sum_{i=1}^{m}\varepsilon_i^2\hat{\boldsymbol{K}}_{Bi}\sum_{i=1}^{m}\hat{\boldsymbol{X}}_{Bi}-\sum_{i=1}^{m}\varepsilon_i\hat{\boldsymbol{K}}_{Bi}\boldsymbol{X}_0=\boldsymbol{F} \tag{9-13}$$

由于 ε_i 为无穷小，略去上式 ε_i 二阶摄动项，可得：

$$\boldsymbol{K}_0\boldsymbol{X}_0+\sum_{i=1}^{m}\boldsymbol{\varepsilon}_i\boldsymbol{K}_0\hat{\boldsymbol{X}}_{Bi}-\sum_{i=1}^{m}\varepsilon_i\boldsymbol{K}_{Bi}\boldsymbol{X}_0=\boldsymbol{F} \tag{9-14}$$

根据摄动理论，有：

$$\boldsymbol{K}_0\boldsymbol{X}_0=\boldsymbol{F} \tag{9-15}$$

$$\boldsymbol{K}_0\hat{\boldsymbol{X}}_{Bi}-\hat{\boldsymbol{K}}_{Bi}\boldsymbol{X}_0=0 \tag{9-16}$$

由式(9-15)得：

$$\boldsymbol{X}_0=\boldsymbol{K}_0^{-1}\boldsymbol{F} \tag{9-17}$$

将上式代入式(9-16) 有：

$$\hat{\boldsymbol{X}}_{Bi}=\boldsymbol{K}_0^{-1}\hat{\boldsymbol{K}}_{Bi}\boldsymbol{K}_0^{-1}\boldsymbol{F} \tag{9-18}$$

将上式代入式(9-10)，可得吊杆损伤对节点位移的影响：

$$\Delta\boldsymbol{X}=\boldsymbol{X}-\boldsymbol{X}_0=\sum_{i=1}^{m}\varepsilon_i\hat{\boldsymbol{X}}_{Bi}=\sum_{i=1}^{m}\varepsilon_i\boldsymbol{K}_0^{-1}\hat{\boldsymbol{K}}_{Bi}\boldsymbol{K}_0^{-1}\boldsymbol{F} \tag{9-19}$$

吊杆系张力可由下式求得[2]：

$$\begin{aligned}\boldsymbol{T}_B&=\boldsymbol{K}_B\boldsymbol{X}_B=(\boldsymbol{K}_{B0}-\sum_{i=1}^{m}\varepsilon_i\hat{\boldsymbol{K}}_{Bi})(\boldsymbol{X}_{B0}+\sum_{i=1}^{m}\varepsilon_i\hat{\boldsymbol{X}}_{Bi})\\&=\boldsymbol{K}_{B0}\boldsymbol{X}_{B0}+\boldsymbol{K}_{B0}(\sum_{i=1}^{m}\varepsilon_i\hat{\boldsymbol{X}}_{B0})-(\sum_{i=1}^{m}\varepsilon_i\hat{\boldsymbol{K}}_{Bi})\boldsymbol{X}_{B0}-(\sum_{i=1}^{m}\varepsilon_i\hat{\boldsymbol{K}}_{Bi})(\sum_{i=1}^{m}\varepsilon_i\hat{\boldsymbol{X}}_{Bi})\end{aligned} \tag{9-20}$$

式中：$\boldsymbol{K}_{B0}\boldsymbol{T}_{B0}$——吊杆损伤前吊杆系内力，记为 $\boldsymbol{T}_{B0}$，即 $\boldsymbol{T}_{B0}=\boldsymbol{K}_{B0}\boldsymbol{X}_{B0}$。

当吊杆损伤程度较小时，ε_i 为无穷小量，略去式(9-20)中高阶无穷小量，并将 T_{B0}代入式(9-20)，可得：

$$\Delta\boldsymbol{T}_B=\boldsymbol{T}_B-\boldsymbol{T}_{B0}=\boldsymbol{K}_{B0}(\sum_{i=1}^{m}\varepsilon_i\hat{\boldsymbol{X}}_{Bi})-(\sum_{i=1}^{m}\varepsilon_i\hat{\boldsymbol{K}}_{Bi})\boldsymbol{X}_{B0} \tag{9-21}$$

上式显示了吊杆损伤引起吊杆系内力的变化规律。注意到式(9-11)和式(9-19)中选取与吊杆系节点自由度对应的分量按顺序组成矩阵,式(9-21)即为:

$$\Delta \boldsymbol{T}_B = \boldsymbol{K}_{B0}\Delta \boldsymbol{X}_B - \Delta \boldsymbol{K}_B \boldsymbol{X}_{B0} \tag{9-22}$$

上式显示吊杆系内力的变化与吊杆系刚度与节点位移及其变化相关[3,4]。

9.2 吊杆损伤识别方程的构建与求解

对于给定的中、下承式拱桥,$\boldsymbol{K}_{B0}$,$\boldsymbol{X}_{B0}$已知,$\Delta \boldsymbol{T}_B$,$\Delta \boldsymbol{X}_B$可测。因此,当吊杆损伤时,根据式(9-22),吊杆系刚度的变化为:

$$\Delta \boldsymbol{K}_B = (\Delta \boldsymbol{T}_B - \boldsymbol{K}_{B0}\Delta \boldsymbol{X}_B)\boldsymbol{X}_{B0}^{\mathrm{T}}(\boldsymbol{X}_{B0}\boldsymbol{X}_{B0}^{\mathrm{T}})^{-1} \tag{9-23}$$

由式(9-23)可知,当已知吊杆系张力和节点位移的变化时,即可得到吊杆系刚度的变化,从而识别出吊杆的损伤。

根据式(9-9)与式(9-23)可知:

$$\sum_{i=1}^{m}\varepsilon_i \hat{\boldsymbol{K}}_{Bi} = (\Delta \boldsymbol{T}_B - \boldsymbol{K}_{B0}\Delta \boldsymbol{X}_B)\boldsymbol{X}_{B0}^{\mathrm{T}}(\boldsymbol{X}_{B0}\boldsymbol{X}_{B0}^{\mathrm{T}})^{-1} \quad (0 \leqslant \varepsilon_i \leqslant 1) \tag{9-24}$$

由于在有限元模型中,各根吊杆分别用一个杆单元模拟,各个杆单元间无共同节点,故各根吊杆单元间初始刚度相互独立,$\hat{\boldsymbol{K}}_{Bi}$,$\boldsymbol{K}_{B0}$中非零元素与相应的吊杆节点自由度一一对应。

若$\Delta \boldsymbol{T}_B$,$\Delta \boldsymbol{X}_B$为全部已测得,可依据上式进行吊杆损伤识别,即根据吊杆系张力和节点位移的变化识别吊杆系损伤。此时,式(9-24)可写成:

$$\hat{\boldsymbol{K}}_B \boldsymbol{\varepsilon} = (\Delta \boldsymbol{T}_B - \boldsymbol{K}_{B0}\Delta \boldsymbol{X}_B)\boldsymbol{X}_{B0}^{\mathrm{T}}(\boldsymbol{X}_{B0}\boldsymbol{X}_{B0}^{\mathrm{T}})^{-1} \tag{9-25}$$

$$\boldsymbol{\varepsilon} = \hat{\boldsymbol{K}}_B^{-1}(\Delta \boldsymbol{T}_B - \boldsymbol{K}_{B0}\Delta \boldsymbol{X}_B)\boldsymbol{X}_{B0}^{\mathrm{T}}(\boldsymbol{X}_{B0}\boldsymbol{X}_{B0}^{\mathrm{T}})^{-1} \quad (0 \leqslant \varepsilon_i \leqslant 1) \tag{9-26}$$

式中:当$\hat{\boldsymbol{K}}_B^{-1}$不存在时,可取其 Moore - Penrose 广义逆。

由式(9-26)确定$\{\varepsilon\}$,即可求出所有吊杆损伤程度。

若$\Delta \boldsymbol{T}_B$,$\Delta \boldsymbol{X}_B$为部分已测得,假定有m个吊杆损伤,则只需累计$(m+2)$个$\Delta \boldsymbol{T}_B$,$\Delta \boldsymbol{X}_B$已测,即可识别并验证吊杆损伤。

在式(9-24)中可选取与实测自由度对应的行、列构建识别方程组,首先假定单根吊杆损伤,依次假定吊杆$1,2,\cdots,m$损伤,分别计算其损伤程度。由于只有真实的吊杆损伤才能同时满足所有识别方程,因此对于同一根吊杆,当各方程识别其损伤程度基本相等时即可判定该吊杆损伤。

当$\Delta \boldsymbol{X}_B$已测而$\Delta \boldsymbol{T}_B$未测时,可根据式(9-19)求解损伤参数ε_i。此时也可将$\boldsymbol{X}_0 = \boldsymbol{K}_0^{-1}\boldsymbol{F}$代入式(9-19)中,得:

$$\Delta \boldsymbol{X} = \sum_{i=1}^{m}\varepsilon_i \boldsymbol{K}_0^{-1}\hat{\boldsymbol{K}}_{Bi}\boldsymbol{X}_0 \tag{9-27}$$

上式可记为:

$$\Delta \boldsymbol{X} = (\boldsymbol{K}_0^{-1}\hat{\boldsymbol{K}}_B\boldsymbol{X}_0)\boldsymbol{\varepsilon} \tag{9-28}$$

式中:$\Delta \boldsymbol{X}$——$n \times 1$ 阶矩阵;

$\boldsymbol{K}_0^{-1}\hat{\boldsymbol{K}}_B\boldsymbol{X}_0$——$n \times m$ 阶矩阵;

$\boldsymbol{\varepsilon}$——$m \times 1$ 阶矩阵。

记:

$$\boldsymbol{S} = \boldsymbol{K}_0^{-1}\hat{\boldsymbol{K}}_B\boldsymbol{X}_0 \tag{9-29}$$

将上式代入式(9-28)中,求解 ε,得:

$$\boldsymbol{\varepsilon} = (\boldsymbol{S}^{\mathrm{T}}\boldsymbol{S})^{-1}\boldsymbol{S}^{\mathrm{T}}\Delta \boldsymbol{X} \tag{9-30}$$

上式即为根据节点位移的变化进行吊杆损伤识别方程。

由于位移变化 $\Delta \boldsymbol{X}$ 是相对值,如确定其中第 i 个节点对应的 $\Delta \boldsymbol{X}_i$ 时,需要测试吊杆损伤前和损伤后第 i 个节点相对同一基点的位移,这在实际工程中是难以实现的。为此可以采用吊杆损伤后,不同节点间位移差的变化来求解。

在式(9-28)中,$\Delta \boldsymbol{X}$ 是列向量,可用各分量表示,假定第 i 个节点竖向位移分量对应的自由度为 j:

$$\Delta \boldsymbol{X}_j = \varepsilon_1\boldsymbol{K}_0^{-1}\hat{\boldsymbol{K}}_{B1}\boldsymbol{X}_{0j} + \varepsilon_2\boldsymbol{K}_0^{-1}\hat{\boldsymbol{K}}_{B2}\boldsymbol{X}_{0j} + \cdots + \varepsilon_m\boldsymbol{K}_0^{-1}\hat{\boldsymbol{K}}_{Bm}\boldsymbol{X}_{0j} = \sum_{i=1}^{m}\varepsilon_i\boldsymbol{K}_0^{-1}\hat{\boldsymbol{K}}_{Bi}\boldsymbol{X}_{0j} \tag{9-31}$$

式中: j——自由度,$j = 1, 2, \cdots, n$;

$\boldsymbol{K}_0^{-1}\hat{\boldsymbol{K}}_{Bi}X_{0j}$——矩阵的第 $\boldsymbol{j}$ 行。

$$\boldsymbol{K}_0^{-1}\hat{\boldsymbol{K}}_{Bi}\boldsymbol{X}_{0n \times 1}$$

同理假定第 k 个节点竖向位移分量对应的自由度为 l:

$$\begin{aligned}\Delta \boldsymbol{X}_l &= \varepsilon_1\boldsymbol{K}_0^{-1}\hat{\boldsymbol{K}}_{B1}\boldsymbol{X}_{0l} + \varepsilon_2\boldsymbol{K}_0^{-1}\hat{\boldsymbol{K}}_{B2}\boldsymbol{X}_{0l} + \cdots + \varepsilon_m\boldsymbol{K}_0^{-1}\hat{\boldsymbol{K}}_{Bm}\boldsymbol{X}_{0l} \\ &= \sum_{i=1}^{m}\varepsilon_i\boldsymbol{K}_0^{-1}\hat{\boldsymbol{K}}_{Bi}X_{0l}\end{aligned} \tag{9-32}$$

式(9-31)减去式(9-32)即为节点 i 与节点 k 竖向位移变化差:

$$\Delta \boldsymbol{X}_j - \Delta \boldsymbol{X}_l = \sum_{i=1}^{m}\varepsilon_i(\boldsymbol{K}_0^{-1}\hat{\boldsymbol{K}}_{Bi}\boldsymbol{X}_{0j} - \boldsymbol{K}_0^{-1}\hat{\boldsymbol{K}}_{Bi}\boldsymbol{X}_{0l}) \tag{9-33}$$

上式左边可由下式得到:

$$\Delta \boldsymbol{X}_j - \Delta \boldsymbol{X}_l = (\boldsymbol{X}_j - \boldsymbol{X}_{0j}) - (\boldsymbol{X}_l - \boldsymbol{X}_{0l}) = (\boldsymbol{X}_j - \boldsymbol{X}_l) - (\boldsymbol{X}_{0j} - \boldsymbol{X}_{0l}) \tag{9-34}$$

式中:$\boldsymbol{X}_{0j}, \boldsymbol{X}_{0l}; \boldsymbol{X}_j, \boldsymbol{X}_l$——分别为吊杆损伤前和损伤后节点 i(自由度 j)与节点 k(自由度 l)竖向位移。

式(9-34)显示:吊杆损伤后节点 i 与节点 k 竖向位移变化差等于损伤后两节点竖向位移差与损伤前竖向位移差的变化。因此,要计算 $\Delta \boldsymbol{X}_j - \Delta \boldsymbol{X}_l$ 值,只需测试吊杆损伤后节点 i 与节点 k 之间的高程差(即为竖向变形差)即可;而损伤前两点竖向位移差可从有限元基准模型计算得到。

吊杆损伤识别时可首先假定其为单根吊杆损伤，可根据式(9-33)任选3个节点竖向位移并编号1~3号，其中1号节点作为基点。可选取1号和2号节点竖向位移构建损伤初定方程，依次假定吊杆1,2,…,m损伤，分别计算其损伤程度。再将3号节点竖向位移构建损伤确定方程，依次求解各吊杆损伤程度，由于只有真实的吊杆损伤才能满足式(9-33)，因此当损伤初定方程和损伤确定方程所求解基本一致时，可判断该吊杆损伤。当损伤初定方程和损伤确定方程无共同解时，说明至少有2根以上吊杆损伤。再假定是2根吊杆损伤，此时可任选4个节点竖向位移（编号1~4号，其中1号节点作为基点），选取2号和3号节点竖向位移分别与1号节点竖向位移两两构建损伤初定方程组，联合求解单元组合损伤程度，再将4号节点竖向位移替换损伤识别方程组中2号或3号中任意1个节点竖向位移构建损伤确定方程，将损伤初定方程组联合求解得到的单元组合损伤程度分别代入损伤确定方程，如能基本满足，则说明该组组合即为实际发生的损伤；如均不满足，说明至少有3根吊杆损伤，依此类推，当有m根吊杆损伤时，需选取$m+2$个节点竖向位移，先选取任意$m+1$个节点竖向位移，构建由m个损伤初定方程构成的方程组，将第$m+2$个节点竖向位移替换m个节点中任意1个节点竖向位移，构成损伤确定方程，即可识别吊杆损伤。考虑到模型误差、计算误差及测试误差等的影响，当损伤初定方程与损伤确定方程确定的损伤程度计算结果相近时，可取其均值作为吊杆最终损伤识别结果[5]。

当$\Delta \boldsymbol{T}_B$已测而$\Delta \boldsymbol{X}_B$未测时，可根据式(9-21)求解。由于此时式中仅有ε未知，可根据吊杆张力测试结果依次求解，求解过程与运用节点间竖向位移变化差识别吊杆损伤过程相似，此处不赘述。

9.3 郑州黄河二桥主桥吊杆损伤识别实例

郑州黄河二桥主桥为下承式钢管混凝土拱桥，吊杆采用91根ϕ7mm镀锌高强钢丝，OVM冷铸镦头锚，双层PE保护，其中内层为厚5mm黑色护套，外层为3mm厚彩色护套[6-8]。吊杆相关参数请见本书8.7节相关部分。吊杆沿纵桥向间距7.1m，吊杆编号如图9-1所示。由于实际桥梁吊杆工作状态良好，故吊杆损伤数据通过基准模型模拟得到。

9.3.1 吊杆损伤对桥梁结构静力性能的影响

为更好地模拟实际中、下承式拱桥工程中的吊杆损伤情况，对于不同的吊杆损伤情况，采用相应的模拟方法：对于由于钢丝断裂和锈蚀而导致的吊杆损伤，采用减小吊杆横截面面积来模拟；对于钢丝屈服损伤，采用减小吊杆弹性模量模拟；对于由于锚固失效导致锚具松脱引起的吊杆损伤，由于该损伤将直接引起吊杆张力的改变，故该损伤通过调整吊杆初应变模拟。

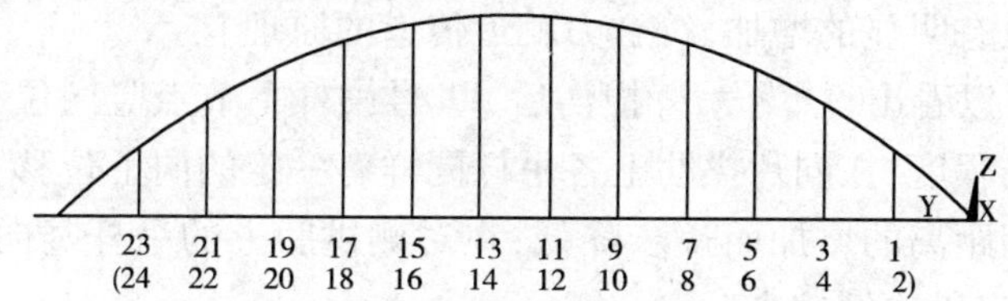

图 9-1　郑州黄河二桥标准跨吊杆编号

注：图示近侧吊杆编号为 1,3,5,…，远侧吊杆编号为 2,4,6,…

工况 1：模拟郑州黄河二桥主桥跨中位置长吊杆 11 号损伤 5%。此时，引起的各根吊杆张力和吊杆下节点位移的变化率分别如图 9-2 和图 9-3 所示。

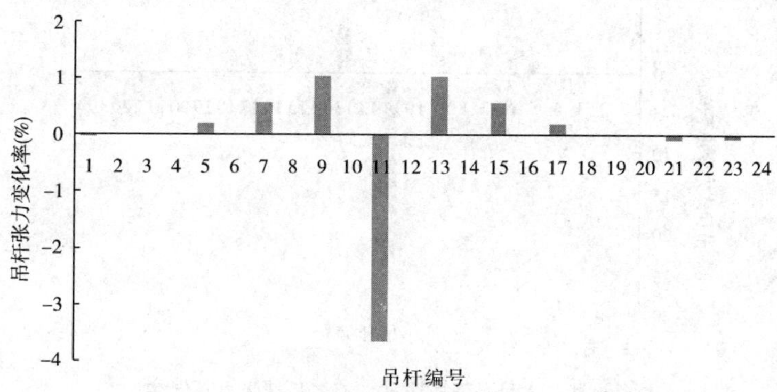

图 9-2　11 号吊杆损伤 5% 时各吊杆张力变化率

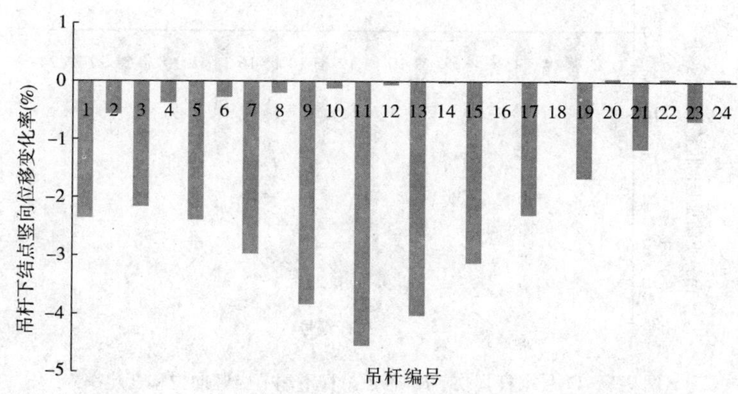

图 9-3　11 号吊杆损伤 5% 时各吊杆下端节点竖向位移变化率

由图 9-2 可以看出,11 号吊杆损伤后,11 号吊杆张力降低,降低比例小于损伤程度;在同片拱肋上 5 号、7 号、9 号、13 号、15 号、17 号等 6 根吊杆张力增加,增加比例均小于 11 号吊杆张力降低比例,且随着与损伤吊杆间距离的增加而迅速降低,该 6 根吊杆张力增加量之和占 11 号吊杆张力减小量的 99.0%,而在对侧拱肋上的吊杆张力没有明显的增加,符合力就近传递的原理。

由图 9-3 可以看出,11 号吊杆损伤后,11 号吊杆下节点竖向位移向下,位移变化比例小于损伤程度;在同片拱肋上各吊杆同样有一定的向下位移,且变化比例随着与损伤吊杆间距离的增加而逐步降低;在对侧拱肋上的吊杆竖向位移也有一定程度的减小,但变化比例较小。

工况 2:工况 2 与工况 1 类似,只是损伤比例增加。工况 2 模拟郑州黄河二桥主桥跨中位置长吊杆 11 号损伤 30%。此时,引起的各根吊杆张力和吊杆下节点位移的变化率分别如图 9-4 和图 9-5 所示。

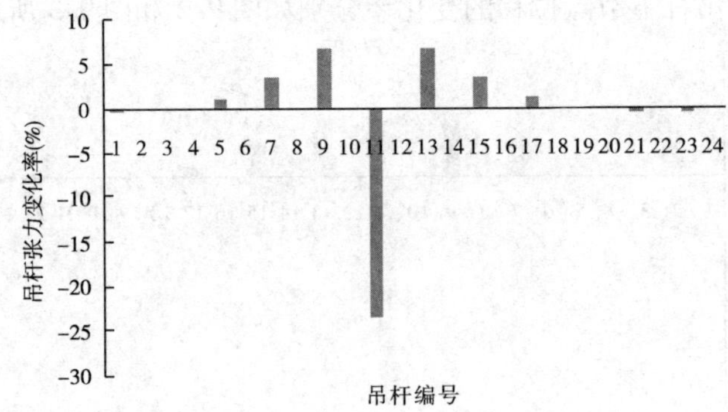

图 9-4　11 号吊杆损伤 30% 时各吊杆张力变化率

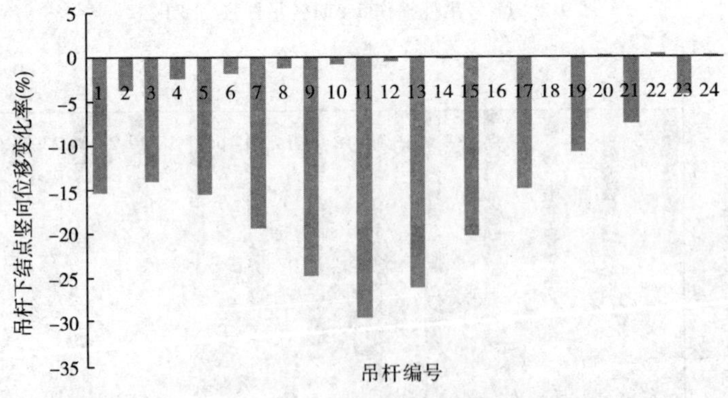

图 9-5　11 号吊杆损伤 30% 时各吊杆下端节点竖向位移变化率

比较图 9-4 与图 9-2 可以看出,11 号吊杆损伤程度增加后,受 11 号吊杆损伤影响而导致张力发生明显变化的吊杆范围没有明显改变，仍然是在同片拱肋上5号、7号、9号、13号、15号、17号等6根吊杆张力增加，增加比例随着与损伤吊杆间距离的增加而迅速降低。经计算6根吊杆增加的张力和占11号吊杆损失张力的99.3%，因此可以认为跨中吊杆损伤后其所承担的荷载主要分配给其同片拱肋上相邻的6根吊杆，对侧拱肋上的吊杆张力没有明显的增加。随着损伤程度的增大，11号吊杆张力降低比例增大，但降低比例小于损伤程度，同时其他受11号吊杆损伤影响而导致张力增加的吊杆，其增加比例增大，但增大比例均小于损伤吊杆张力降低比例。由式(9-18)和式(9-21)可以看出，吊杆不同程度损伤时，$\boldsymbol{K}_{B0}$、$\hat{\boldsymbol{X}}_{Bi}$、$\hat{\boldsymbol{K}}_{Bi}$、$\boldsymbol{X}_{B0}$不变，当$\varepsilon_i$增加时，$\Delta T_B$增加，因此吊杆张力变化率增加。

图9-5与图9-3相比，工况2与工况1下各吊杆节点位移变化基本规律相似，只是随着11号吊杆损伤程度的增加，各吊杆位移变化率增加。这由式(9-18)和式(9-19)可以看出，吊杆不同程度损伤时，$\boldsymbol{K}_0^{-1}\hat{\boldsymbol{K}}_{Bi}\boldsymbol{K}_0^{-1}\boldsymbol{F}$不变，当$\varepsilon_i$增加时，$\Delta X$增加，因此位移变化率增加。

工况3：工况3模拟郑州黄河二桥主桥端部位置短吊杆1号损伤30%。此时，引起的各吊杆张力和吊杆下节点位移的变化率分别如图9-6和图9-7所示。

由图9-6可以看出，当端部短吊杆损伤时，将引起同侧拱肋上相邻3根吊杆张力的增加，且增加比例随着两吊杆间距离的增加而减小；而对侧拱肋上吊杆张力没有明显的变化。短吊杆张力减小的比例小于吊杆损伤程度。与图9-2和图9-4类似，受损伤吊杆影响的主要范围是损伤吊杆同侧拱肋上相邻的3根吊杆。

图9-7显示短吊杆损伤后，其下端节点下移，位移变化率小于损伤程度。受其影响，同侧拱肋吊杆下端吊点也向下偏移，其变化率小于损伤吊杆，随着吊点与损伤吊杆距离的增加，竖向位移变化率逐步减小。与吊杆张力变化规律不同，在对侧拱肋上的吊杆下节点也向下偏移，其变化率随与损伤吊杆距离的增加而减小。

与工况2相比，相同条件下，当长吊杆和短吊杆损伤程度相同时，短吊杆张力的变化率大于长吊杆张力的变化率，而短吊杆下端节点竖向位移的变化率小于长吊杆下端节点竖向位移的变化率。由式(9-2)、式(9-19)和式(9-21)可知，短吊杆的刚度大于长吊杆的刚度，在损伤程度和荷载相同的情况下，短吊杆刚度变化更大，因此其张力变化率大于长吊杆的张力变化率；而短吊杆的位移变化率小于长吊杆的位移变化率。

工况4：工况4模拟郑州黄河二桥主桥同侧拱肋上长吊杆和短吊杆同时损伤，11号吊杆和1号吊杆分别损伤5%和30%。此时吊杆系张力的变化率如图9-8所示。

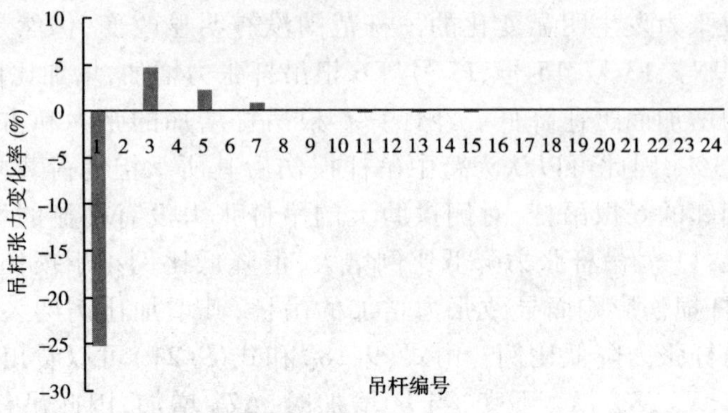

图 9-6　1 号吊杆损伤 30% 时各吊杆张力变化率

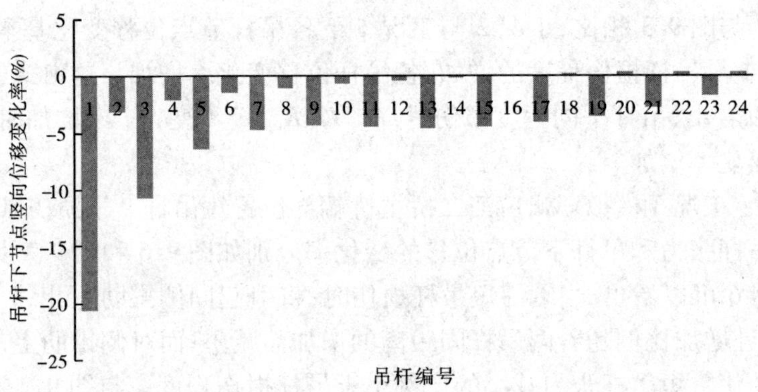

图 9-7　1 号吊杆损伤 30% 时各吊杆下端节点竖向位移变化率

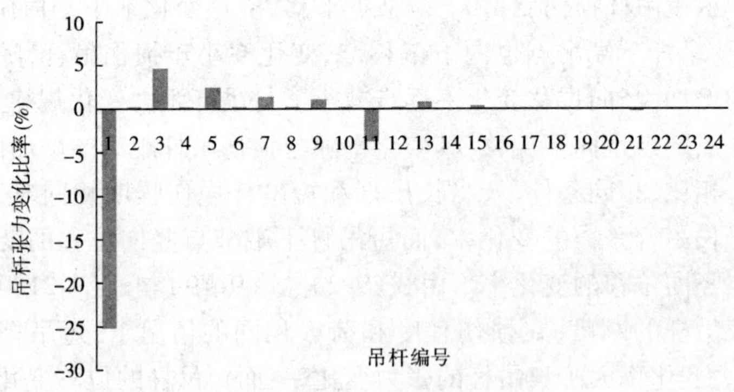

图 9-8　1 号吊杆损伤 30% +11 号吊杆损伤 5% 时各吊杆张力变化率

由图 9-8 可以看出，同侧拱肋上多根吊杆损伤时，主要影响该侧拱肋上与损伤吊杆邻近的吊杆张力。比较图 9-8 与图 9-2 和图 9-6 可以看出，当损伤程度较小时，多根吊杆损伤时其张力减小率相当于各吊杆损伤时张力减小率的叠加，受其影响的吊杆范围也相当于各根吊杆单独损伤时影响范围的叠加。这主要是因为吊杆系各吊杆单元之间自由度相互独立,吊杆单元间刚度矩阵也是相对独立的,当吊杆损伤程度较小时,根据式(9-12),此时可略去二阶摄动项,而看作为多个吊杆单独损伤时一阶摄动的叠加。

工况5:工况5模拟郑州黄河二桥主桥异侧拱肋上长吊杆和短吊杆同时损伤,1号吊杆和12号吊杆分别损伤30%和10%。此时吊杆系张力的变化率如图9-9所示。

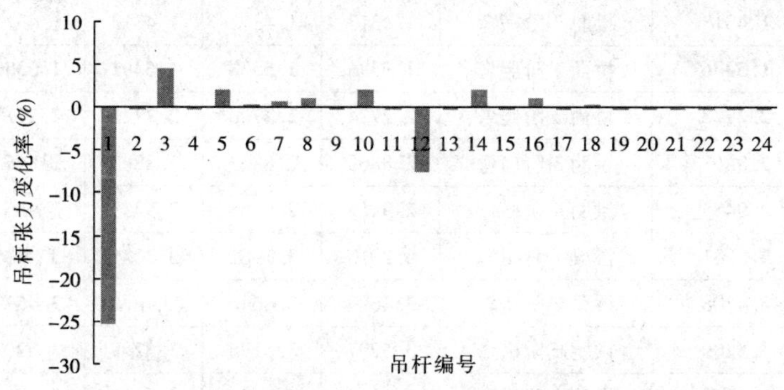

图9-9 1号吊杆损伤30% +12号吊杆损伤10%时各吊杆张力变化率

由图9-9可以看出,异侧拱肋上多根吊杆损伤时,各吊杆张力减小率与同侧拱肋吊杆损伤时基本一致。当吊杆损伤时,与损伤吊杆相邻的吊杆张力增加幅度最大。与工况4类似,多根吊杆损伤时其张力减小率相当于各吊杆损伤时张力减小率的叠加,受其影响的吊杆范围也相当于各根吊杆损伤时影响范围的叠加。

综合各工况吊杆损伤识别结果来看,吊杆的损伤对结构静力性能的影响比较明显,因此可依据结构静力性能的变化来识别吊杆的损伤。

9.3.2 吊杆损伤对桥梁结构动力特性的影响

吊杆对于行车道系来说,相当于弹性支承,当吊杆有损伤时,相当于支承竖向刚度减小,因而影响桥面振动频率。从整体来看,第 i 号吊杆单元损伤时,$\varepsilon_i \neq 0$,此时,$\Delta\lambda^s \neq 0$,即引起桥梁振动频率变化。

孙征[5]详细研究了吊杆破断对郑州黄河二桥动力特性的影响,吊杆破断对该桥高阶振动频率影响较大,随着去除吊杆根数的增加,自振频率逐渐降低,但是其在计算工况中没有考虑吊杆张力和系杆梁预应力的影响。实际上对于系杆梁来说,其预应力的作用使系杆梁等构件纵向受压,因而减小了拱桥刚度;而吊杆预应力的作用使系杆梁受拉拱肋受压,因此增加了拱桥的刚度。对于具体的中、下承式拱桥来说，系杆梁和吊杆受力复杂，因而中、下承式拱桥的刚度有可能增大或减小。鉴于此，在郑州黄河二桥主桥有限元基准模型中同时考虑了系杆梁预应力和吊杆的张力作用。表9-1为工况1～工况5等几种吊杆损伤工况时，由郑州黄河二桥基准模型计算得到的该桥梁前15阶振动频率。

各工况下基准模型频率计算值 表9-1

阶次	无损伤(Hz)	振型特征	工况1	工况2	工况3	工况4	工况5
1	0.5792	拱肋1阶横弯	0.5792	0.57919	0.57919	0.57919	0.57919
2	1.4313	拱肋2阶横弯	1.4313	1.4313	1.4313	1.4313	1.4313
3	**1.5406**	**桥面1阶竖弯**	**1.5396**	**1.5338**	**1.5401**	**1.5390**	**1.5380**
4	**2.2728**	**桥面2阶竖弯**	**2.2724**	**2.2700**	**2.2722**	**2.2718**	**2.2714**
5	2.8863	拱肋3阶横弯	2.8863	2.8863	2.8863	2.8863	2.8863
6	2.9455	拱肋4阶横弯	2.9455	2.9455	2.9455	2.9455	2.9455
7	3.2021	桥梁1阶扭转	3.2015	3.1982	3.2021	3.2015	3.2009
8	3.4708	桥梁2阶扭转	3.4699	3.4646	3.469	3.4679	3.4669
9	3.5209	拱肋高阶横弯	3.5207	3.5195	3.5209	3.5207	3.5205
10	4.4164	拱肋高阶横弯	4.4164	4.4164	4.4164	4.4164	4.4164
11	4.5175	桥面横移	4.5170	4.5151	4.5173	4.5170	4.5165
12	**4.582**	**桥梁1阶竖弯**	**4.5813**	**4.5773**	**4.5819**	**4.5812**	**4.5805**
13	4.8042	拱肋高阶横弯	4.8041	4.8032	4.8042	4.8041	4.8039
14	**4.8753**	**桥面3阶竖弯**	**4.8753**	**4.8753**	**4.8708**	**4.8707**	**4.8708**
15	5.6006	桥梁3阶扭转	5.5969	5.5742	5.6006	5.5968	5.5925

由表9-1可以看出，各工况下吊杆损伤对桥梁振型特征没有大的影响，但是对桥梁振动频率的影响随振动方向的不同而不同。各工况下，吊杆损伤对拱肋横弯振动频率几乎没有影响，主要影响了桥梁竖弯和扭转振动频率。在实际测试中一般比较容易测到桥梁竖向振动频率，因此可以重点关注桥梁竖向振动特性的变化。在桥梁前15阶振动中，出现了4阶竖向振动，分别对应于表9-1中的第3、4、12、14阶。工况1时竖向振动频率的最大变化量为0.001Hz，工况2时竖向振动频率的最大变化量为0.0068Hz，工况3时竖向振动频率的最大变化量为0.0006Hz，工况4时竖向振动频率的最大变化量为0.0016Hz，工况5时竖向振动频率的最大变化量为0.0026Hz。可以看出，吊杆的损伤对桥梁竖向振动频率有一定的影响，但变化量较小。尽管各工况下吊杆损伤后竖向振动频率均有所减小，但考虑到测试误差对测试精度的影响，以及吊杆损伤对桥梁静力特性影响较明显，因此基于结构静力特性的变化研究吊杆的损伤识别比基于结构动力特性的变化研究吊杆的损伤识别

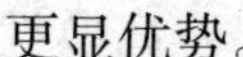

更显优势。

9.3.3 郑州黄河二桥主桥吊杆损伤识别结果

1)基于吊杆张力变化识别吊杆损伤

假定吊杆的损伤程度未知,现根据各工况下吊杆损伤后的张力或吊杆下端节点竖向位移测量值来识别吊杆损伤程度。由于郑州黄河二桥主桥实际桥梁未发生工况1~工况5所述吊杆损伤情况,因此损伤测量数据采用数值模拟得到。计算时未考虑测量误差的影响。根据前面内容可知,即使考虑测量误差影响,结构损伤所引起的吊杆张力或吊杆张力变化的测量值也非常接近真实值,因此,当以频率及振型向量的变化进行吊杆损伤识别时,测量误差对损伤识别结果的影响极小。

对于工况1,首先采用基于吊杆张力变化来识别吊杆损伤。由于吊杆损伤程度较小,且根据本章9.3.2节工况1可以看出,11号吊杆损伤时在同片拱肋上相邻的6根吊杆张力增加,而其他吊杆张力没有明显变化,因此用常规损伤识别方法,难以通过吊杆张力的变化来识别11号吊杆的损伤程度。此时运用式(9-26),根据各吊杆张力的变化识别11号吊杆的损伤程度,如图9-10所示。

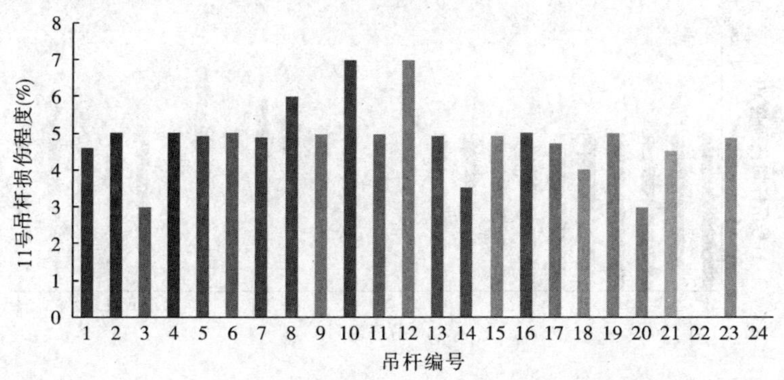

图9-10 工况1采用各吊杆张力变化识别11号吊杆损伤程度

可以看出,运用与损伤吊杆(11号吊杆)同侧拱肋上相邻最近的6根吊杆(5号、7号、9号、13号、15号、17号)进行吊杆识别损伤时,识别精度最高,最大相对误差为5.7%。一般来讲,同侧拱肋上各根吊杆损伤识别结果的精度随着距离损伤吊杆的距离增加而降低,除3号吊杆外,其他吊杆损伤识别结果相对误差最大不超过5%,可以看出,当运用同侧吊杆张力变化来识别吊杆损伤程度时,损伤识别结果稳定。换句话说,运用吊杆张力变化进行损伤识别时,如果对同一根吊杆损伤程度识别结果相近,其相对误差最大不超过5%时,即可认定该吊杆损伤,其损伤程度可取各结果的均值。而在异侧拱肋上,在靠近损伤位置附近的吊杆,损伤识别结果偏大，而远离损伤位置的吊杆损伤识别结果偏小，损伤识别结果误差离散性大。因此可选择与损伤吊杆处在同侧拱肋上的吊杆张力变化来识别吊杆损伤，可提高吊杆损伤识别结果的精度。虽然在实际工程中不能预先知道哪侧拱肋上吊杆有损伤，但根据式(9-21)、式(9-22)及图9-2、图9-4、图9-6、图9-8等工况下吊杆张力变化率图可以看出，在所有吊杆张力发生变化的吊杆中，实际损伤吊杆的张力变化率最大。因此，识别吊杆损伤时，可选择与吊杆张力变化率最大吊杆相邻的吊杆作为研究对象，依据其张力的变化识别吊杆的损伤[9]。

2)基于桥面位移变化识别吊杆损伤

根据式(9-30)，采用桥面节点竖向位移变化识别吊杆损伤。节点选取上，应本着人员安全、测试方便、精度较高的原则。由于吊杆上节点位于拱肋上，位置较高，测试不便，此外由于郑州黄河二桥主桥为“刚性系杆刚性拱”，拱肋刚度较大，当吊杆损伤程度较小时，一般对拱肋竖向位移影响较小。因此，在保持大桥正常通行的前提下，测点可选取靠近吊杆下端锚固点位置，不计吊杆损伤前后横梁、系杆梁及桥面厚度的变化，该点位移即为吊杆下节点位移。图9-11为工况1时采用各吊杆下节点竖向位移的变化来识别11号吊杆损伤程度图。

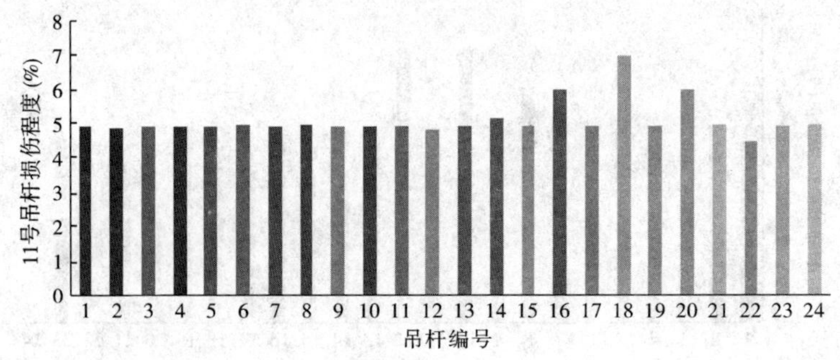

图9-11　工况1采用节点位移变化识别11号吊杆损伤程度

与图9-10相比较可以看出，运用位移变化来识别吊杆损伤，识别结果稳定性更好，识别结果精度更高。除异侧拱肋上16号、18号、20号吊杆损伤识别结果偏大外，其他吊杆损伤识别结果相对误差最大不超过3.3%，因此在实际工程中可以选取测试方便的测点进行观测，而最终损伤识别结果不会有大的误差。此外，由图9-11也可以看出，运用处于同侧拱肋上吊杆位移变化来进行吊杆损伤识别，识别精度略高于采用异侧拱肋上吊杆位移变化识别结果。

各工况分别利用吊杆张力的变化和下吊点竖向位移的变化来识别吊杆损伤结果见表9-2。

各工况下吊杆损伤识别结果　　表9-2

识别结果＼工况	吊杆编号	实际损伤程度（%）	张力变化识别		节点竖向位移变化识别	
			损伤程度（%）	相对误差（%）	损伤程度（%）	相对误差（%）
工况1	11	5	4.89	2.2	4.9	1.2
工况2	11	30	27.4	8.6	27.6	8.0
工况3	1	30	28.6	4.9	28.2	6.1
工况4	11;1	5;30	5.19;27.95	3.8;6.83	5.1;28.96	2;3.5
工况5	12;1	10;30	9.7;28.1	3;6.33	10.1;27.8	0.9;7.3

由表9-2可以看出，对于单损伤，当吊杆损伤程度较大时，如工况2（11号吊杆损伤30%），损伤识别结果相对误差达到8.6%或8.0%，相比吊杆小程度损伤时损伤识别结果误差增大，这主要是由于在式（9-14）和式（9-21）中均略去了二阶摄动项，因此当损伤程度较大时，可以考虑二阶摄动项以提高损伤识别结果的精度。对于多损伤工况，无论损伤吊杆是在同侧拱肋或异侧拱肋，其识别结果精度相比单损伤情况没有明显降低。

3）基于节点间位移差变化识别吊杆损伤

根据桥面位移变化来识别吊杆损伤，虽然结果稳定，但是考虑到位移测试应相对于同一基点进行，由于桥梁一般经过较长时间的运营后才可能发生损伤，在此期间，要保证基点位置固定不变，这是难以实现的。因此，可根据式（9-33）及式（9-34），沿顺桥向选取不同吊杆下端锚固点附近处节点间竖向位移差来识别吊杆的损伤。

图9-12为郑州黄河二桥主桥标准跨桥面测点布置图，$A \sim L$及$A' \sim L'$点均可作为测点，各测点均靠近于吊杆锚固点。大桥正常运营期间，为测试方便，保障安全，可沿单侧测试。如测试上排测点$A \sim L$位移时，可选取跨中F或G点或1/4跨处I点作为基点，测量同排测点相对基点高差，并以此识别吊杆损伤。同理测试下排测点$A' \sim L'$位移时，可选取跨中F'或G'点或1/4跨处I'点作为基点。图9-13为以I'点为基点，根据式（9-33）利用各测点相对基点竖向位移变化对工况1吊杆损伤识别的结果。

进行工况1吊杆损伤识别时，选取I'点为基点，根据式（9-33）分别利用各测点相对基点竖向位移差的变化对工况1的吊杆损伤情况进行损伤识别，选用各个不同测点时最终吊杆损伤识别结果如图9-13所示。由图中可以看出，除2号和4号吊杆对应的L'、K'测点吊杆损伤识别结果误差稍大外，其他任一测点吊杆损伤识别结果均比较准确。测点L'、K'吊杆损伤识别结果误差偏大，主要原因是与测点和基点对应的吊杆为2号，4号与损伤吊杆11号处在不同的拱肋上，因此对损伤的敏感性降低,故损伤识别误差增大。值得说明的是,虽然从几何尺寸上看,中、下承式拱桥吊杆空间位置是对称的,但由于对有限元基准模型进行了参数修改,因此基准模型并不对称,因此图9-13识别结果也不对称。

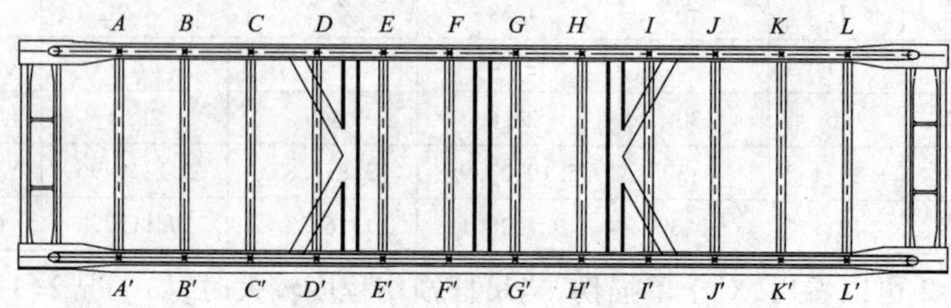

图9-12 郑州黄河二桥主桥标准跨桥面测点布置图

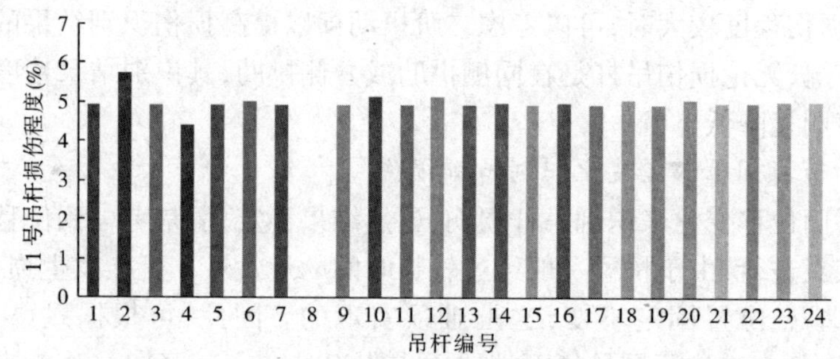

图9-13 工况1采用节点间位移差变化识别11号吊杆损伤程度

此外,由图9-13可以看出,如采用与损伤吊杆处在同侧拱肋上吊杆对应的测点位移差识别吊杆损伤,识别结果精度一般略高于采用异侧拱肋上吊杆对应测点识别结果。除个别点外,吊杆损伤识别结果误差均小于2.5%,因此对于吊杆小程度损伤识别,基于节点间位移差变化的方法识别结果较好。

工况2采用的基点选择和识别方法等均同工况1,图9-14为工况2的吊杆损伤识别结果。

从图中可以看出,与工况1吊杆损伤识别结果类似,当测点对应的吊杆处于与损伤吊杆同侧拱肋时,吊杆损伤识别结果接近,识别结果误差随损伤程度的较大而增大,其最大误差为8.3%。如果选取的测点对应的吊杆与损伤吊杆处于异侧拱肋时,吊杆损伤识别结果波动性较大,最大识别误差可达到11.4%,最小可达到1.3%。

在吊杆损伤识别时,工况1和工况2选取的基点为I'点,相当于8号吊杆下节点,观测点为H'、G',相当于10号、12号吊杆下节点。工况3、4、5选取的基点为G

点，相当于11号吊杆下节点，观测点为 F、H，相当于13号，9号吊杆下节点。各工况对应的基点选取与吊杆损伤识别结果见表9-3。

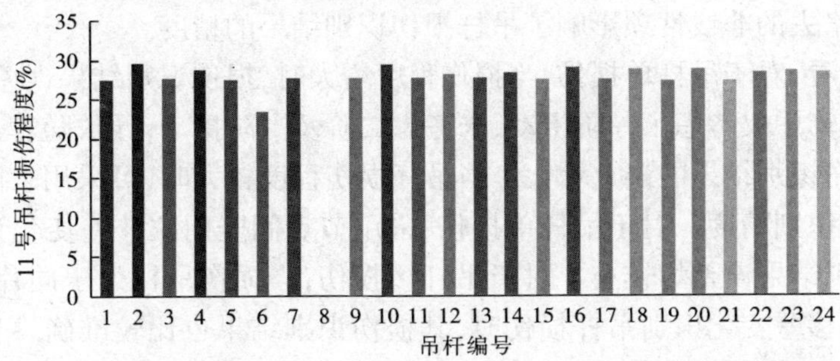

图9-14 工况2采用节点位移差变化识别11号吊杆损伤程度

各工况下基于节点位移差变化识别吊杆损伤结果 表9-3

识别结果/工况	吊杆编号	实际损伤程度(%)	基点	测点	节点间竖向位移差变化识别	
					损伤程度(%)	相对误差(%)
工况1	11	5	I'	H';G'	4.96	0.8
工况2	11	30	I'	H';G'	28.58	4.7
工况3	1	30	G	F;H	31.50	5
工况4	11;1	5;30	G	F;H;J	5.10;28.22	2;5.9
工况5	12;1	10;30	G	F;H;J	10.61;27.62	6.1;7.9

工况3与工况2相比，吊杆损伤程度相同，但损伤吊杆位置由跨中变为端部，同时基点由 I' 变为 G 点，测点由 H'、G' 变为 F、H 点。可以看出，工况3吊杆损伤识别结果相对误差比工况2略大，主要原因是与工况2相比，工况3测点和基点的位置与损伤吊杆位置更远，因此误差增大。可见，当测点和基点的位置与损伤吊杆位置邻近时，吊杆损伤识别结果精度更高。

工况4与工况5都是端部短吊杆和跨中长吊杆同时损伤的情况，其中工况4是损伤短吊杆和长吊杆处在同片拱肋时的情况，工况5是损伤短吊杆和长吊杆处在不同拱肋时的情况，两个工况选取相同的基点和测点。由表9-3可以看出，与工况4相比，工况5的吊杆损伤识别相对误差略大，主要原因是：工况5中吊杆12号损伤程度大于吊杆11号的损伤程度；在工况5中，基点与测点的位置与12号吊杆位置分处在桥梁的两侧，因此，工况5吊杆损伤识别相对误差增大。工况4最大相对误差为5.9%，工况5最大相对误差为7.9%，可见，多损伤工况下，随着吊杆损伤程度的增大，吊杆损伤识别结果误差增大。多损伤工况4、工况5与单损伤工况1、工况2和工况3相比，即使吊杆的损伤程度相同，多损伤吊杆损伤识别结果的误差也比吊杆单损伤识别结果误差大,这体现了吊杆多损伤时,各根损伤吊杆之间相互影响,这可由式(9-10)和式(9-14)看出,两式略去了二阶摄动项,当吊杆损伤程度较大时,略去的非线性项影响了吊杆损伤识别结果的精度。

总体来看,对于吊杆单损伤,当损伤程度增大时,损伤识别结果误差也增大,这主要是在计算中仅考虑了一阶摄动,未考虑二阶及高阶摄动,导致随着吊杆损伤程度增加,损伤识别结果的误差增大。当吊杆损伤程度较大时,可采用二阶摄动以提高吊杆损伤识别精度。对于吊杆单损伤,采用节点间竖向位移差变化识别吊杆损伤,损伤识别结果误差均较小。对于吊杆多损伤,当损伤吊杆处于同片拱肋时,采用节点间位移差变化识别吊杆损伤时,其损伤识别结果也比较准确。当损伤吊杆处在不同片拱肋时,采用节点间位移差变化识别吊杆损伤时,由于部分测点和基点的位置与损伤吊杆处于不同侧,导致吊杆损伤识别结果精度降低,但最大误差不大于8%。

从以上分析可以看出,采用基于节点间竖向位移差的变化来识别吊杆中、小程度损伤时,方法实用,精度较高。对于单根吊杆损伤识别时,精度最高,对于处于不同拱肋上多根吊杆损伤识别时,精度降低,为提高吊杆损伤识别精度,可通过增加测点来增加吊杆损伤识别方程数目,并计算各方程损伤识别结果的均值来减小吊杆损伤识别误差。

参考文献

[1] 何伟. 中、下承式钢管混凝土拱桥损伤识别关键问题研究[D]. 郑州:郑州大学, 2010.

[2] 殷学纲,姚建军. 中承式拱桥吊索损伤对吊索系静张力的影响[J]. 中国公路学报,2004,17(1):45-48.

[3] Chen Huai, He Wei , Wang Bo, et al. Effect Analysis of Suspender Damage on Through Concrete Filled Steel Tubular Arch Bridge. Tubular Structures XIII,2010: 669-674.

[4] 何伟,何容,李亚伟. 中、下承式拱桥吊杆损伤对吊杆系力学性能影响[J]. 噪声与振动控制,2011,31(6) :24-28,61.

[5] 陈淮,何伟,何容. 基于测点位移差进行中、下承式拱桥吊杆损伤识别[J]. 中国公路学报,2012,25(1) :83-88.

[6] 董建华. 中、下承式拱桥吊索的摸态分析和张力测定[D]. 郑州:郑州大学, 2004.

[7] 陈淮,董建华. 中、下承式拱桥吊索张力测定的振动法实用公式[J]. 中国公路

学报,2007,20(3):66-70.

[8] 孙征. 郑州黄河钢管混凝土拱桥力学性能分析[D]. 郑州:郑州大学,2004.

[9] 何伟,何容,陈淮. 运用中、下承式拱桥吊杆张力变化进行吊杆损伤识别研究[J]. 振动与冲击,2012,31(5):153-157.

第10章　中、下承式拱桥健康监测

目前,对大型桥梁健康监测采用较多的方式是定期检测桥梁主要部位,并根据实测数据,分析桥梁的工作状态,评定桥梁的安全状况。这种方法经济实用,适用面广,对于各类大、中、小型桥梁,在建以及建成桥梁的健康监测均有成功的应用。

对于中、下承式拱桥来说,一般桥梁规模大、跨径长、结构新、受力复杂,运营过程中长期受到车辆荷载的冲击,还会受到环境荷载(如风载、地震、温度荷载等)的作用,加上材料老化、应力疲劳等因素的影响,结构的健康状况势必会逐渐发生变化,如不适时采取措施,其结构的安全状况将直接影响大桥的正常运营和管理,影响过往车辆、行人的安全。为此针对中、下承式拱桥,一般需要进行长期健康监测与检测,实现对桥梁结构承载能力、运营状况和疲劳状态的健康评估。考虑到郑州黄河二桥主桥的特点,结合该桥施工过程中留有大量实测数据,原始资料充分,故对郑州黄河二桥主桥采用定期监测和检测主要部位与构件的方法进行健康监测[1]。

10.1　郑州黄河二桥主桥健康监测流程

郑州黄河二桥主桥健康监测的总体思路是适时检测桥梁主要部位、主要构件的受力状态,变形状态和动力特性等方面的特征,通过与大桥"健康档案"中相关指标对比,依据指标的变化来分析产生变化的原因,并据此评估大桥的安全状态。郑州黄河二桥主桥的健康监测流程如图10-1所示。

由图10-1可以看出,在进行郑州黄河二桥主桥健康监测过程中,首先根据初始参数构建大桥的有限元初始模型,然后再根据成桥后现场测试数据对有限元初始模型中部分参数进行修改,使模型计算特征值与成桥后现场测试特征值基本一致,以此得到有限元基准模型。再根据拟监测对象的结构特点确定监测指标,并从有限元基准模型中提取该指标,形成健康档案。当需要进行健康监测时,可从桥梁健康档案中读取所需指标,并结合现场实时监测情况进行异常校核,当部分指标出现异常时,可针对该异常情况进行相应处置,处置完毕后再进行复检,从而完成对郑州黄河二桥主桥的健康综合评估。对于郑州黄河二桥主桥这种中、下承式拱桥来说，根据其结构特点，其监测主要由三部分组成：

(1)常规巡检和附属设施检查。该工作可通过目测等进行，主要观测构件表面是否有开裂、松脱、生锈、断裂、移位、脱层等现象，如无异常，则该项指标良好，可

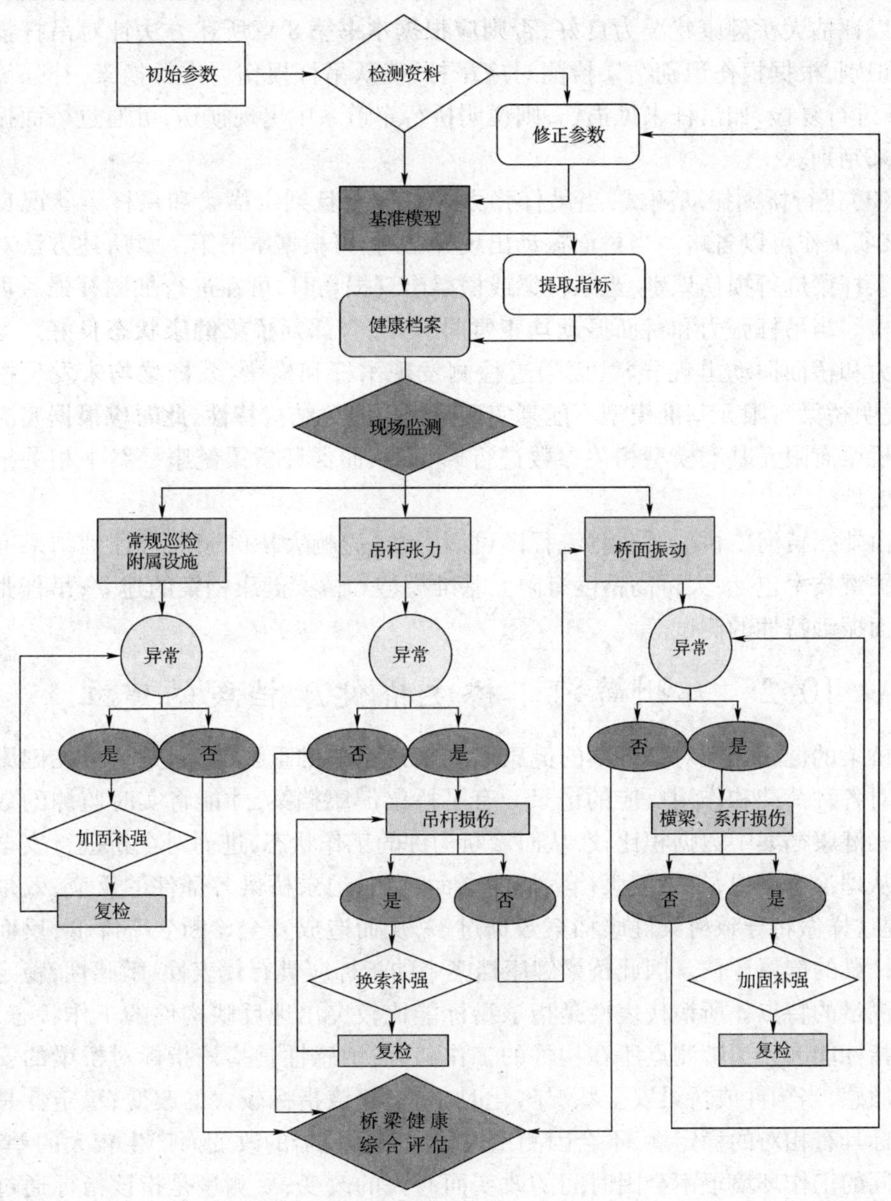

图10-1　郑州黄河二桥主桥健康监测流程图

进入下一环节；当出现异常时，应分析产生的原因，并在加固补强后再进行复检。

(2)进行吊杆张力测试，当测试值与桥梁健康档案中指标值之间基本一致时，说明吊杆状况良好，同时也可说明横梁和系杆梁状况良好，没有出现损伤现象，从而可以评估大桥健康状况为良好，否则应根据本书第8章所述方法针对吊杆损伤进行识别，根据损伤识别结果检测对应吊杆，确认吊杆损伤后进行换索、补强等工作，并进行复检，如吊杆未见损伤，则说明桥行车道系中出现损伤，可通过桥面振动测试来判别。

(3)进行桥面振动测试，当吊杆张力未见异常且判定横梁和系杆梁状况良好时，该项工作可以省略。当桥面振动出现异常时，可根据本书第7章所述方法对横梁和系杆梁进行损伤识别，当系杆梁或横梁出现损伤时，可在进行加固补强后再进行复检。当吊杆张力和桥面振动均正常时，可综合评判桥梁健康状态良好。当吊杆张力和桥面振动出现异常，而通过检测发现吊杆和横梁、系杆梁均未发生损伤时，说明桥梁有限元基准模型不能真实反映当前桥梁结构特性，此时应根据实测数据对桥梁有限元基准模型相关参数进行修正，从而保证桥梁健康档案中相关指标的时效性。

由郑州黄河二桥主桥监测流程图可以看出，影响大桥健康综合评判结果准确性的关键技术包括：大桥高精度有限元基准模型和桥梁健康档案的建立；吊杆张力和桥面振动特性的测试等。

10.2 郑州黄河二桥主桥健康档案的建立

桥梁的健康档案对于桥梁的健康监测来说是非常重要的，它是桥梁在健康状态下对各种荷载和作用反应的记录。有了桥梁健康档案，才能将实时监测的数据与桥梁健康档案中数据相比较，从而诊断构件的工作状态，进而对全桥进行安全评估。从理论上来说，桥梁健康档案如能全面、实时记录桥梁各部件的反应，效果最佳，但这样做将导致桥梁健康档案数据过多，从而造成安全诊断效率降低，反而影响了桥梁的健康评估。因此桥梁健康档案中的指标应具有代表性、敏感性、稳定性和易测量的特点。所谓代表性是指该指标能比较突出地反映构件的工作状态，通过该指标能大致了解测点所在构件的工作状态；敏感性是指该指标对桥梁的安全状况敏感，当构件或桥梁安全状况劣化时，能引起该指标较大的改变；稳定性是指该指标具有相对的稳定性，不会因测量人员或测量仪器的改变而产生较大的差异，在相同的工作环境下不会因时间的改变而有大的改变；易测量是指该指标通过现有设备和现有方法能方便地测量。综合以上几点，桥梁健康档案相关指标的构成如图10-2所示。

对于不同的桥梁或同一桥梁不同的部件，可根据具体情况进行选择。比如，对于郑州黄河二桥主桥等其他中、下承式拱桥，可以选取吊杆张力和桥梁振动频率与振型等作为关键指标构建桥梁健康档案。当确定桥梁健康档案指标后，对于在建桥梁，可根据成桥后桥梁处于健康状态时进行现场测量记录；对于已建桥梁，可根据历史资料结合现行状态构建桥梁健康档案，也可通过高精度有限元基准模型获取。当构建完成桥梁健康档案后，也可根据桥梁实际情况对指标进行更正和补充。

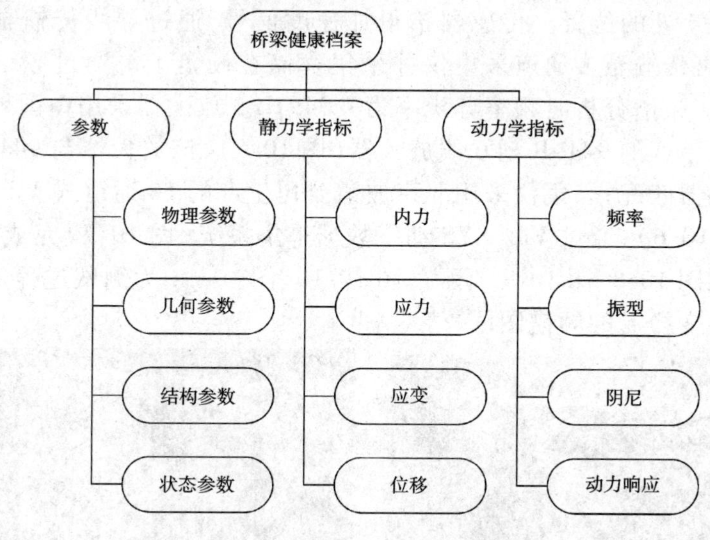

图 10-2　桥梁健康档案的构成

10.3　郑州黄河二桥主桥健康状态评估实例

当完成桥梁的有限元基准模型和桥梁健康档案后，即可开展实际桥梁的健康监测。选定检查对象和观测指标后，进行桥梁现场测量，并比较各指标测量值与桥梁健康档案中标准值的大小，根据比较结果分析构件的工作状态。

值得指出的是，由于测量误差和模型误差等的存在，即使在桥梁完全健康状态下，实际测量值与桥梁健康档案中的标准值也不会完全相等，因此在判断构件的工作状态时，可适当放松测量值与标准值之间的差值。若单个测量值与标准值之间相对误差小于3%或5%时，可认为两者相等，构件工作正常。而当多个指标均出现误差时，应分析误差产生的原因，并判断误差是否因桥梁发生损伤而引起。

下面以2007 年7 月20 日 ~2007 年8 月12 日期间对郑州黄河二桥主桥现场测试为例进行说明。该测试工作是由河南省公路工程试验检测中心与郑州大学联合完成。

所有测试均为基于外部环境随机激励，主要测试各吊杆张力和桥面竖向振动频率和振型。现场测试振动信号采集处理和分析系统采用北京波谱世纪科技发展有限公司的 Vib'SYS，测试传感器采用中国地震局工程力学研究所生产的 941-B 型低频加速度传感器（图 10-3），测定测点的加速度，其频率有效工作范围是0.25~80Hz，测试全部吊杆第 1 阶~第 3 阶自振频率。测试桥面振动时，传感器通过橡皮泥黏附安放在桥面上；测试吊杆时，通过胶带将传感器绑在吊杆上（图 10-4），在人手可及的范围内，传感器尽量布置在靠近吊杆 1/2 或 1/4 处的位置。传感器拾得加速度信号，通过导线传输至放大器放大并滤波，再传输至多通道采集仪并采集存储在硬盘上。通过频谱分析获得吊杆的基频，频谱分析时频率分辨率为0.049Hz。放大器采用中国地震局工程力学研究所生产的 941-B 型 6 线放大器（图 10-5），该放大器与 941-B 型低频加速度传感器匹配；采集仪采用北京波谱公司生产的 16 通道式 Vib'SYS 盒式采集仪（图 10-6）；通过 Vib'SYS 动态数据采集系统（图 10-7）完成测试工作。现场测试如图 10-8、图 10-9 所示。图 10-10、图 10-11 为测试过程中部分吊杆的时域图及变换后的频谱图。

图 10-3　941 - B 型加速度传感器

图 10-4　现场测试图 1

图 10-5　941 - B 型放大器示意图

图 10-6 Vib'SYS 采集仪示意图

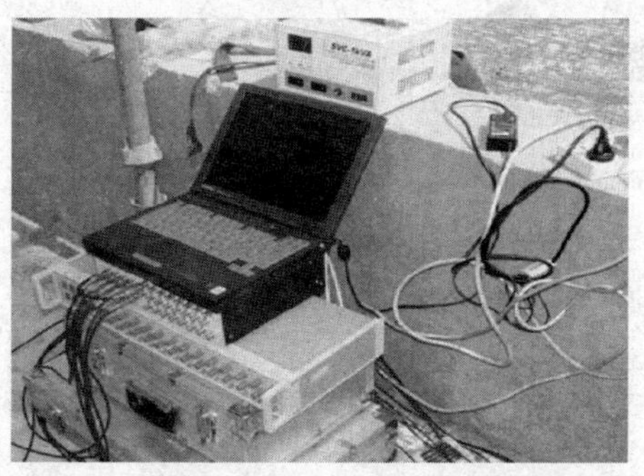

图 10-7 Vib'SYS 动态数据采集系统

图 10-8 现场测试图 2

图 10-9 现场测试图 3

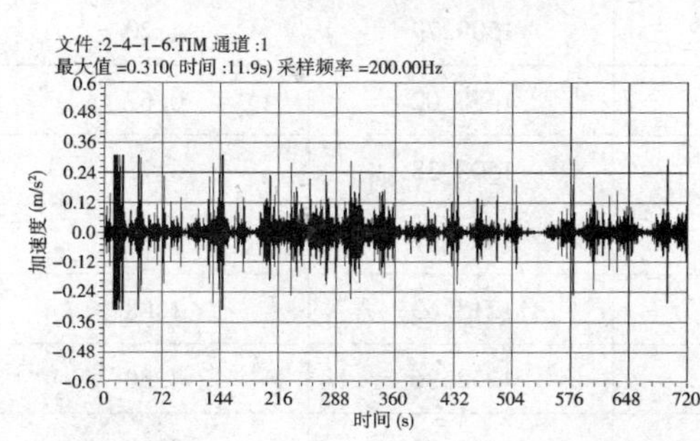

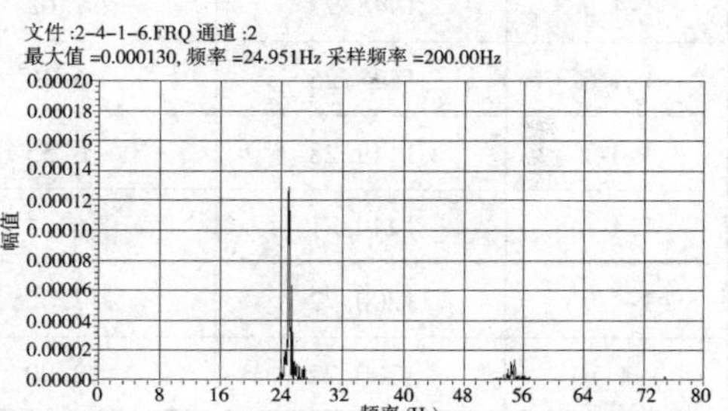

图 10-10 2-4-1 号吊杆时域图及频谱图

根据现场测定的吊杆横向振动频率,采用公式(8-77)计算得到郑州黄河二桥主桥第 4 跨拱桥各吊杆张力,见表 10-1。表中给出了桥梁健康档案中吊杆的张力值,以供比较。吊杆编号"*X-Y-Z*"中"*X*"代表拱片数,从下游至上游依次为 1,2,3,4;"*Y*"代表跨数,从郑州至新乡方向依次为 1,2,…,7,8;"*Z*"代表每跨拱片内吊杆号,从郑州至新乡方向依次为 1,2,…,11,12;比如 2-4-5 表示第 2 片拱肋的第 4 跨中的第 5 根吊杆。

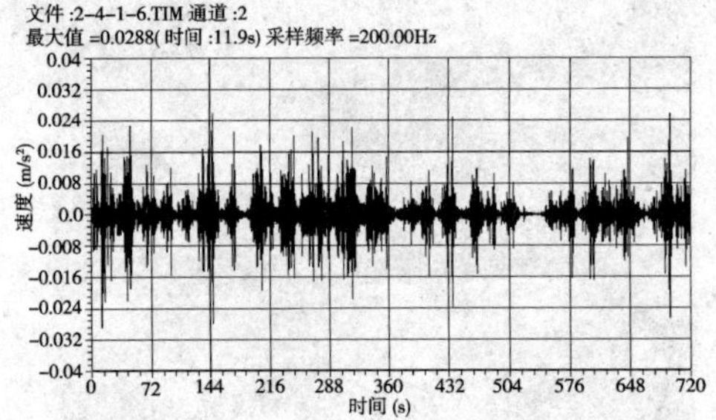

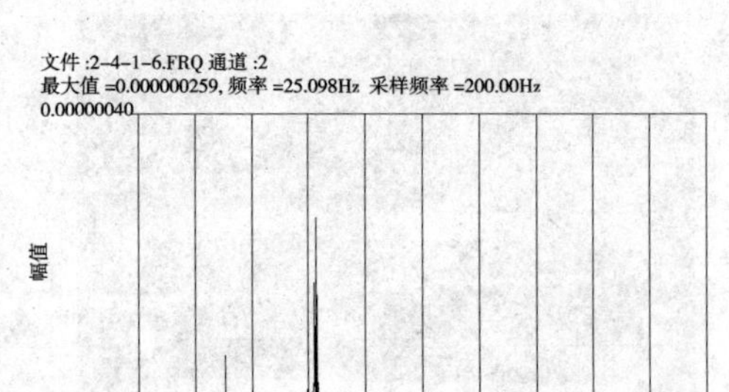

图 10-11　2－4－2 号吊杆时域图及频谱图

郑州黄河二桥主桥第 4 跨(上行)各吊杆张力　　　　表 10-1

吊杆编号	健康档案张力值 (kN)	实桥测试		
		基频 (Hz)	换算张力 (kN)	与健康档案相对偏差 (%)
1-4-1	1055.25	24.41	1078.82	2.23
1-4-2	1201.68	12.82	1255.26	4.46
1-4-3	1200.24	8.61	1205.3	0.42
1-4-4	1201.08	7.35	1196.59	-0.37
1-4-5	1448.99	7.02	1509.79	4.20
1-4-6	1448.26	6.20	1458.02	0.67
1-4-7	1449.28	6.55	1503.38	3.73
1-4-8	1449.71	6.64	1488.17	2.65
1-4-9	1200.72	7.66	1213.63	1.08
1-4-10	1200.72	8.90	1252.36	4.30
1-4-11	1199.64	12.45	1246.25	3.89
1-4-12	1054.20	22.12	1034.32	-1.89
2-4-1	1053.57	24.95	1089.73	3.43
2-4-2	1200.24	12.55	1248.84	4.05
2-4-3	1201.32	8.81	1239.35	3.17
2-4-4	1201.08	7.13	1183.37	-1.47
2-4-5	1449.57	6.69	1491.32	2.88

续上表

吊杆编号	健康档案张力值(kN)	实桥测试		
		基频(Hz)	换算张力(kN)	与健康档案相对偏差(%)
2-4-6	1448.26	6.32	1472.55	1.68
2-4-7	1449.28	6.59	1509.61	4.16
2-4-8	1449.28	6.99	1507.9	4.04
2-4-9	1200.24	7.30	1193.62	-0.55
2-4-10	1200.60	8.79	1236.05	2.95
2-4-11	1201.32	12.60	1250.14	4.06
2-4-12	1057.35	25.59	1103.35	4.35

由表10-1可以看出,郑州黄河二桥主桥第4跨(上行)各吊杆通过实测横向振动频率计算得到的吊杆张力值与健康档案中计算值最大偏差为4.46%,对应吊杆编号1-4-2。根据本书第9章相关内容可知,该偏差并不是由于吊杆的损伤所引起的,主要是因为1-4-2吊杆张力增大,如周边有吊杆损伤,则损伤吊杆张力降低,由于损伤吊杆的张力主要分配给邻近的几根吊杆,相邻吊杆张力增加的比例小于损伤降低的比例。而1-4-2吊杆邻近的只有1-4-4吊杆张力降低,而降低的比例为0.37%,显然该比例小于4.46%,故不是1-4-4吊杆损伤导致1-4-2吊杆张力增加。同理吊杆1-4-12张力降低了1.89%,而在同片拱肋上,与之相邻的吊杆1-4-11增加比例为3.89%,而1-4-10吊杆张力增加的比例为4.3%,因此并不是吊杆1-4-12损伤导致周边其他吊杆张力的增加。

吊杆张力增大的原因主要有:

(1)桥面活载的影响。由于测试时采用基于环境随机激励,交通运营正常进行,因此测试时桥面活载作用导致实测吊杆张力大于健康档案中计算值。

(2)结构内力重分配的影响。郑州黄河二桥主桥自2004年9月30日通车,至2007年7月,大桥已经连续运营3年,材料的收缩徐变、松弛及基础的沉降变位都会引起结构内力重分配,导致吊杆张力变化。

(3)计算误差的影响。虽然式(8-77)考虑了吊杆刚度、弹性支承、附加质量等复杂边界条件,但是计算模型与实际结构间仍然存在一定的差异,并且附加质量和刚度系数的确定也存在一定的误差。

(4)测量误差的影响。本次测试采用随机振动法测量吊杆的横向振动频率,是利用风、桥面振动等环境随机激振源对吊杆进行激振的,环境温度、仪器等的变化也增大了测量误差。

综合这几点来看,郑州黄河二桥主桥第4跨(上行)吊杆完好,安全状态正常。根据前文所述,吊杆张力对大桥损伤敏感,由此也可以判断郑州黄河二桥主桥系杆梁和横梁工作正常。同时也可根据表10-2大桥竖向振动频率来判断大桥行车道系是完好的,因此总体来看,该段时间郑州黄河二桥主桥第4跨(上行)健康状况良好。

郑州黄河二桥主桥第4跨(上行)桥面振动频率 表10-2

阶次	振型特征	频率值(Hz)		相对误差(%)
		测试值	健康档案	
1	桥面1阶竖弯	1.55	1.5406	0.61
2	桥面2阶竖弯	2.28	2.2728	0.32

参考文献

[1] 陈淮,何容,何伟,等. 中、下承式拱桥健康监测流程研究与实现[J]. 噪声与振动控制,2011,31(6):172-175,187.